科学创业系列丛书

极简项目管理

让目标落地、把事办成并使成功可复制的方法论

MINIMUM PROJECT MANAGEMENT

郭致星 著

机械工业出版社
China Machine Press

图书在版编目（CIP）数据

极简项目管理：让目标落地、把事办成并使成功可复制的方法论 / 郭致星著 . —北京：机械工业出版社，2020.10（2025.5 重印）

（科学创业系列丛书）

ISBN 978-7-111-66564-9

I. 极… II. 郭… III. 企业管理 – 项目管理 IV. F272

中国版本图书馆 CIP 数据核字（2020）第 177947 号

极简项目管理

让目标落地、把事办成并使成功可复制的方法论

出版发行：机械工业出版社（北京市西城区百万庄大街 22 号 邮政编码：100037）	
责任编辑：刘 静	责任校对：李秋荣
印　　刷：河北宝昌佳彩印刷有限公司	版　次：2025 年 5 月第 1 版第 15 次印刷
开　　本：170mm×230mm　1/16	印　张：21.5
书　　号：ISBN 978-7-111-66564-9	定　价：79.00 元
	插　图：裘　芸

客服电话：（010）88361066　68326294

版权所有·侵权必究
封底无防伪标均为盗版

Minimum
Project
Management

前　言

创业公司也适用的
极简项目管理法

我们处在一个 VUCA 的时代，易变性（Volatility）、不确定性（Uncertainty）、复杂性（Complexity）和模糊性（Ambiguity）给我们的工作带来了很多困扰。变化是 VUCA 的根源，VUCA 时代唯一不变的就是变化。

项目管理本质上是一种基于战略方向，组织开拓创新和应对变化的学问，其目的在于调配各方资源，让它们在短时间内形成合力，完成突破性的商业目标。按照汤姆·彼得斯（Tom Peters）的说法，项目管理已经站到了"管理舞台的中央"，卓越的项目管理能力已成为企业的竞争力，而且是一种核心竞争力。

项目管理本来应该是促进创新和发展的手段、方法，但很多公司的项目管理水平不仅滞后于技术的发展，甚至已经成为创新和发展的阻力。在创业公司，项目管理的糟糕状况更令人触目惊心！

成功的企业创始人不缺乏头脑、胆识和洞察力，他们也的确搭乘国内高速发展的快车，挖到了金子，取得了一定的成绩。遗憾的是，这些成绩多为粗放的、低效的，从某种程度上来说，靠的是街头智慧和冒险精神。2020 年春节前，有人调侃自己过去的一年："过去几年靠运气挣到的钱，今年靠实力基本赔光了！"

国内经验主义盛行，然而事实证明在项目管理这个行当中，过度相信经验，效果并不好。经验仅代表过去，依托于传统要素和经验的管理方法越来越难以适应当下的行业发展需求。更有甚者，这些成功的经验成了进一步前进的桎梏。因此，切记不要过分迷信自己的经验，经过众人验证的科学方法不同于个人经验，无论个人经验怎样有效，都无法代替被众人验证过的科学方法。

未来几十年，经济发展速度很可能会下降，机会也不再遍地都是，这就更需要企业用科学的方法把成本做低、把速度做快、把质量做好。

极简项目管理法是一套系统的方法，我给很多成熟的企业都讲授过这套方法，深知其长处和局限。创业者需要具备完整的知识体系，但更需要快速地学习与实践，他们不需要先集中学完一整套知识，而是应根据自己所处的创业阶段和当前的关键问题，有针对性地学习、实践和反馈。遗憾的是，市面上大多数关于项目管理的书籍和课程都充斥着烦琐的流程、复杂的方法、深奥的术语，让人望而却步。可以说，中小企业和创业团队在这样的环境下想要学习和应用完整的项目管理体系近乎奢望！

项目难做，不仅仅在于业务和技术难，很多时候也是因为其流程十分复杂，项目管理亦如此。我在给中小企业和创业团队做了一段时间的培训和咨询后，越来越深刻地体会到降低学习过程复杂度的重要性。所以，如何解决中小企业和创业团队当下面临的项目管理问题是本书的着眼点。本书侧重于实践，注重解决实践中的常见问题。

要做好项目，很多技能是每个项目管理者必须掌握的，项目管理者要能够处理好项目的范围、进度、成本、质量、风险、团队、沟通等诸多方面。但是，本书中并不包含这些方面的所有知识，而是只给出中小企业和创业团队实施项目的关键步骤和行动策略，因而我很担心，他们在面对项目管理时仍然充满恐惧，因此特意为本书取名《极简项目管理》。

为使读者更乐于阅读并进一步思考，本书延续我所钟情的朴实、真实、务实的表达方式。在我授课时，这种表达方式是很多人真心喜爱的。

本书共三部分：

第一部分介绍项目管理的基础知识，为后续的学习和交流打好基础。

第二部分介绍实施极简项目管理的五大过程，这部分也是全书的重点。为方便项目的实施和落地，这些过程可以被分解为 19 个步骤，即极简项目管理地图，也称为"三字经"。

第三部分着眼于项目管理者的成长问题。项目管理者可以说是项目的灵魂人物，一方面要选择合适的人管理项目，另一方面要把合适的人培养好，二者都很重要。

本书其实是很多人智慧和经历的结晶。近年来，我接触了许多中小企业和创业团队，他们的很多经验、教训都给了我很大启发。在此，我要感谢他们。如果本书中有些观点甚至表达方式能让你感同身受，这绝不是巧合。当然，如果其中一些观点与你的观点不吻合，也不要感到意外。我希望你有选择地采纳，也可以边批评边采纳，或只批评不采纳，在批评过程中激发思想的火花也是一种收获。

高维学堂的林传科先生、林慧余女士是本书最有效的"助产士"，没有他们对创业企业和成人教育的责任感和使命感，本书就不会诞生。任杰欣女士对我的课程进行了录音，刘振华先生对录音进行了文字整理，书中的部分文字源于此；丁芹伟女士在本书的出版过程中积极与各方协调，卓有成效。感谢他们的辛苦劳动。

此外，我要感谢我的学生裘芸女士，她为本书部分案例绘制了精彩的漫画，使得本书增色不少。

当然，我也必须感谢我的太太和孩子，他们是我潜心工作的动力。太太常年任劳任怨地承担了绝大部分家庭事务，她是我们家真正有效的项目管理者。本书耗费了我大半年的夜晚，这个终生难忘的春节也没能幸免。在这个过程中，太太和孩子对本书提供的支持是别人替代不了的。同时我也要向他们致歉，我陪伴他们的时间实在太少了。本书是献给他们的。

郭致星

2020 年 5 月 26 日

Minimum
Project
Management

目 录

前言　创业公司也适用的极简项目管理法

第一部分 ｜ 认识项目管理

002　　**第1章　极简项目管理基础**

003　　1.1　项目是独特的一次性事业

004　　1.1.1　项目开始时总存在说不清的成分

006　　1.1.2　项目是一个业务过程，而非技术过程

008　　1.1.3　拥抱变更：无关人品，项目使然

009　　1.2　项目的特点

010　　1.2.1　独特性

011　　1.2.2　临时性

012　　1.2.3　渐进明细性

014　　1.3　项目的价值在于驱动变革

015　　1.3.1　组织的工作类型与框架

018	1.3.2	你说的项目管理可能不是项目管理
020	1.3.3	大多数项目缺乏有效管理
022	**1.4**	**极简项目管理：用结构化降低项目难度**
022	1.4.1	提高沟通能力靠悟性吗
027	1.4.2	极简项目管理：一个结构化的方法

第二部分 ｜ 极简项目管理过程

032	**第2章**	**启动：师出有名，名正言顺**
032	**2.1**	**生命周期模型是项目管理的工具**
033	2.1.1	项目生命周期的特征
037	2.1.2	项目需要阶段化管控
042	2.1.3	延伸：疯狂的项目之六拍、四没、三边、只谈
045	**2.2**	**定目标：项目始于业务终于业务**
046	2.2.1	自我欣赏的是艺术，他人接受的才是商品
048	2.2.2	定义明确的项目目标
050	2.2.3	跳一跳、够得着：基于愿望的目标必将破产
053	2.2.4	能否相信客户的话
058	**2.3**	**识鬼神：项目是面向人的复杂过程**
058	2.3.1	关键是要管理与平衡相关方的期望和利益
061	2.3.2	用权力–利益方格分析和管理相关方
062	**2.4**	**组团队：干部是把事做成的关键**
062	2.4.1	项目经理的压力是全方位的
065	2.4.2	小心旁观者效应，做好三落实
066	2.4.3	使用RAM明确每个人的责任
068	**2.5**	**发章程：建立项目团队与组织的契约**

068	2.5.1	项目章程是项目团队与组织的契约
069	2.5.2	编制项目任务书的重点在于达成共识
074	2.6	**开好头：名正言顺地启动项目**
074	2.6.1	项目不是在结束时失败，而是在开始时失败
078	2.6.2	表明正式开始的项目启动会

082	**第3章　规划：运筹帷幄，决胜千里**
083	3.1	**计划是花费最少、影响最大的工作**
084	3.1.1	事前想清楚，事后不折腾
085	3.1.2	魔鬼藏在细节中
087	3.1.3	"如来十掌"为制订计划提供了抓手
090	3.2	**拆任务：没有WBS就没有项目管理**
091	3.2.1	隐性工作显性化，显性工作结构化，结构工作标准化
098	3.2.2	心法：创建有价值的WBS
106	3.2.3	WBS是有效项目管理的基础
109	3.3	**排计划：绘制项目作战线路图**
109	3.3.1	让进度估算走向科学
114	3.3.2	关键路径法：进度计划与网络技术
121	3.3.3	案例：路易十四的地牢
124	3.4	**算投入：项目管理是一项平衡的艺术**
125	3.4.1	核心在于花多少钱对应完成多少工作量
129	3.4.2	抓住项目预算的关键
131	3.5	**估风险：不信邪就会中邪**
132	3.5.1	优秀的管理者不是善于冒险，而是善于控制风险
133	3.5.2	风险管理在国内的困境
135	3.5.3	分析风险的概率和影响

139	第4章	执行：依计而行，行必结果
140	4.1	无关人品，系统使然
140	4.1.1	系统的意志
142	4.1.2	结构决定行为
145	4.1.3	花瓶之碎，谁之过
148	4.2	建组织：结构决定行为
148	4.2.1	职能型组织
152	4.2.2	矩阵型组织
154	4.2.3	项目型组织
155	4.2.4	组织结构应与组织发展阶段相适应
158	4.3	带队伍：建设和维护高绩效团队
158	4.3.1	选择合适的团队成员
159	4.3.2	项目团队的组织方式
164	4.3.3	顺利走过团队的生命期
168	4.4	善协调：项目管理是一个极具挑战性的工作
169	4.4.1	项目与部门间的冲突
174	4.4.2	项目间的冲突："牛人"争夺战
178	4.4.3	影响项目的治理与人际因素
184	第5章	监控：审时度势，沉着应变
184	5.1	采数据：用数据而不是用感觉管理项目
186	5.1.1	用直方图展示和理解数据
190	5.1.2	用散点图寻找数据之间的关系
192	5.1.3	用帕累托图定位需要关注的重点
195	5.1.4	用控制图实现过程管控
208	5.2	控质量：质量是要命的事
210	5.2.1	项目质量管理的尴尬

212	5.2.2	项目需要什么样的质量管理部
215	5.2.3	决心比技巧更重要
218	**5.3**	**勤监控：让项目走在正轨上**
219	5.3.1	过程控制方法论
221	5.3.2	项目监督控制最佳实践
224	5.3.3	要想避免混乱，必须在沟通上下功夫
225	**5.4**	**管变更：让变更可管理、可控制**
225	5.4.1	唯一不变的就是变化
228	5.4.2	让变更受控
233	5.4.3	对变更的管控是项目管理水平的体现
243	**第6章**	**收尾：慎终如始，好戏杀青**
244	**6.1**	**做好项目收尾，不留后遗症**
244	6.1.1	收尾好才是真的好
248	6.1.2	提高成功的概率
249	6.1.3	编写项目收尾报告
250	**6.2**	**过验收：项目不能做成烂尾楼**
250	6.2.1	理解客户"真实的"问题是顺利验收的关键
251	6.2.2	验收后的工作
252	**6.3**	**得总结：最大的浪费是经验教训的浪费**
254	6.3.1	从无知之错到无能之错
255	6.3.2	经验教训的悲剧
263	6.3.3	避免吃二遍苦、受二茬罪
265	**6.4**	**去归档：让经验教训真发挥作用**
266	6.4.1	让经验教训发挥作用不是一件容易的事
268	6.4.2	扎紧无能之错的篱笆

第三部分 | 成为卓有成效的项目管理者

272　第7章　好的项目管理者为何如此稀缺
273　　7.1　智商-情商矩阵
275　　　7.1.1　成长路径
279　　　7.1.2　十年磨一剑
280　　7.2　选错人注定是一个悲剧
280　　　7.2.1　技术专家型管理者未必有更多优势
282　　　7.2.2　项目管理者应该了解多少技术
283　　　7.2.3　非技术背景管理者如何管理技术团队
288　　7.3　项目管理者的能力素质
289　　　7.3.1　和谐的人际关系能力
291　　　7.3.2　系统思考的能力
291　　　7.3.3　换位思考的沟通能力
291　　　7.3.4　管理自己、影响他人的领导力

293　第8章　打造面向业务的系统化思维
293　　8.1　系统复杂性与思维的局限
294　　　8.1.1　机械性思维的局限
296　　　8.1.2　最高明的医生善治"未病之病"
299　　　8.1.3　系统的关键在于相互作用
301　　8.2　提高问题的认知层次
302　　　8.2.1　博士和农民工的PK
303　　　8.2.2　系统思维解决问题的方法
305　　　8.2.3　牧场效应与囚徒困境
306　　8.3　提升效率的关键在于综合优化
306　　　8.3.1　寻找复杂系统的平衡

- 309　8.3.2　提升效率的关键在于综合优化
- 310　8.3.3　N维系统中的问题在N+1维系统中解决
- 311　8.4　艰难的选择
- 312　8.4.1　短期高效与体系效率孰重孰轻
- 313　8.4.2　见长效还是短平快

- 314　**第9章　极简项目管理，说起来容易做起来难**
- 314　9.1　站着说话不腰疼
- 315　9.1.1　似曾相识的场景
- 317　9.1.2　专家与初学者的思维方式的不同
- 317　9.2　说起来容易做起来难，做起来容易说起来也难
- 318　9.2.1　陈述性知识与程序性知识
- 319　9.2.2　知识传递的困境
- 321　9.3　仅阅读本书不能保证做好项目
- 321　9.3.1　成长与知识金字塔
- 323　9.3.2　学习陈述性知识的必要性

- 325　附录A　赋予逻辑意义的数字
- 326　附录B　一个大型学术会议的WBS
- 327　附录C　一个办公室装修的WBS

第一部分

认识项目管理

Minimum
Project
Management

极简项目管理是让目标落地、把事办成并使成功可复制的方法论。

Minimum Project Management

第 1 章

极简项目管理基础

> 用户根本不知道自己需要什么，直到你把它摆在他面前。
>
> ——史蒂夫·乔布斯

多年前，我的一个项目经理带领团队为一位重要客户做项目。在做了基本的客户调研后，项目团队给出了建议方案，根据客户要求向客户的领导做了汇报。汇报后客户很不满意——因为我们给出的方案与客户的期望差距很大！不满意就只能修改、汇报、再修改、再汇报，如此反复！

修改到了第5版，团队成员终于要造反了——这么差劲的客户，我们服务不了！重压之下，项目经理找到了我——要么我作为领导陪他去跟客户汇报，要么他就不干了！我只好出面做工作，陪其一同前往。

可是，汇报的结果一如既往地不能令这位客户满意。我只好向这位客户请教其真正的需求是什么，想要的系统到底是什么样子，请他详细描述。这位客户的话，是我工作20余年来听到的关于需求最为经典的一句话："我确实说不清我想要的东西是什么样子的，但我能说清的是你给我的东西不是我想要的。"产生这段经典对话的场景如图1-1所示。

天哪！多么糟糕的项目！

图 1-1　我能说清的是你给我的东西不是我想要的

1.1　项目是独特的一次性事业

如果你从不犯错，这意味着你从来没有尝试过任何新事物。

——阿尔伯特·爱因斯坦

组织通过开展工作来实现其商业价值。组织的经营活动可以简单地分为两大类：一类以重复性劳动为主要特征，另一类以非重复性劳动为主要特征。以重复性劳动为主的工作是这样的：

你可以想象一下，一个生产线上工人的工作就是以重复性劳动为主要特征。比如激光笔就需要很多部门按照一定的流程重复、批量地生产，而且要求生产的每一支笔都一模一样，假如某一天做出来的某支笔跟其他笔不一样，这就是一个不合格品。用一句话概括，重复性劳动追求高度一致性（稳定性）。

而以非重复性劳动为主的工作就不一样。

一位客户交给竺琳一个项目，说"按要求做就行"，竺琳感觉客户的要求不是很清晰，可是客户说他暂时提供不了更详细的信息，于是竺琳只能按照自己的理解做。

两周后，竺琳拿着成果向客户汇报。客户看着东西表示："总体上还行，但我还有三点意见，你根据我的意见回去改一下吧！"

竺琳按照客户的要求改完之后，又带着成果去汇报。客户说："总体已经很棒了，但是我还有两点想法，要不你再改一改吧！"

…………

就这样，竺琳改好了汇报、汇报后再改，反复了多轮。

"你为什么不一次跟我说清楚？你一定是上帝派来整我的！"竺琳对自己遇到这样的客户感觉非常郁闷、倒霉。

实际上，通过开展持续的活动来生产同样的产品或提供重复的服务的工作就是运营，而为创造独特的产品、服务或成果而进行的临时性的工作则是项目。㊀

1.1.1 项目开始时总存在说不清的成分

1903 年，亨利·福特（Henry Ford）在创立福特汽车之前，并不知道客户需要什么样的产品，于是他就找人做市场调研，去挖掘社会公众到底需要什么。

在汽车没有诞生之前，人类社会最主流的交通工具是什么呢？是马和马车。不出意外，社会公众给出的需求也的确是"想要一匹跑得更快的马"，这就是所谓的客户需求。

现在问题来了，如果你是福特公司的决策者，请问能不能给社会公众提供跑得更快的马？我们不是经常说要"听从客户的声音"吗？现在客户说想要一匹跑得更快的马，我们能不能提供呢？这里有两个答案可供选择：能和不能。只能二选一，你选择哪一个？

㊀ 项目管理协会. 项目管理知识体系指南（PMBOK® 指南）（第 6 版）[M]. 北京：电子工业出版社，2018.

需要说的是，我经常会听到第三种答案——具体问题具体分析，这简直是标准答案！这种说法属于典型的"正确的废话"，你不能说它是错的，但又没有任何价值（用年轻人的话说，叫"没毛病"）。

社会公众真正想要的东西到底是什么？有人说想要"快"！实际上，这是没有分清目的和手段。在这里，社会公众想达到的目的是"快"，而手段（东西）则是一个"更快的交通工具"。

问题来了，这"更快的交通工具"长什么样呢？人类总会犯一个错误：人总是用之前见过的东西，来描述一个未曾出现过的东西（见图1-2）。也就是说，客户基于他们的阅历与认知，习惯于把自己的需求套到现实中可实现的方法或物质中。在这里，社会公众见过马但没见过汽车，于是他们用"已经见过的马"来描述"还未见过的更快的交通工具（汽车）"，所以他们的回答才会是一匹跑得更快的马。

图1-2 人总是用之前见过的东西，来描述一个未曾出现过的东西

这时候如果全部按照客户说的做就不太合适了，但如果是以重复为主的运营工作，你就可以完全按照客户说的做，因为客户想要的东西和他看到的是一样的。

这样就很容易理解，为什么竺琳一把成果呈现给客户，就被要求修改了。因为在没看到成果之前，客户也提不出具体要求，而竺琳把成果交到客户面前时，这个结果就能刺激客户进行思考：客户拿着这个结果与头脑中的想象做比较时就会发现差距，于是不断提出修改意见。

可见，项目在开始时总存在说不清的成分，这就会导致一个问题——频繁的变更。说白了，这种频繁的变更是由项目工作本身的性质决定的。很多人不懂这个道理，总是追着客户，要求客户说清楚之后再干。这些人会让客户签字——你不是想要"马"吗？那你签个字我再干。到最后，他们发现签字并没有改变频繁变更的状况，反而为后续与客户意见不合造成了隐患。我并不反对签字，因为不签字客户要求的变更会更随意，但我反对把签字当成与客户意见不合，进而"扯皮"的依据。

现在，如果再看到有人逼着客户在项目开始时把所有问题都说清楚，你也可以怼他一句："孩子没出生之前，你能把孩子长什么样说清吗？"

1.1.2　项目是一个业务过程，而非技术过程

有意思的是，工程师普遍特别实诚，他们盯着细节不放，还会更进一步：原来的那匹马时速多少公里？50公里的话，我给你找个80公里的。原来的那匹马身高多高？1米的话，我给你找2米的。原来的那匹马体重多重？100公斤的话，我给你找个200公斤的……于是他们开始在技术指标上较劲！

如果不盯着技术指标，问题也许还能解决，但若只盯着技术指标，往往就容易沉浸在细节里面出不来了。这不仅使得问题得不到解决，还会把自己搞得狼狈不堪。

那正确的方法应该是什么呢？建议你要求客户说明他们为什么会提出这些要求。通过不断地提问，你最终会知道问题的根源。实际上，针对业务的解决方案才是客户的真实需求。具体而言，面对客户所说的"想要一匹跑得

更快的马"这个问题，我们从开始就不要盯着马本身提问，而是应该去问客户业务问题。这些问题可以是：你要马干什么呀？想解决什么问题呀？你要的这匹马要在什么情况下使用呢？使用时会遇到什么困难呀？总之，围绕使用的背景、环境、目的等业务问题进行提问，而不是围绕"对马详细描述"的技术问题进行提问。在这里，我要提醒你，遇到问题以后不要试图仅仅解决问题本身，还要去解决问题所在环境的问题。

事实上，系统工程的一个基本原理就是超越系统本身解决问题，即 N 维系统产生的问题只有在 N+1 维系统中才能解决。用我们老祖宗的话来说，叫"不识庐山真面目，只缘身在此山中"。在替别人分析问题时，我们能抽丝剥茧，分析得头头是道。当自己遇到同样的问题时，却总是很困惑和痛苦。

 关于本主题的更多探讨，请参考本书 8.3.3 节。

请务必记住：项目是一个业务过程，而不是技术过程。这是重要的项目思维！项目管理者也应该是一个业务层面的管理者。项目的业务思维方式，能帮助你快速理解客户的痛点，明白客户"真正的需求"，在此基础上你再给出专业的反馈，并提供解决方案。这时候，你还应该具备业务建模能力。

说到建模，房地产行业给我们提供了先例：客户买房子之前是先要看看样板房和模型的，什么都看不到你敢买房子吗？答案一定是否定的。除非，你不是自己住！

可见，要能把需求确认落地，实施者必须有很好的业务建模能力，并以咨询方式展开，也就是要推出自己的方案，快速地给客户展示合理的样例。一方面，这样可以较好地引导客户提出合理的需求，把他们的思路控制在可执行的范围内。另一方面，通过逆向反馈，推动客户确认需求，可以较大程度地避免理解上的偏差。

多年的经验告诉我，对于项目，一定要给客户看到"样板房"，如样品、模型、照片、软件的基本界面等，否则很可能会出问题！

回到福特汽车这个例子。如果问清楚客户要这匹马的目的是更快的话，问题就简单了——在脚下装两个滑轮行不行？不行的话再装两个翅膀，还不行就装发动机……反正比找跑得更快的马强多了。

1.1.3 拥抱变更：无关人品，项目使然

客户提出改动，是在帮我们还是在害我们呢？实际上，客户每一次提出新的要求，都是在帮我们逐步逼近事实真相。

但是，很多项目从业者的结论是"你在害我"——为什么不早说？人喜欢改变但又害怕被改变，面对这种变更，他们总感觉之前的工作被否定了——辛辛苦苦的努力，你一句话就让我的努力都白费了！这样，每经历一次变更，项目从业者的内心就会受到一次折磨，变更的次数多了，情绪就变坏了。于是，他们开始学习各种各样的"套路"，这使得迎合这种需求的培训、文章、书籍等开始在市场上大行其道！

很多人在遇到变更时，首先想到的是客户多么不可理喻，还时不时问一句"改是可以，但这是不是最后一次"。问题是，在没有看到最终结果之前，客户怎么知道这是不是最后一次呢？

在"客户是上帝"的口号下，一方面项目经理要靠客户赚钱，另一方面内心又接受不了频繁的变更方案，所以就很痛苦。"客户虐我千百遍，我待客户如初恋"的说法就足以说明问题。在无法改变现实的情况下，他们只能忍着，忍的时间长了就开始"虐"自己。实际上，"虐"这个字的负面情绪特别重，一说出口就意味着这份工作无法带来幸福感了，因为这很容易给客户经理一种心理暗示——这工作真苦！张口就说负面词汇，这是很多职场人焦虑的重要原因之一。

更严重的是，有的人在面对变更时，不是去消灭新需求，而是去消灭提出新需求的人。于是，因为变更导致的冲突、打架事件层出不穷。

实际上，只要理解项目的不确定性，就很容易明白绝大多数变更不是人的问题，而是项目属性所决定的。在频繁变更这件事上，无论谁做项目都不可避免，因此唯一需要调整的就是我们面对变更的态度。

时刻记住，变更来源于项目属性，与人无关。这会让我们在真正遇到变更时更能够保持冷静的心态和敏锐的洞察力。而且，"客户在帮我们逐步逼近事实真相"这个结论是积极向上的，也往往能让我们自己的情绪好很多。如果你正遇到一个"不可理喻的变更"，你可以马上试试这种思维模式的神奇作用。

所以，我们今后在与人沟通变更时，应注意改变态度，少一些抱怨和吐槽，而要说："谢谢你让我离真相又近了一步。"

关于变更，请务必记住：无关人品，项目使然！一句话：在项目中拥抱变更（注意是"拥抱"而非"接受"）。

1.2 项目的特点

如果你现在还没有参加项目，那么你多半是在做一些费力不讨好而且枯燥无味的重复性工作。但是，如果你参加了一个项目，日子就更难过了，你会觉得干一件费力不讨好且枯燥无味的重复性工作是多么令人神往。

——项目管理谚语

项目在本质上是独特的、临时的非重复性工作，要求使用有限的资源，在有限的时间内为特定的人（或组织）完成某种特定目标（产品、服务或成果）。项目的定义非常简洁，但是含义非常深刻。

首先，定义明确了项目的目的是给出产品、服务或成果，对于结果强调了其"独特性"；

其次，对于工作时限强调了其"临时性"。

独特性说明项目所创造的成果存在与众不同的地方，即成果的不重复性。同样，为创造独特成果而开展工作的过程不仅具有临时性，也具有不重复性。这种"不重复性"会给人们在认识项目的过程中带来很多不确定因素，这就是项目的风险来源。该如何认识"复杂、不确定"的项目呢？答案就是渐进明细。

独特性、临时性和渐进明细性，是项目最显著的三大特性，其中独特性和临时性是最基本的特性，渐进明细性是在这个基础上衍生出来的。

1.2.1 独特性

1. 独特性意味着项目成果的"不重复性"

每个项目创造的可交付成果（产品、服务或成果）都是独特的。当前的项目与以前的项目相比，会或多或少存在不一样的地方，也就是具有一定的"不重复性"。

> 核电在国内发展得很快，在广东、浙江、山东、广西、福建、辽宁都有相关项目，而且进展都比较顺利。但同样的项目在湖南桃花江和湖北咸宁的实施就遇到了困难。项目遭到当地百姓的强烈反对，施工进程也因此一拖再拖。虽然项目得到了相关部门的批准，人力、物力、财力、技术也不是问题，但终究还是不得不面对被搁置的局面！

如果是创新性很强的项目，将完全没有可以参考的以往的项目。这种创新带来的独特性意味着项目中有新的知识有待认知。知识仅是对现实世界的近似描述，人不可能掌握任何事物的全部知识。不能认知和掌握的事物会显得比较复杂，对于复杂的事物，人们无法一开始就掌握完备的认识，需要循序渐进，而没有掌握完备的知识，往往就会犯错误。已经发生的错误称作问题，可能发生的错误称作风险，我们应该通过完善的程序来管理这些错误（问题和风险）。

2. 独特性是相对的

一个项目是否独特是相对的。将其与以前的项目相比，或多或少会存在某些相似性，如两座大楼建设项目或两个手机开发项目之间肯定有很多相似的地方。如果每个项目都是完全独特的，就不可能存在适用于大多数项目的知识，项目管理方法也就不具任何意义了。正是这种相对的独特性，使项目管理的应用范围得以广泛扩展。而许多工作都具有相对的独特性，也就因此具备当作项目来做的可能性。

3. 独特性提升竞争力，增加挑战性

正是因为项目的独特性使得项目的成果具备了某种竞争力，否则只需要重复以前的工作就够了。当然独特性也提升了项目工作的挑战性，项目工作中的一个重要部分就是化解复杂性，使之更明确、更可控。

1.2.2 临时性

1. 临时性是指项目有明确的起点与终点

商业机会是稍纵即逝的。快速变化的环境会使过去赚钱的产品很快变成明日黄花，未及时交付的项目成果将失去商业价值。

临时性是变化的结果。商业环境的变化会产生新的需求，从而催生新项目的出现，项目就是为满足新产生的需求而启动的。需求是基于人的，它可能是对原来需求的完善，也可能是全新的。当需求得到满足或者需求不再存在时，项目就会结束。

2. 临时性并不意味着项目的持续时间短

任何具有明确开始和结束时间的工作都是临时的，不会无限期延续下去。临时性与项目持续时间的长短没有关系，历时一个月的项目是临时的，历时十年的项目也是临时的。

3. 临时性会造成项目管理者的权限不足

因为项目的临时性，在组建项目团队时可能会遇到"招不到合适成员"的情况。大多数情况下，项目经理可能会在管理团队成员时感到"权力不足"。在常见的矩阵组织结构中，项目经理和团队成员之间是单次博弈，而职能经理和团队成员之间是多次博弈，职能经理决定成员的工资、奖金和晋升，而非项目经理。

项目的临时性决定了项目团队的临时性，团队通常需要随着项目的完成而解散。团队解散后，团队成员需要重新找工作。这也是项目带给团队成员的挑战之一。

4. 临时性的项目不意味着成果的临时性

临时性的项目所创造的成果往往具有可持续的长期生命力，并持续地对环境造成影响。例如，都江堰水利工程至今还在发挥作用。

5. 项目可因多种原因结束

当满足以下一种或多种情况时，项目即宣告结束：

- 达成项目目标；
- 不会或不能达到目标；
- 项目资金缺乏或没有可分配资金；
- 项目需求不复存在；
- 无法获得所需人力或物力资源；
- 出于法律或其他原因而终止项目。

1.2.3 渐进明细性

渐进明细性是指逐渐细化，意味着项目是在连续积累中分步骤实现的，即逐步明确项目的细节特征（见图1-3）。由于项目在实施过程中可能发生变化，因此应该在整个项目生命周期中反复开展计划工作，对工作进行逐步修正。

图1-3　项目的渐进明细性

1. 项目的许多方面需要渐进明细

在项目中，需要渐进明细的方面包括：

- 项目目标。开始只有方向性的大目标，然后逐渐细化出具体的、可测量的、可实现的小目标。
- 项目范围。开始只有粗略的范围说明书，然后细化出工作分解结构（work breakdown structure，WBS）和工作分解结构词典。
- 项目计划。开始只有控制性的计划，然后逐渐明细，制订具体的实施计划。

2. 渐进明细不同于范围蔓延

在去商场前，甲计划买两套运动衣，可是到了商场后，他发现运动鞋促销，于是就买了一双——这是范围蔓延。在到达商场前，甲只考虑需要买运动衣，没有确定款式、色彩、价位，到商场后，看到了越来越多的商品后，甲慢慢对要买的运动衣的款式、色彩、价位有了明确的认识——这是渐进明细。

项目的渐进明细，一定要在适当的范围定义下进行，也就是要在项目的边界内进行，以避免渐进明细演变成范围蔓延。渐进明细与范围蔓延根本不是一回事，前者是必须做的，后者是必须避免的。

渐进明细是正常的，项目范围不可能在开始的时候就非常清晰，需要不断地补充、细化、完善，这是客观规律。范围蔓延是不正常的、危险的、失控的，应该在项目实施过程中控制好这个问题。

3. 渐进明细的方式

实现渐进明细的方式有两种：

- 化大为小，逐步推进。将项目划分成几个阶段，在不同的阶段执行不同的项目活动，最终分阶段完成项目的所有活动。
- 剥洋葱式，逐层深入。首先解决当前能够解决的问题，再逐层深入，每个层次上以不同的完整程度进行项目活动，最后彻底完成项目。

从项目的临时性、独特性和渐进明细性这三种特性方面讲，任何一项工作，如果你更看重它的临时性、独特性和渐进明细性，它就是项目；如果你更看重它的重复性，与其他工作的相似性，且一开始就能明确大部分细节，它就是运营。从这个意义上讲，组织中的许多工作都可以被看作项目，可以进行"项目化管理"。

1.3 项目的价值在于驱动变革

如果你给孩子一把锤子，那么整个世界在他眼里都是钉子。

——哲学谚语

做项目管理一定要关注企业的宏观环境，由宏观看微观，再从微观看宏观。

1.3.1 组织的工作类型与框架

在组织中,我们通常将组织的日常工作分为 3 种类型(见图 1-4)。

(1)战略规划类工作,主要是给企业定发展方向和长期目标的。

(2)日常运营类工作,帮助企业维持稳定和创造收入。

(3)项目类工作,帮助企业建立新的竞争优势或更科学的机制。

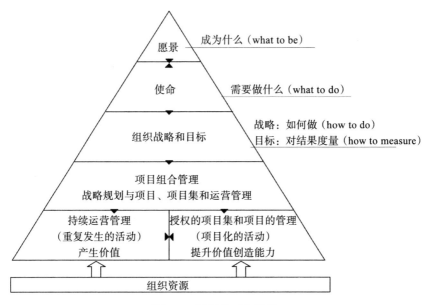

图 1-4 组织的工作框架

资料来源:项目管理协会. 项目组合管理标准(第 4 版)[M]. 张智晓,苏金艺,译. 北京:电子工业出版社,2019.

1. 战略规划类工作

"战略"这个词来源于古希腊语,最初用于军事,意思是"指挥官的艺术"。水平高的指挥官有一个共性,就是他们对于战争发展前景的预判能力比一般人强很多。所以,战略更多强调的是对于长期目标定位的准确性以及实现目标的方法。

战略至少应包括两个方面，一是现状，即我们现在在哪儿，处于什么状态。二是愿景，就是我们去哪儿。从现状到愿景的路径规划就是所谓的战略规划。因此，战略通常要分几步走，不可能一步到位。企业越大，越需要全体人员达成对未来愿景的共识、统一行动方向，因此也就越需要规划未来的发展路径，这样大家才能方向明确、步调一致，同心协力地推动企业的发展。

2. 日常运营类工作和项目类工作

战略再好也必须落地才行，战略一般要通过开展两种类型的工作得以实现，一类是运营（重复性工作），另一类就是项目（非重复性工作）。运营以追求效率为目的，赚钱的事要好好干，这对组织很重要。而由于外界环境在不断地变化，组织的机制和工作方式也需要随之改变，应进行内部调整，以适应环境，也就是必须做项目。实际上，项目的本质是改变业务类工作，以非重复性劳动为主要特征。

流程和制度本质上是组织的最佳实践，是把自己或前人的经验教训总结到文档上，固化下来，以避免走弯路或犯不该犯的错误。但是，最佳实践也不是永远适用的，随着环境的改变，原来的最佳实践可能不再适用，这就需要找到新的最佳实践，用新的制度流程去代替旧的制度流程。当然，这个转变和迭代过程也应该是循序渐进的。

相应地，整个过程需要有人专门负责，这个人必须不断审视组织已经常态化的工作机制，评估它们与当前环境和未来发展趋势的适用程度，然后在此基础上进行调整，这就是我们所说的项目管理。

当确定了新的最佳实践后，要把它固化到日常运营工作中去，这就要建立新的流程制度，这些新的流程制度一旦被组织成员运用到工作中，就会成为组织自身能力的一部分。

可见，项目的价值在于驱动变革（见图1-5），运营能够维持组织在一定水平上持续运行，而项目可以实现组织运营水平的提升。

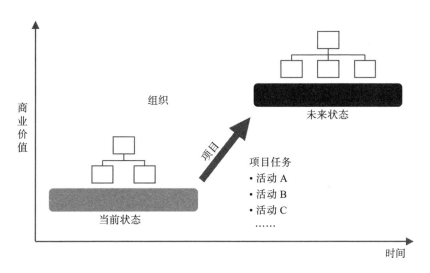

图 1-5 项目的价值在于驱动变革

资料来源：项目管理协会. 项目管理知识体系指南（PMBOK® 指南）(第 6 版) [M]. 北京：电子工业出版社，2018.

为满足市场需要，A 公司决定研发一款新手机（一个项目），新手机定型后转入批量生产（运营）。新手机获得了客户的喜爱，需要提高产能（一个新项目）。随着市场的变化和竞争对手的发展，该款手机已经不再满足客户的需求，A 公司决定对这款手机进行升级换代（又一个新项目）。

项目和运营的常见关系如图 1-6 所示。随着相关工作的完成，可交付成果和知识在项目与运营间转移。当项目开始时，资源从运营转移到项目；在项目接近结束时，资源则从项目转移到运营。因此，运营部门与项目团队之间通常都会进行大量互动，为实现项目目标而协同工作。

运营实现组织的持续稳定，项目实现组织的持续发展。一静一动，共同支撑起组织的战略落地工作，确保组织可以不断地朝着战略规划的方向前进，边运转边调整，既能保持组织的健康运转，又具备依据环境调整自身的能力。

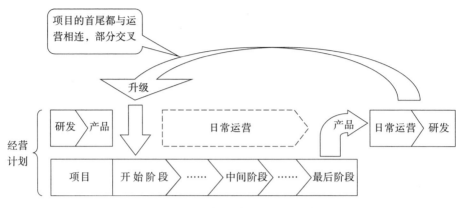

图 1-6　项目与运营的关系和互动

1.3.2　你说的项目管理可能不是项目管理

作为支撑组织战略落地的半边天,项目管理类工作又可以分为三个层次:项目组合管理、项目集管理和项目管理。

1. 项目组合管理

项目组合管理位于最上面的第一层,衔接战略规划和项目管理。组合的概念来源于投资领域,人们在投资时会通过组合不同的股票来降低风险。

> 买股票是一种很典型的投资行为,原则之一是"不能把所有的鸡蛋放在同一个篮子里"。因此,人们会同时持有几只不同的股票,在资金分配上,一般也不会把所有的资金平均分配到这几只股票上。通常,大家会对自己的股票做个评估,以决定哪只股票应该多买,哪只应该少买,并明确多投和少投的依据是什么。投入产出比是常用的评判依据,投入产出比高的股票应该多买,投入产出比低的股票要少买。买入股票之后,人们每天都会关注股票,预测涨或跌的趋势,评估收益风险的大小,以决定再次买入或卖出的时机和金额。

对于组织来说，做项目是一个投资行为。在资金有限的情况下，组织必须认真考虑、评估各项目的特点和价值，以判断它们的投资优先级。根据评估结果，决定宝贵的预算和稀缺的资源到底应该优先分配给哪些项目，就是组织的项目选择和立项过程。

立项后，组织要监控各项目的运行状况，就像买入股票后要持续关注股市行情一样，组织会监控这个项目到底赚不赚钱，按当前趋势发展下去能不能产生收益，这就是项目组合管理。总之，项目组合管理首先解决的是投资导向问题，根据战略规划，决定资源分配，确保组织的投资组合收益最大化。

2. 项目集管理

在项目组合管理的下面一层是项目集管理。

众所周知，战略规划一般需要较长的时间来实现，如 5~10 年。时间跨度大，会导致战略规划与每个员工的日常工作之间的关系比较模糊。而战略规划的落地依赖于每个员工都能完成他们的任务。因此，必须把战略规划与每个人的日常工作关联起来。

资源是有限的，在确保完成当年既定工作的前提下，投入的资源自然是越少越好。也就是说，如何能够投入更少的资源去实现既定目标，是企业要解决的第二个问题。

人们发现，很多时候如果把一些有相关性的项目打包在一起，形成项目集，就能够实现节约资源的目标。有些特殊的项目成果，如果可以被几个不同的项目应用，就不用反复投入资源，从而降低整体成本。如果能先把几个有依赖关系的项目之间的关系梳理清楚，再按合理的步骤实施，就能避免或减少因项目之间协同不足而造成的浪费。

3. 项目管理

项目管理类工作的最下面一层是项目管理。项目组合管理从投资视角解决了资源分配问题，项目集管理站在资源效率角度解决了项目之间的协同问题。而每个项目的执行问题就交给了最下面一层的项目管理。项目目标定下来以后，工作重点就是在一定的约束（范围、进度、成本、质量等）下完成既定工作。

项目、项目集、项目组合处在项目管理的不同层面，管理的侧重点是不同的。但在现实中，作为非专业研究人员很难区分。三者时常被统称为项目。以后在谈项目管理时，建议读者要先判断所谈论的项目管理属于哪一层，因为在不同的层面，思考的角度是不一样的。

1.3.3　大多数项目缺乏有效管理

华为目前的项目管理水平还很低，浪费较大，这是过去以功能部门为中心带来的弊病。华为接下来将试点以项目部门为中心的管理模式，逐渐使作战团队拥有更多的权利，监管前移，配合授权体系的产生。

——任正非

1. 项目化管理席卷而来

保罗·格雷斯（Paul Grace）曾断言："在21世纪的社会中，一切都是项目，一切也必将成为项目。"果不其然，项目管理已逐渐成为在当今急剧变化的时代中，企业求生存谋发展的利器。

第二次世界大战期间，项目管理主要在军事工业内应用，随后逐步进入了民用工业领域。到20世纪90年代，项目管理的应用领域越来越广泛，进入了普及阶段。这个阶段出现了许多项目单列式组织，其业务运作的主导形式是一个个项目，如工程建设公司、咨询公司。而那些非项目单列式组织，也大规模引入项目管理，像IBM、微软、惠普和宝洁等跨国公司不仅将能够项目化的工作尽量项目化，还要求公司新入职的大学毕业生都学习项目管理。这些公司已经将项目管理视作一项基本的管理技能来进行培训、推广。

无独有偶，中国的本土企业中，华为、腾讯、阿里等公司也大规模地引入了项目管理。

即使以往认为项目管理无用武之地的行业，如物业管理、美容业、教育业等也纷纷引进项目管理来管理过去用非项目管理方法管理的活动。甚至在百姓的居家生活中，也能发现项目管理的缩影，比如网络上大热的装修日记、旅游笔记等，就是一个个典型又接地气的项目管理案例。

项目管理的浪潮如此真切地席卷而来，使得无论组织还是个体，都不仅是见证者，也是参与者。

2. 大多数项目都失败了

Standish Group 的调查数据显示，㊀截至 2018 年，项目按期、按预算和范围完成的比率不足 40%，而具有很高价值的项目（按 5 分制对 1000 个组织进行的调查）仅为 8%，让人很满意的项目仅为 12%。

项目需要通过组织和协调资源才能完成，这就需要专业的项目管理技能。对项目失败原因进行调查，其结果如图 1-7 所示，项目很少由于技术和"硬"实力方面的不足而失败，却常常因为组织、人力等管理方面的"软"实力不足而失败（见图 1-8）。可见，管理是否有效对于项目的成败十分重要。

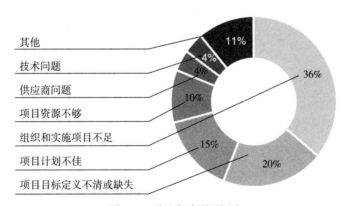

图 1-7 项目失败原因调查

㊀ 参见 www.standishgroup.com。

1.4 极简项目管理：用结构化降低项目难度

> 任何事物都不及"伟大"那样简单；事实上，能够简单便是伟大。
>
> ——爱默生

"我的沟通能力不行，怎样提高沟通能力？"

"怎样提高领导力？"

"我想转变行业，怎样提高对新行业的认知水平？"

"我想提高能力，该读什么书？"

"我的项目总是出问题，怎样管理好一个项目？"

"项目计划总是赶不上变化，如何制订出一个有效的进度计划？"

这些问题其实都难以回答，因为它们不是真正的问题，只是一个表象。我经常要求大家建立起结构化思维（structured thinking）。所谓结构化思维，是指一个人在面对工作任务或者难题时能从多个角度进行思考，深刻分析导致问题出现的原因，系统地制订行动方案，并采取恰当的手段使工作得以高效地开展，取得高绩效。

作为项目管理者，如果你拥有了结构化思维，它将为你的职业生涯带来巨大的帮助，可以使你面对项目中的困难时能够更淡定从容。

1.4.1 提高沟通能力靠悟性吗

领导派刚出大学校门的金溪出差，去给客户汇报项目情况，也不知道金溪对客户说了什么，客户气呼呼地打来了投诉电话。领导安抚完客户之后，把金溪叫到办公室。

面对这种情况，不同的领导有不同的处理方式。

领导甲："我告诉你啊，你沟通能力不行，要提高沟通能力呀！"

领导乙："今天你跟客户汇报时发生了什么？说一说。"金溪把情况说完了，领导乙接着说："今天这事情过去了，不说了。以后你可以这样给客户汇报工作，告诉客户项目一共有几个阶段，每个阶段的工作重点分别是什么；当前处在哪一个阶段，这个阶段有哪几项重点工作，以及每项工作的进展、存在的问题和下一步的工作安排……回头我给你一个模板，按照例子的结构来。"

领导甲指出了问题——沟通能力不行，还要求下属提高沟通能力，这话对不对？对，但这是一句正确的废话！下属对于如何提高沟通能力还是一头雾水、不明所以，只能提高悟性（这也是一句正确的废话）。

领导乙的话比较明确，符合结构化思维，相对就比较容易掌握，下属下一次就可以试着改进了。

1. 一个小实验

现在，你可以测试一下自己的结构化思维能力。请你尝试用10秒钟的时间记住如图1-8所示的这串数字。

$$\boxed{412523657246060}$$

图1-8 一串数字

好！现在合上书，回忆一下这组数字并将其写在一张纸上。在我的课堂中，每次让大家来做这个游戏时，只有非常少的人能够看一眼就全记住，而且这辈子都很难忘记。他们是怎样记住的呢？把书翻到附录A，你就能找到答案。

可见，将同样的内容用不同的结构传递给对方的时候，每个人的记忆黏性是完全不同的。我们将答案的呈现方式称为结构化的方式。这也是为什么在日常工作中经常看到同样的一件事情，有的人三句话就能说清楚，而有的人说一下午也说不到核心上。

为什么会如此？这就不得不谈谈人类意识的特点，也就是大脑处理信息的方式。

（1）大脑不能同时处理很多信息。心理学研究发现，我们的大脑同时处理的信息不能太多，否则会让大脑觉得负荷过大。你也可能碰到过这样一些人，他说的每个字你都听得懂，然而组合在一起，你也不知道他想说什么，听他说话的时间一长，你会头疼，变得焦躁。你产生这种感觉的原因就在于大脑处理不了太多零散而复杂的信息。

（2）大脑偏好有规律的信息。这是大脑赋予人类最重要的技能，也是知识产生的源泉，正是因为有这样的技能，人类才创造了如此非凡的文明成就。天才和普通人的区别不是在脑容量的多少，而是在处理能力方面，天才往往能够透过纷繁复杂的现象发现本质，也就是核心的规律。

2. 将200毫升的水装进100毫升的杯子里

请思考以下问题：如何将200毫升的水装进100毫升的杯子里？

这不是一个脑筋急转弯，而是一个真正需要解决的问题。

你想到答案了吗？在课上，很多人都会七嘴八舌地抢着回答，有人说喝一半再倒，有人说换个杯子，而几乎每次都会从远处隐约地传来一个答案"把水冻成冰"。你想到了吗？

没错，这是这个问题的答案之一。在此我们的重点不仅是要找到答案，还要理解分析问题的思维过程。

那么，为什么200毫升水倒进杯子里水会流出来？

有人说这还不简单？因为杯子小，而且又不具备像气球一样的张力，不能随着水增多而变大。

那么杯子小水一定就会往下流吗？没错，因为地球有引力。

再进一步，杯子小、地球有引力，水就一定会流出来吗？没错，因为水是液体。

现在稍微总结一下水之所以会流出来无外乎有三类原因：第一类

是杯子的问题，如杯子太小；第二类是水的问题，如它是液体，会流动；第三类是外部环境，如地球引力。

到目前为止，我们找到了两个思路。第一，解决问题本身（水、杯子）；第二，解决问题的环境。你看，我们通过科学的分析找到了问题的解决方法，而不仅仅是答案。

如果按上面两个思路思考，问题还是得不到解决，还有一个角度值得关注——问题的解决主体。在处理很多方面的问题时，我们都是外行，但不要忽略内行的存在，如果自己做不了，那就交给内行做。现在大家都在谈创新，但实际上创新着实不易，对人才济济的大公司也一样。那怎么办呢？把掌握核心技术的人或团队"挖"过来（整合、并购），这是互联网巨头的常规操作。

总结一下，以后遇到问题一定要运用结构化思维，试着从三个方面去解决问题：问题本身、问题的所在环境、问题解决的主体。问题本身、环境、解决主体这三个维度组成了理解和分析问题的空间结构，如图1-9所示。你会发现，掌握了这个结构就能很容易找到问题的多种解决方案，把问题想全面，并且还能分得很清。

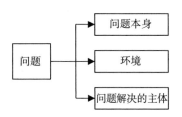

图1-9 解决问题的三个维度

回到将200毫升的水装进100毫升的杯子里的问题，按照上述结构寻找问题的答案，如图1-10所示。

从问题所在环境的角度出发，可以把水和杯子放到太空上去。有人会说成本太高了，的确如此。我建议在遇到问题后，先把所有的解决方案列出来，然后再分析每一个方案的优缺点并进行排序，最后选择代价最小的方案去实施。

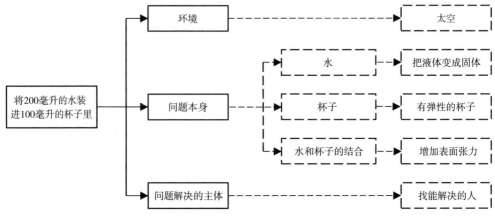

图 1-10　用结构化思维解决问题

从问题本身的角度出发，可以把问题本身分解为水、杯子及其二者的结合这三个角度，即可以把液体变为固体（冻成冰），也可以使用有弹性的杯子或者换大杯子（前提是不可以更换杯子，所以直接否决），还可以增加表面张力（只能部分解决问题）。

从问题解决的主体角度出发，可以试着寻找相关专家。

上面这个例子就是一个运用结构化思维分析问题的简单过程。结构化思维是人类思维领域的基本规律，内化为思考、外化为表达，所以通过训练结构化思维，可以让我们轻松地找到问题的解决方法。

实际上，在福特汽车的客户"想要一匹跑得更快的马"的案例中，我们强调项目管理者要练就业务思维，本质上也是要求项目管理者除了解决问题本身，还要去解决问题所在的环境，这就是结构化思维的运用。

结构化思维方法对每个人的帮助都很大，建议读者最好能把这种方法变成一种本能的反射。如果你真的练成此种"神功"，它将在你克服工作上的压力时产生很大的帮助。实际上，掌握了结构化思维，你在面对任何问题时都可以将其结构化地解决好。

1.4.2　极简项目管理：一个结构化的方法

复杂性一直是项目的固有特点，特别是我们所处在的 VUCA 的时代，更给我们的项目工作带来很多困扰。当今的全球化、新技术、虚拟团队以及分散各地的供应链等问题又进一步提高了项目的复杂性。在如此复杂的条件下，要把项目做好，显然是一个巨大的挑战。

项目管理的过程就是将复杂问题简单化并予以解决的过程，降低复杂度的一个重要方法就是结构化。事实上，极简项目管理的过程就是用结构化思维解决问题的过程，具体如下：

（1）按所需开展的管理工作将项目过程分为 5 个过程组：启动、规划、执行、监控、收尾。

（2）按需要解决的问题将项目管理分为 10 个知识领域，我将其称为项目管理的"如来十掌"。

（3）为实现项目目标，将上述两个维度的问题进一步分解为 19 个步骤，我将这些步骤统一用三个字来表达，为方便记忆我将其称为极简项目管理的"三字经"。

1. 五大过程组

按项目所需开展的管理工作来划分项目周期的不同阶段，这样可以使我们按照一定的流程来组织、管理项目工作。根据《项目管理知识体系指南》，项目的生命周期共包括 5 个部分，因为每个部分都会包含至少两个相对独立又相互联系的过程，所以又称"过程组"。项目管理的 5 个过程组如图 1-11 所示。

图 1-11　项目管理的 5 个过程组

每个过程组的主要工作如下：

- 启动：确立项目的合法地位和总体要求（目标），宣布项目正式立项（上马）。
- 规划：编制项目计划，把项目目标具体化，制订达到目标的路线图。
- 执行：按计划开展项目活动，把纸面上的成果变成实实在在的成果。
- 监控：把实际情况与计划要求进行比较，发现偏差，分析偏差，并在必要时进行变更（包括调整计划或对执行纠偏）。
- 收尾：按序开展收尾工作，把项目正式关门。

这里需要说明的是，在本书中，这五大过程组之间彼此独立，界限清晰。但是，在实践中，它们会以无法详述的方式相互重叠、交叉、循环，所以它们之间的关系不是纯直线式的，不能用简单的线形思维去看待各过程组及其过程之间的关系。

实际上，5大过程组是一个PDCA循环的过程。因为项目有始有终，需要开始和结束，所以与普通的戴明环相比增加了启动和收尾这两个步骤。

2. "如来十掌"

项目是一个复杂的系统过程，其管理思路可以概括为以下几个方面。

（1）明确项目目标（要什么）。

（2）确定需要完成什么（需要得到的结果）。

（3）制订需要做什么和怎么做的步骤（计划）。

（4）构建考核的基准（范围、进度、成本），组织好实施人员（管理人员），并在项目过程中通过绩效考核（管理绩效）以确保项目的完成。

上述思路可以进一步明确为项目过程中面对的十个知识领域，也就是项目的十个相互关联的问题。我将其称为极简项目管理的"如来十掌"，其逻辑关系如图1-12所示。

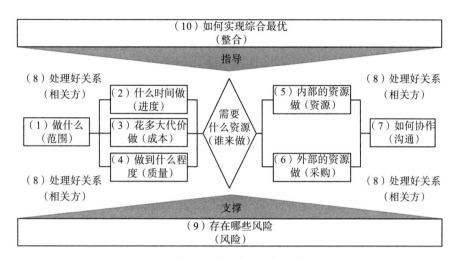

图 1-12 极简项目管理的"如来十掌"

资料来源：汪小金. 汪博士解读 PMP® 考试 [M]. 3 版. 北京：电子工业出版社，2013.

（1）确定项目的工作内容（范围管理）。

（2）确定这些工作要在什么时间完成（进度管理）。

（3）确定这些工作要花多大代价完成（成本管理）。

（4）确定这些工作做到什么程度才可以接受（质量管理）。

（5）弄清需要谁、使用哪些资源来完成项目（资源管理）。

（6）如果没有足够的资源，需要外包一些工作给其他公司或个人（采购管理）。

（7）项目所涉及的内外部人员之间需要进行有效沟通，才能较好地相互协调（沟通管理）。

（8）如何实现各相关人员有效参与和期望控制并获得其对项目的满意（相关方管理）。

（9）识别哪些不确定性因素会促进或妨碍项目成功，并积极加以管理（风险管理）。

（10）在上述 9 个相互竞争的目标下，如何实现最优（整合管理）。

特别说明，请务必熟记"如来十掌"。

3."三字经"

以五个过程组和"如来十掌"为框架，进一步展开为19个步骤，就形成了极简项目管理地图，如图1-13所示。我将这个地图称为极简项目管理的"三字经"。

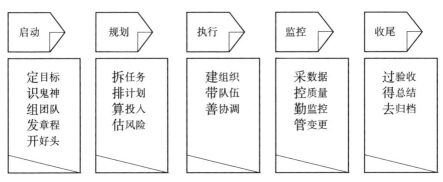

图1-13　极简项目管理地图

第二部分

极简项目管理过程

Minimum
Project
Management

_____

在过程中打败自己,在结果上打败对手。

Minimum Project Management

第 2 章

启动：师出有名，名正言顺

> 项目不是在结束时失败，而是在开始时失败。
>
> ——项目管理谚语

《易经》中的"初难知，上易知"用于比喻事物产生初始的意义微而未显，所以难以明确；事物发展到终末，成败已定，此时其意义则容易明确。项目也一样，项目初期的不确定性最高，后期随着信息的明确，成功与失败都会变得逐渐清晰。

2.1 生命周期模型是项目管理的工具

项目生命周期指项目从启动到收尾所经历的一系列阶段，生命周期模型是项目管理者和团队进行项目管理的工具。无论项目涉及什么具体工作，生命周期模型都能为项目管理提供基本框架。

读者可以根据所在组织或行业的特性，或者所用技术的特性来确定或调整项目生命周期。在实践中，项目生命周期通常是按顺序排列，有时又相互交叉的各项目阶段的集合。阶段的名称和数量取决于参与项目的一个或多个组织的管理与控制需要、项目本身的特征，及其所在的应用领域。

2.1.1 项目生命周期的特征

项目的规模和复杂性各不相同，但不论其大小繁简，所有项目都呈现如图 2-1 所示的生命周期结构：启动项目、组织与准备、执行项目工作、结束项目。

通用生命周期结构常被项目经理用来与高级管理层或其他不太熟悉项目细节的人员进行沟通。它从宏观视角为项目间的比较提供了通用参照系，即使不同项目的性质完全不同。

1. 生命周期为管控项目提供框架

通用生命周期结构通常具有以下特征。

（1）成本与人力投入在开始时较低，在工作执行期间达到最高，在项目快要结束时迅速回落。这种典型的走势如图 2-1 所示。

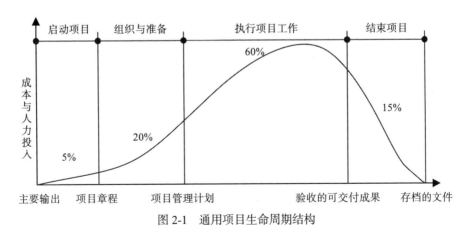

图 2-1　通用项目生命周期结构

（2）利益相关方的影响力、项目的风险与不确定性在项目开始时最大，并在项目的整个生命周期中随时间推移而递减，如图 2-2 所示。

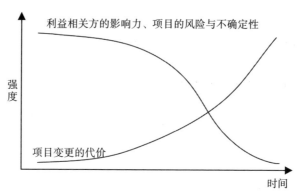

图 2-2　生命周期中随时间而变化的变量影响

项目变更的代价不仅包括成本，还包括时间和质量代价。

（3）在不显著影响成本的前提下，改变项目产品最终特性的能力在项目开始时最大，随项目进展而减弱。变更和纠正错误的成本在项目接近完成时通常会显著增高。

假如某业主家里装修房子项目的计划工期是6个月，现在是第一个月，业主正在单位上班，突然接到施工人员从现场打来的电话："业主，你家的开关面板装不平，请问怎么办？"如果是我，我会直接回他："我不想听这些没用的，给我想办法装好！"你可能会问，我为什么这么强势呢？因为项目刚开始，人对项目的影响、改变的能力很强，而变更和纠正错误的成本很低。

假如装修公司在装修的第三个月反映开关面板装不平的问题，我会说："你给我提供三种方案，告诉我每种方案的优点、缺点，让我从里面选一种。"这时候，我不会像一开始那么强势了，因为人对项目的影响、改变的能力都在降低，而变更的成本却在增加。

如果开关面板装不平的问题发生在装修项目的第8个月（已经延期了2个月），怎么办？我经常听到有人说："装不好就扣钱！"事实上，拿扣钱相要挟的甲方，算不上一个成熟的甲方。正确的做法是告诉工人："先把美观放一边，无论如何都要保证好用！"此时人对项目的影响、改变的能力很弱，而变更和纠正错误的成本却很高。

实际上，站在项目实施方（乙方）的角度来说，在项目生命周期中问题的处理原则如下。

（1）项目早期的变更原则上应倾向于接受（我称之为"让怎么干就怎么干"）。当然必须遵守变更控制程序。

（2）项目中期，要先分析变更的影响，原则上尽可能与相关人员沟通，取消变更（我称之为"要变更，先谈谈"）。

（3）项目后期，变更成本太高，原则上应尽可能不变更。遇到大的变更时可以考虑启动一个新的项目，遇到小的变更也要到售后服务时再做。当务之急是先验收，将项目收尾。（我称之为"生米已成熟饭——吃，是这盘菜；不吃，还是这盘菜！"）

总之，站在实施方（乙方）的角度，项目过程就是"绑架客户上贼船的过程"。当然，如果站在委托方（甲方）的角度，项目过程则是"逐步移交主动权的过程"。

在通用生命周期结构的指导下，项目管理者可以决定对某些可交付成果施加更有力的控制。

以培养一个孩子为例（显然这是最复杂的项目之一）。

幼儿时，父母要求孩子学什么他就学什么，父母影响孩子的能力很强。

孩子上小学后，父母的影响力减小了，如果提的要求过多，孩子就会叛逆。

孩子上中学后，父母再提太多的要求，某些孩子就会不回家吃饭，以此威胁父母。

当孩子大学毕业了，父母还敢提要求吗？不提要求人家都不回家吃饭，父母只能期望孩子能"常回家看看"！

虽然每个项目都有明确的起点和终点，但具体的可交付成果及项目期间的活动会因项目的不同而有很大差异。不论项目涉及的具体工作是什么，生命周期模型都可以为项目管理提供基本框架。项目管理者可以使用生命周期模型对项目进行组织，并实施有力的管理和控制。

2. 没有时间把事情做对，却总是有时间返工

我们的祖先说，"凡事预则立，不预则废"，项目亦如此。启动阶段（图2-1中的启动项目阶段）的项目工作最重要，但是很多人把更多精力花在了中间的执行阶段（图2-1中执行项目工作的阶段）。前期策划还没有做好就已经仓促上了路，这就时常导致错误的结果——试错、返工。同一个项目在不同公司实施的情况如图2-3所示。很明显，在立项和方案阶段花的时间越长，项目的周期越短。可见，在项目的早期投入精力是非常划算的。

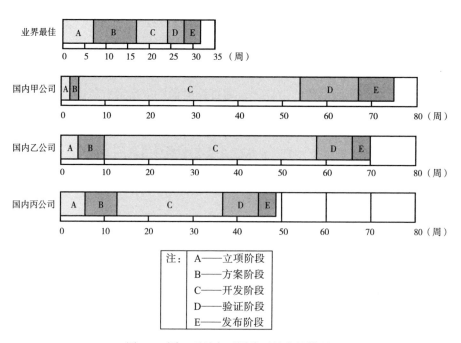

图2-3 同一项目在不同公司的实施情况

很多项目一开始就埋下了失败的隐患，当这些隐患积攒到项目的后期爆发出来时，项目经理已无力回天。据统计，当一个项目已实际使用 10% 的预算时，将会锁定项目 90% 的最终成本。因此，如果在项目前期不能妥善处理隐患，将会浪费实现项目最佳成果的机会。

在项目前期对要做的事情进行有效选择和策划，并达成一致，是非常重要的。但是，要在一开始就这么做，特别是对于一些急于开始项目的人来说，是很困难的。这是一个痛苦的过程，很多人容易失去耐心，可能倾向于放弃这个过程，"先干起来再说"是常听到的话。

"很花时间""我们没有时间"，这往往是某些人对低质量项目不做启动工作的托词。而事实上我们总是有时间的，只是我们没有很好地利用时间。现实总是如此，人们总是没有时间把事情做对，却总是有时间返工。

2.1.2　项目需要阶段化管控

相信你一定有这种经历：初次去一个陌生的地方，去的时候总感觉路很远，迟迟到不了目的地；而回来时，却又觉得好像没有那么远。为什么？当存在不确定性因素时，人们往往会感觉痛苦、煎熬，在返程的时候，不确定性因素的减少，降低了人们的痛苦。而不确定性也恰恰是项目管理的痛苦来源之一。

有没有办法能减少这种不确定性，从而降低项目管理所带来的压力和痛苦呢？

> 1984 年东京国际马拉松锦标赛，日本人山田本一出人意料地获得了冠军。记者请他发表获奖感言时，山田只说了一句，"我靠的是智慧"。对山田的这个回答，许多人觉得他是在故弄玄虚。
>
> 事实上，在此后的比赛中，山田也曾多次拿到冠军。你可能会觉得，他一定是一个身体素质特别好的人，那你就想错了，山田的速度、耐力、爆发力等指标在运动员中并不突出。

山田到底是怎么成功的呢？10年之后，谜底揭开了。他在自传中这样写道：每次比赛前一天，他都会开着车把比赛的线路走一遍，并把沿途比较醒目的标志记下来，比如第20分钟要到一个银行，第45分钟要到一个酒店，第66分钟要到一个公园门口，等等。40多公里的赛程，被他分解成几个阶段目标进行管理和控制，如图2-4所示。

图2-4　充满智慧的山田本一

这就是把项目的整个生命周期划分为几个阶段进行管理与控制的思维。

山田本一通过阶段管控，在长距离田径运动中不受别人影响，完全按照自己的步调进行，简直就是"阶段化管理控制"应用的楷模，值得所有人学习！反观某些运动员，比赛中自己的情绪跟着别人跑了，还怪别人"带节奏"！

1. 阶段化地把握主要矛盾

人的一生通常被划分为儿童、少年、青年、中年、老年等多个时期，这是人类生命的一般发展规律。项目如同人一样，有出生（启动）和死亡（收尾），每个人的一生虽然不可重来，但生老病死的一般规律大体上总是相似的。这就说明人生虽有独特性，但规律性（周期性）也很明显，项目也是这样的道理。

把人生分成多个阶段来谈论往往就更容易说清楚、好把握。每个时期的任务不一样。例如，儿童期只要会吃、会玩就行了，少年期的主要任务则是求学，青年期要完成学业适应社会，中年要负责养家糊口等。项目在被分成多个阶段后，能更清楚地展现其规律性，人们也更容易把控项目的发展，提高项目成功的可能性。通过划分阶段对工作按照时间进行分类，也更容易搞清楚每个时期的主要矛盾是什么。

项目阶段化还有另外一个好处，就是可以减轻痛苦、降低不确定性，从而增强项目经理成功的信心。同样的道理，在去一个陌生的地方之前，先在途中设定几个标志点，到一个地方庆祝一下，人们的痛苦和煎熬感就会明显降低。

> 在古代，人从一个阶段过渡到另一个阶段往往会有一些仪式，如女子十五而笄、男子二十而冠。现代人中学毕业、大学毕业、参加工作、结婚等也都是标志性事件。在项目中，我们把这些标志性事件叫作里程碑。这样看来，山田本一通过阶段控制，不仅降低了不确定性，还在每个阶段目标实现时得到了激励，拼的的确是智慧！

那么，项目生命周期在项目管理中是如何发挥作用的呢？具体而言，我们可以借助它对项目过程做如下规划和控制。

（1）确定各阶段需要完成哪些工作。

（2）明确各阶段的可交付成果何时产生，如何验证和确认。

（3）确定各阶段需要哪些人员参加。

（4）确定如何控制风险和验收各个阶段的成果。

这就相当于将一段漫长的马拉松分成了几个短距离长跑，从而使得项目进展能在自己的掌控之内，降低了不确定性带来的压力。

需要特别说明的是，阶段评审有助于进行项目决策。在每个阶段末，通过将项目的绩效与项目的目标进行比较，可以做出业务上的决策，包括：是否继续进入下一个阶段？如果有问题，需要改正后进入下一个阶段吗？如果问题很严重,是否需要终止这个项目?等等。所以,在每个项目阶段加入评审环节非常有必要。

2. 两种生命周期模型:瀑布型和敏捷型

虽然每个项目都有明确的起点和终点,但具体的可交付成果及项目期间的活动会因项目的不同而有很大差异。在实践中,主要会用到两种生命周期模型:瀑布型和敏捷型。不同的生命周期有不同的风险处理方式。

什么叫瀑布型?比如一个装修项目,先做甲方的需求收集,然后测量房子、绘制图纸、采购、施工、验收,这些工序分阶段一步步完成,像瀑布一样,一个阶段完成后再进入下一个阶段。瀑布型生命周期模型如图 2-5 所示。

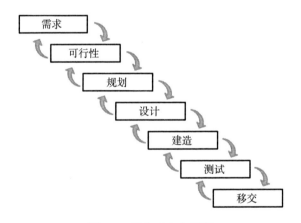

图 2-5　瀑布型生命周期

要想运用瀑布型生命周期,项目管理者及其团队需要完整地预测项目未来。

遇到以下情况应优先选择瀑布型生命周期。

(1)充分了解拟交付的产品。

(2)有扎实的行业实践基础。

(3)整批一次性交付产品有利于每个人。

敏捷型生命周期是通过一系列重复的循环活动来完成项目，通常有两种实现方式：迭代和增量，如图2-6所示。迭代的本质是一个由模糊逐渐变清晰的过程，增量则是通过功能的渐进增加将项目落地。需要特别说明的是，人们通常把迭代和增量统称为敏捷型生命周期，除个别专业人士，一般不做区分。

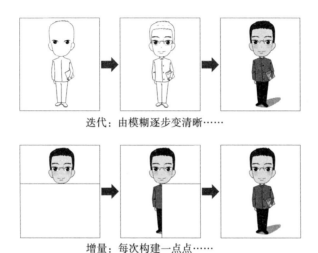

图2-6　两种敏捷方式：迭代和增量

遇到以下情况应优先选择敏捷型生命周期。

（1）需要应对快速变化的环境。

（2）需求和范围难以事先确定。

（3）能够以有利于相关人员的方式定义较小的增量改进。

敏捷型生命周期正在成为项目管理的新趋势，因为它可以用于应对快速变化的环境。不同的生命周期有不同的风险处理方式，适用于不同的项目。遗憾的是，人们经常采用非此即彼的割裂方式来看待敏捷型生命周期与瀑布型生命周期。

喜欢敏捷型生命周期的人对于瀑布型生命周期的误解可概括为以下几个

方面。

（1）过多的文档工作。

（2）表格烦琐。

（3）流程繁重。

（4）人被流程管理而不是人管理流程。

而喜欢瀑布型生命周期的人对于敏捷型生命周期的误解则可概括为以下几个方面。

（1）完全抛弃流程。

（2）无序、失控。

（3）不适用于复杂项目。

（4）不专业。

2.1.3 延伸：疯狂的项目之六拍、四没、三边、只谈

尽管我们做的大部分项目都会失败，但管理优秀的项目败在方向（项目选择）上，管理拙劣的项目败在执行上。因此，必须通过商业论证对项目进行可行性评估。一般来说，商业论证可从技术可行性、经济可行性、运行环境可行性、法律可行性、社会可行性等方面对项目进行考量。

从实践角度来讲，创业企业进行商业论证时必须要回答以下三个问题，如图 2-7 所示。

（1）能不能赚钱（机会、市场、财务）。

（2）能不能搞得定（技术、产能、专利限制）。

（3）对大家有没有好处（风险、环境、社会效益）。

"磨刀不误砍柴工"对项目的商业论证同样适用，低质量的选择会导致更多 "意外"。如果急于开始工作，就会难以集中注意力在开始工作之前做好项目选择。切记，随便开始一个项目是最大的错误。

国内的很多项目管理都可以总结为六拍、四没、三边、只谈。我对此深有体会，特将其整理如下，希望能起到警示作用。

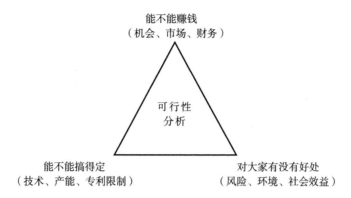

图 2-7　商业论证要回答的三个问题

1. 六拍

第一拍：拍脑袋——立项。有些领导有了做项目的想法后，不是组织相关人员严格论证是否可行，而是自己觉得可行就立刻拍板立项。

第二拍：拍肩膀——任命项目经理。启动会议上，为了鼓舞士气、调动项目经理的积极性，领导会拍着项目经理的肩膀进行激励："好好干，前途无量。"

第三拍：拍胸脯——向领导承诺。受到领导激励，为了让领导放心，项目经理会表决心——拍胸脯，团队中的"牛人"们往往也会有所表示："选择我，没错的！""放心吧，包在我身上！"

第四拍：拍桌子——在遇到问题时相互攻击。运行一段时间后，项目进展情况远达不到预期，而且不知不觉中陷入了墨菲定律⊖的陷阱。压力之下，冲突开始出现，推卸责任、抓"肇事者"、互相攻击成了项目中一些脾气暴躁的团队成员在束手无策或着急上火时常做的事。

第五拍：拍屁股——干不下去走人。团队的震荡冲突、项目的种种问题使项目经理越来越难以驾驭。"不给支持、只要结果，现在项目做不下去了，

⊖　墨菲定律即"有可能出错的事情，就一定会出错"。

就知道训我？我还不干了呢！"于是项目经理拍屁股走人了。

第六拍：拍大腿——后悔。项目结果令人大失所望，领导们开始后悔当初的决策和冲动：为什么上这个项目？为什么不认真策划？痛心不已，却又无可奈何："唉，早知如此，当初就应该……"

2. 四没

没问题：项目开始时，乐观主义情绪充斥组织上下，每个人都对项目的未来充满期待，风险意识全无，即便进行了项目可行性研究，也常是"为可行而进行研究"，研究到最后都是可行的！

没关系：项目实施中，时不时会遇到一些所谓的"小问题"，但大家都不以为意——认为没关系。

没办法：项目失败了，意料之中的结果终于如期而至，于是大家又用"没办法跟这种客户打交道"当作借口。

没资源：项目结束了，大家的结论是公司实施这种项目需要大家的共同努力，而市场部门没能搞定客户，各职能部门资源不能保证，项目管理经验也不足。总之，项目的时间紧、任务重，而我们的员工素质明显跟不上，根本就是先天不足——没资源。

3. 三边

边设计。项目开始时，大家都不清楚项目目标，也不知道项目具体该如何做。范围不清、目标不明，只能盲目地凭感觉来做，边做边设计。

边实施。实施过程就像傻媳妇和面，面多了加水，水多了加面，最后把人都糊到面团里了。整个过程像是布朗运动，完全处于无序的混沌状态。

边修改（边返工）。所谓计划赶不上变化，项目环境实在多变，发生了很多"意外"。情况变了，就随时调整方案。改来改去，改成了什么样子谁也不知道，反正最终的结果顺其自然就好。

4. 只谈

项目初期：只谈成本。项目开始时，"钱"是每个人讨论的核心话题。讨论成本不能说是错的，但却是不完整的。即便是同一个项目，预算不同对应的实施方案和计划安排也是不同的。

项目中期：只谈进度。在项目的实施阶段，每个人都急于看到项目的成果，进度冲突逐渐成了人们关注的核心。人们看到结果的时间间隔越长，实施过程积累的进度压力也就越明显，往往会进一步激化为众人的矛盾焦点。"只要能尽快完成就行"成了很多人挂在嘴边的话。

项目后期：只谈质量。当项目成果终于展现在众人面前时，人们像不长记性的孩子，忘记了痛苦的过程，也不管进度和成本的限制，变得只关注交付成果的质量。

2.2　定目标：项目始于业务终于业务

如果你不知道要到哪里去，给你张地图也没有用！

——项目管理谚语

徒弟：为什么大家都觉得做计划没有用？

师父：因为计划真的没有用。

徒弟：那为什么师父每次都教人要好好做计划？

师父：我教的是一种思维、一种方法、一种理念、一种工作和生活的方式。

徒弟：我还是不懂！

师父：计划本身是非常有用的，但现实的企业环境让它失去了作用。项目的成员被上级领导限定死了，再多的活儿也是那么几个人干；项目的结束日期早就被领导和客户指定了，根本不管合不合理；100万元成本的项目，销售人员以50万元的价格卖出去了，丝毫不知最终的结果是血本无归的……

目标管理由管理学大师彼得·德鲁克提出，他提醒人们，不能只顾低头拉车而不抬头看路，最终忘了自己的主要目标。目标管理也是项目管理者变被动工作为主动工作的有效手段，无法对目标实行管理的项目注定会失败。

2.2.1 自我欣赏的是艺术，他人接受的才是商品

我在课堂上对一个案例进行过多次讨论，这个案例的背景如下：我出差很长时间后回到家里，一进家门太太就跟我说："你终于回来了，家里有三个工作需要咱们完成：擦窗户、切菜、拖地！"

如图 2-8 所示，这三个工作放在一起就是一个项目。需要说明的是，每件工作只对应一种工具，即擦窗户只有一块抹布、切菜只有一把菜刀、拖地只有一个拖把，且使用每种工具保质保量地完成对应工作分别需要 30 分钟。

图 2-8　三个工作

那么，满足以下 6 个条件时，完成这个项目需要多长时间？哪个方案更好呢？

（1）每种工具只能干对应的工作。

（2）不可以破坏工具。

（3）工作的质和量都不可以降低。

（4）家里只有我和太太两个人参与工作。不可以引入第三人，引入第三人就是外包。

（5）我和太太的工作能力相同，即我们两人都具备完成这三个工作的能力，没有能力上的差距。

（6）工作可以拆分互换。比如，我先擦10分钟窗户，10分钟后我去拖地；而太太前面30分钟都在切菜，然后再花20分钟把剩余的擦窗户的工作完成。

这三个工作到底需要多长时间才能完成呢？哪种组合方式更好呢？参考选项包括四个：30分钟、45分钟、60分钟、90分钟。现在，给你1分钟的思考时间。

…………

我在各地讲学的过程中，和听众对这个案例讨论过不下百次，几乎每次大家给出的答案都是45分钟，偶尔也会有人认为是60分钟的情况。

请注意，我问的是"需要多长时间，哪个答案更好？"事实上，回答45分钟的人，他们追求的不是"好"，而是"快"，有人会辩解说："我认为快就是好！"甚至还有人强词夺理："赶紧做完了就可以出去看电影了啊！"

其实，这里面有两个问题。

首先，我给大家出题，你不问我什么算是"好"，你怎么知道我的需求是什么？你有没有考虑我和太太两个当事人的感受？这个问题的实质是以己度人（专业术语叫投射效应），你拿着你的标准往我身上套，拿着你现成的方案给我，而不是给出我想要的方案。很多人常说"我以为"，这就是典型的以己度人的例子。为什么很多产品设计出来没有市场呢？就是因为这些设计者总是"我以为"，他们以为自己喜欢的产品客户也喜欢！

其次，很多人一旦给出一个答案，下面的一切工作就是努力维护自己的答案以证明自己是正确的。试想，如果客户不接受这个答案，那么他们就不会为你的产品买单，你的工作就无法实现商业价值。维护这个答案有什么意义呢？项目只有客户接受、愿意为其买单才能实现商业价值。

实际上，自我欣赏的是艺术，他人接受的才是商品。请注意，项目是以业务为导向的，业务导向的本质就是项目要实现其商业价值，项目过程是基于业务的，面向人的过程！

2.2.2 定义明确的项目目标

上面的题目是我在国外学习时，一个老师给我们出的。当我看到这个题目的时候，我就想质疑老师，您问"哪个答案更好"，而每个人对"好"的定义和标准都不一样。为了避免每个人理解的不一致，西方人总结出了一个法则——SMART 法则，如图 2-9 所示，也就是说的话必须是明确的（Specific）、可以测量的（Measurable）、可以实现的（Attainable）、相关的（Relevant）、有明确的时限的（Time-based）。

图 2-9　目标定义的 SMART 法则

1. SMART法则

"本月要完成人事审批模块的开发"就是典型的不符合 SMART 法则的目标。既没说明工作究竟是什么，也没说清楚工作的量有多少、怎么测量、如何实现、何时完成。

常见的不符合 SMART 法则的目标有：客户满意（怎样算满意）、快速响应（多长时间算快速）、稳定运行（稳定包含哪些指标）、有效控制（如何算有效）等。

SMART 法则具体含义如下。

（1）明确的：就是要用具体的语言清楚地说明要达成的标准。拥有明确的目标几乎是所有成功项目的共同特点。

（2）可测量的：项目目标应该是可测量的，而不是模糊的，应该有一组明确的数据作为测量项目是否达成目标的依据。对于目标的可测量性，应该从数量、质量、成本、时间、客户的满意程度 5 个方面来进行表述。

（3）可实现的：相关人员应参与到项目目标的设置过程中，以确保拟定的项目目标能在组织及团队之间达成一致。目标既要使项目工作内容饱满，也要具有可实现性。

（4）相关的：项目目标要与组织目标达成一致，更要考虑达成目标所需要的条件。这些条件包括人力资源、硬件条件、技术条件、环境因素等。制定目标要兼顾成本和效益。

（5）有时限的：项目目标是有时间限制的，没有时间限制的目标没有办法考核，或考核容易不公。

为更好地完成工作，"本月要完成人事审批模块的开发。"可以改为"本月 30 日前，在公司已有开发框架的基础上，依据客户确认的人事审批模块需求，完成模块设计文档撰写、代码编写、联调自测并通过评审。时间以上传配置服务器的时间为依据，质量以测试报告及评审报告为依据。如因客户需求确认延迟、需求变更等因素造成交付延迟,以评审通过的变更为准"。

2. 明确项目目标:"如来十掌"

项目是一个复杂的系统过程,项目目标可从需求、进度、成本、质量等互相关联的维度进行定义,"如来十掌"为定义目标提供了框架(参见 1.4.2 节)。

2.2.3　跳一跳、够得着:基于愿望的目标必将破产

项目经理希望团队能够完成 50 个功能以满足市场需求,尽管项目团队清楚地知道完成 30 个功能才是更现实的做法。许多管理者把压力作为一种激励技巧,让员工满负荷地工作似乎是他们使用的最广泛的方法之一。

我们知道,设置低目标会导致人的能动性下降,可是,目标的设置同样不应该过高,过高的目标无法实现,不切合实际的目标不仅会失去激励作用,还会让人倍感挫折。在项目目标的确定方面,很多公司做得很差,不会平衡组织实际能力和愿望能力,目标常常不是基于能力,而是基于愿望。一些介绍项目管理的文章中有关项目成功的光鲜故事使得经理们认为只要他们的团队足够努力,就会非常卓越。通常,这种激励方法最终导致团队不仅没能提高绩效,反而会功能失调。

1. 基于愿望的目标必将破产

无数的事实表明,在项目实施过程中,人们总是把目标定得过高,于是便逐步走上了破产的道路。

一个常见的实例是装修房子。很多人一开始定的目标是"多快好省",过一段时间,这个目标根本实现不了时,怎么办呢?把目标降一降——能尽快做完就好了。又过一段时间,项目延期了,只好把

目标再降一降——只要能做完就行。再过一段时间，项目已经拖了半年了，目标还得降一降——只要能收场就行！

在基于愿望的文化中，愿望总是凌驾于评估之上，因此评估再科学也不会被认可。人们漠视超越极限和完全不合理的差别，随着时间的推移，超越极限的项目目标就会成为不理性的、基于愿望的目标，问题也就随之而来。

首先，目标建立在愿望大大超过能力的基础上，团队成员只能被迫接受。但是，他们不是发自内心地认可这个目标，于是在后续工作中他们不会努力去实现这个目标，而是用行动来证明你们定的目标是错的。

其次，如果目标不切实际，人们就必然会忽视进度和功能等因素，然而，不能按时交付被认为是"绩效"问题而不是目标问题，从而导致人们对项目团队的目标或交付能力失去信心。于是人们不再把精力投入项目实施中去，转而去设置下一轮的基于愿望的目标。各方之间产生的不信任，会使得下一轮工作时的矛盾更激烈。

最后，不可避免地，组织会尝试通过产生问题的方法来修复问题。最常见的解决方法是提高估计和目标技能，因为基于愿望定目标和激励方法是管理文化的一部分，并且很难改变。许多组织投入大量的资金用以提高估计和目标能力，却无济于事，因为他们还是不愿意接受现实。

遗憾的是，很多项目都会走上破产的道路。

2. 团队功能失调并滋生消极组织文化

基于愿望的、不切实际的项目目标时常会导致团队功能失调，更是滋生消极组织文化的罪魁祸首。

（1）"狼来了"和"掩耳盗铃"从此相伴相生。在基于愿望目标的情况下，项目团队也并非没有过错。他们的做法经常比较低劣，尽管有时很难区分低劣的技能和强加的非现实主义。加之，项目团队总是喊"狼来了"，结果导致更低的信用度，这也是罪有应得。他们不停地说"不可能"，从而将自己置于不利境地。

　　但这种消极态度也并非总是项目团队的错。如果有人不断地让你做不可能的事，你不断地说"不"，你就会被贴上消极的标签，但那些人也必须佩戴上"不切实际"的标识。

　　（2）会干的往往搞不过会说的。项目团队往往缺乏良好的谈判技能。许多管理人员和商务人员拥有久经磨炼的谈判技巧。当实施团队试着与这些技艺娴熟的谈判专家沟通项目目标时，结果往往是团队吃亏。

　　人们总是将这句话挂在嘴边——"我不知道是否能做到，但我会尽力"。实际上，只盯着项目目标，而不关注实现这样的目标有多困难，这从一开始就注定不可能取得成功。

　　（3）自欺欺人的激励方法。另外一个有关目标的问题是，目标总是被当作"激励"团队的手段。对于一个经过认真评估后被判定周期是 9 个月的项目，也许有人会说："给他们 6 个月的时间吧，这样能激励他们。"这样做的后果是项目一定会出现问题。

　　其实，最好的激励方式是激发内部动力，而不是外部强加。把不现实的目标强加给项目团队，不但起不到激励作用，反而会适得其反。

　　（4）奖励任劳任怨却惩罚灵活应变。为了使现实满足愿望，上述所有的这些因素都致使团队在项目后期才开始做调整。这种做法成本高、效率却非常低。

　　最后，当人们开始面对现实并意识到目标真的只是一个幻想时，有人受到了奖励，有人受到了惩罚。那些没提意见，只是毫无怨言地执行不切实际目标的人，经常会因为他们的辛勤工作而最终获得奖励，而那些在一开始就试图反对不现实目标的人会被认为是"阻挠者"和不具备团队合作精神的员工。

　　奖励错误的行为会导致下一轮的不切实际。能力与期望的不平衡会使得组织深陷于功能失调的泥淖中。

3. 洛克定律：跳一跳，够得着

1968 年，美国马里兰大学帕克分校的心理学教授埃德温·洛克提出了著名的目标设置理论：当目标能够达成、指向未来又富有挑战性时是最有效的，这就是"洛克定律"。

以篮球架为例，篮球运动之所以能吸引那么多人参与，其中一个原因就是篮球架的高度设置合理。假如把篮球架设计得像两层楼那样高，人们就很难进球；反过来，要是篮球架只有一个普通人那么高，进球就太容易了。

正是因为篮球架有着一般人跳一跳就够得着的高度，挑战性跟合理性达到了完美平衡，才使篮球运动能如此吸引人。

洛克定律认为，目标并不是越高越好，更不应该不切实际。"跳一跳，够得着"才是最好的目标，就像篮球架一样，这样才能激发人们的积极性。在项目管理工作中，只有不断给员工定出一个"篮球架"那么高的目标，才能达到好的效果。

2.2.4 能否相信客户的话

定义项目目标的首要工作是收集需求，这也是极具挑战性的任务。常有人说："有效地进行需求收集既是一门科学，又是一门艺术。"这是一句外交辞令，更是一句正确的废话。它反映了尽管有关需求管理的书籍多如牛毛，很多人在实践中仍然不知道怎样才能有效地收集需求。

1. 东方文化的含蓄增加了目标设置的难度

汉语词汇的多义性使得理解极具挑战性，而人们通常是通过描述性的自然语言来进行目标描述的。具有二义性或多义性的描述会造成人们理解上的不一致，这是项目中普遍存在的问题，很多人低估了解决这方面问题的难度。更麻烦的是，人们对项目的期望包含多个方面，其中既有对项目成果特性的要求，又有感情等方面的要求。

在西方文化中，人们说话比较直接，获取真实信息相对容易。而在东方文化背景下，我们普遍比较含蓄，表达也相对委婉，这对项目管理者是一个挑战。比如一位朋友与你聊了半个小时，结果前28分钟都在聊家常，最后2分钟才说，这次来主要是想跟你借点儿钱。事实上，这种表达方式非常常见。

7月闷热的一天，一对年轻的夫妇外出逛街。

逛了一个小时，太太突然对老公讲："老公，你口渴吗？"（什么意思？她渴了！）她老公是一个工程师（听不出太太的言外之意）："我不口渴。"太太很温柔，只能忍着！

忍了一个小时，太太第二次问："老公，你口渴吗？"老公心里想：问一次叫沟通，问两次叫唠叨。但是他也不能说太太唠叨，于是说："你刚才不是问过我一回了嘛，我不口渴。"太太很贤惠，继续忍！

又忍了一个小时，太太第三次问："老公，你口渴吗？"老公心里想：问两次是唠叨，问三次就是烦人啦！但是他又不敢说"你烦死了！"于是就说："你刚才不是问我两回了吗？我不口渴！"太太双眼瞪着老公："你不爱我……"——你看，性质变了！

其实，不就是口渴了嘛，故事中的太太完全可以直接跟老公讲："你去给我买瓶水去，我口渴了。"简单、直接，又能解决问题。

跨部门的项目工作，涉及的人往往专业、背景、家庭环境、成长经历都不尽相同，很多时候，即便说的直接一点儿对方都未必能理解准确，这种情况下完全不必那么含蓄。

2. 客户至上？

某公司开发了一款新的音箱，于是公司市场部邀请一部分客户做了一次访谈。在谈到大家对音箱颜色的偏好时，大家纷纷表示，自己喜欢青春靓丽点儿的颜色，如蓝色、绿色、黄色等。这些说法得到了在座各位客户的认同，于是这次访谈在愉快的氛围中结束了。会后，公司市场部的同事宣布赠送每人一个音箱作为答谢，有各种颜色，大家可以自行挑选。

最后的最后，客户们都选择了黑色的音箱。

很多人在第一次听到这个故事后哑然失笑，而我却更多地感受到了一种戏谑和无奈。

狄更斯曾说过，这是最好的时代，也是最坏的时代。

如今是一个开口称产品、闭口谈客户的时代，无数项目从业人员把"客户至上"当作至高无上的教条，把客户说的每一句话奉为圭臬。他们有着千变万化的客户调研手段，手里拿着各式各样的行业报告，但是往往会在面对客户的七嘴八舌时乱了方寸。

我们能相信客户的判断吗？我们该怎样分辨客户的需求呢？面对客户各种各样相互矛盾的建议，我们该怎么做呢？

（1）你想要，拿钱来。客户的期望总是比能交付的要多。区分需要与想要的一个方法是：客户愿意付钱的是其真正需要的，否则就不是。

（2）多关注已知的真实行为。少关注客户说什么，多关注客户的行为。很多时候，客户对自己说的话既没有认真思考，更不用付出代价。

（3）时刻记住项目是一个业务过程。客户买了一个电钻，是因为他缺一个电钻吗？不是，是因为他想在家里的墙上打一个洞。那客户真的想要一个洞吗？不是，是因为他想在墙上钉一个钉子。那客户真的是想要在墙上钉一个钉子吗？不是，他只是想挂一幅画。而想要挂一幅画，客户只需要一个粘钩就可以了。

客户最初想要一个电钻，但是你用一个粘钩就解决了问题。这就告诉我们，遇到问题以后不要仅仅解决问题的本身，还要去解决问题所在环境。再强调一下，项目是一个业务过程，而不是技术过程。

3. 切忌"鸵鸟心态"

H公司为客户开发了一套OA（office automation）系统，客户要求H公司在系统上线后对内部人员进行系统应用的培训。显然，这并不是一个过分要求。但在需求分析过程中，项目经理刘宏发现客户希望培训大量的一线员工，麻烦的是这些员工中的很多人是刚入职的新员工。客户希望对这些员工进行从OA应用到相应岗位业务知识的系统培训。因为合同里没有关于培训的具体条款，刘宏和他的团队经过讨论，决定将此问题留待项目后期再同客户讨论。

对于这种培训要求，答应与否都不能算错，但明知道客户有这种需要，却不加以明确，让这个问题"悬"着就是一个严重的问题。这是一种逃避现实的"鸵鸟心态"，如图2-10所示，是一种不敢面对问题的懦弱行为，其结果只会使问题更趋复杂、更难处理。就像鸵鸟被逼得走投无路时，就会把头埋进沙子里一样。

还有一种情况，客户没有想到而你意识到的问题，是否应该拿出来和客户讨论呢？多数人不想过早地和客户纠缠一些问题，因为怕麻烦。问题不谈的话，眼前还可以走下去，一谈就可能会变得复杂。说实话，有时谈清楚是"技术"，不谈清楚是"艺术"。当然，现实中也的确存在一些"只可意会不可言传"的问题。

图2-10 切忌"鸵鸟心态"

从现实角度来讲，如确实有问题存在而且躲不掉，假如争吵不可避免，那么早吵也会比晚吵好。一方面，问题在早期解决成本会比较低，另一方面，尽早暴露问题，吵完了大家也就可以安心地做事了。

4. 目标和需求是要确认的

筱钧是T公司的项目总监，负责为一家客户开发CRM（customer relationship management）系统。经过一个月的努力，筱钧和他的团队终于把需求文档整理好，拿给客户的工程部经理马杰："马经理，这是描述项目需求的文档，包括验收规范，您看看有没有问题？没有问题的话麻烦您签个字。"

马杰："你们先做起来吧，有了雏形后我们再看。"

筱钧没能得到客户的签字，只好按照客户的要求先干……

在国内，这种不肯签字的情况很常见。他们为什么不愿意签字？根据我的经验，最有可能的情况是他们还没有完全思考清楚。

但是，我必须告诉你，拿不到签字，下一阶段就不能开始。其实，我们真正想要的并非他们的签字，而是希望他们借此机会认真考虑项目问题。很多时候你不强势，客户就不会深入考虑和讨论，如图2-11所示。

图2-11 这字必须得签

在确认目标和需求这件事上，你需要"强势"一些，用各种可能的办法"逼迫"他们把目标或需求考虑清楚。不管是客户还是老板，不要被他们的强势压住。只要你是为了把项目做好，一般情况下，他们是会理解的。

总之，不管用什么方法，在项目开始前，主要的项目相关人员必须对项目目标、需求达成一致。当然，请注意一个原则：对事要硬、对人要软！

2.3 识鬼神：项目是面向人的复杂过程

> 正确识别并合理引导所有相关方参与项目，决定着项目的成败。
> ——《项目管理知识体系指南》

徒弟：管好项目相关人员很重要，您有什么心得吗？

师父：投其所好，给其所要。人有欲则无刚，爱财则给物，爱书则送书。

想要做好一个项目并获得人们的认可，首先要知道与项目有关的人有哪些。如图 2-12 所示，项目面临的内外部人员非常繁多、复杂，包括客户、团队成员、各级管理者、供应商、合作伙伴、竞争对手、政府、社区等。项目管理者必须具备系统思考项目全局的能力。

2.3.1 关键是要管理与平衡相关方的期望和利益

人们既可能看到项目的积极结果，也可能看到项目的消极结果。有些人受益于一个成功的项目，而另一些人则会更多地关注项目成功给他们带来的负面影响。

忽视消极人员，会提高项目失败的可能性。项目管理者的重要职责之一就是管理人的期望。但由于每个人的期望往往差别很大，甚至相互冲突，所以这项工作困难重重。项目管理者的另一项重要职责就是平衡人们的不同利益，并确保项目团队以专业和友好的态度与他们打交道。

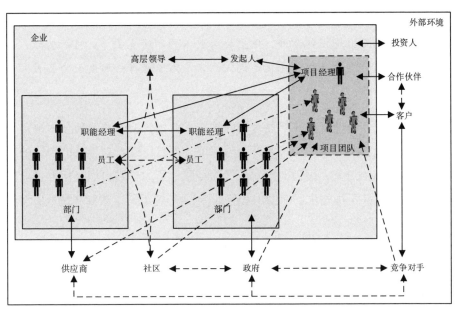

图 2-12　项目的相关方

缪骅是 L 公司负责自动包装检测系统的项目经理。在给一个客户的建议书中，他建议采用一个低成本的技术方案，并从技术上论证了该方案完全可以满足客户的业务需求。但客户的包装车间事业部经理柳玉振强烈要求采用更加复杂的技术方案，缪骅和他的团队与客户就这一问题进行了激烈的争论。

客户："成本不是问题，关键是性能要好，要可靠。"

缪骅："这个方案是不必要的，而且会带来潜在的技术风险。"

……

项目因此陷入了困境。姑且不讨论和客户争论是否有问题（我不认为不能争论），关键是客户为什么坚持要用更加复杂的系统呢？

一周后，市场部经理通知缪骅必须使用客户建议的方案。这位客户包装车间的柳经理不愿意在其公司内部尝试采用缪骅及其团队建议的方案，因为原先的方案是此前他们公司最先了解到的方案，公司上下的领导们都清楚。他担心在项目实施过程中一旦因为选用了新方案而出现任何意外，他们公司引入的"问责制"就可能会让他陷入不必要的麻烦。也就是说，他只是为了选择一种对他自己最"安全"的做法。

国内的项目管理者一般都具有较好的技术背景，但一味地从技术视角看问题往往会成为某种局限。技术背景越深厚，项目管理者越容易把自己的想法、思路强加给对方，因为他们对自己的经验、能力非常自信。但很多项目上的问题本身并不是技术层面的（见图2-13），一定不要试图仅从技术层面与客户讨论问题。

图2-13　很多项目的问题并不是技术层面的

2.3.2 用权力-利益方格分析和管理相关方

使用权力-利益方格进行相关方分析，编制相关方登记册并制定相关方管理策略，是项目管理者必须掌握的基本技能。表 2-1 是相关方登记册的一个实例。

表 2-1 一个相关方登记册实例（部分）

序号	姓名	从属单位	职务	期望	类型	权力	利益
1	高振瑜	市场服务	项目经理	……	中性	8	8
2	宋洪锁	市场服务	采购经理	……	阻力	8	2
3	谢廷毅	供应商	总经理	……	支持者	5	7
4	魏延军	总经理办公室	项目发起人	……	支持者	9	7
……							

编写相关方登记册的步骤如下：

（1）收集相关人员的个人资料（姓名、从属单位和职务）。

（2）评估每个人对项目的期望和态度。

（3）确定每个人的权力和利益分值（在规定范围内的分值，如 1~10 分）。

（4）使用权力-利益方格（见图 2-14）分析每个人的影响。

（5）基于每个人在权力-利益方格中的位置，制订管理策略。

在整个项目生命周期中，必须实时更新相关方登记册和权力-利益方格，确保管理策略是有效的。项目的相关方登记册与权力-利益方格的内容可能比较敏感，不宜纳入公开文件。

在权力-利益方格中，应针对处于不同象限的人采用不同的应对策略。

（1）不间断地管理第一象限的人，尽可能使其成为项目的支持者，促使项目成功。

（2）务必小心地管理第二象限的人，因为他们具有影响力，常在公共机构供职，应注重他们的地位。管理的重点是不要使他们成为项目的反对者。

（3）项目管理者用于沟通的时间很珍贵，应充分利用自己的时间。因此，尽可能花费较少的时间管理第三象限的人，监督其对项目的影响即可。

（4）倾听第四象限的人，他们对项目非常感兴趣，能够提供有用信息。

（5）在任何情况下，应时刻保持对每个人地位和态度的关注，根据实际情况及时调整和更新。

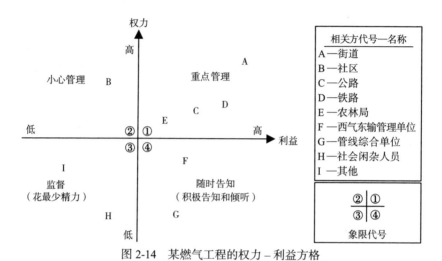

图 2-14　某燃气工程的权力 – 利益方格

2.4　组团队：干部是把事做成的关键

为什么团队中每个人的智商都高达120，而团队的智商只有62？

——彼得·圣吉

项目管理是一个平衡各方利益、融合各方观点、实现项目目标的过程，几乎每一个环节和步骤都不轻松。人是宝贵的资源，也是最难以把握的资源。整合团队以取得高绩效是一个挑战。

2.4.1　项目经理的压力是全方位的

项目经理是指由执行组织委派，领导团队实现项目目标的个人。

——《项目管理知识体系指南》

项目管理本质上是一种基于战略方向、组织开拓创新的学问，其目的在于组织各方资源在短时间内形成合力，完成突破性的商业目标。显然，选择一位合适的项目管理者（特别是项目经理）是非常重要的。

1. 片段式思考损害项目整体绩效

绝大多数组织都由诸多职能部门组成，这可能会导致独立王国思维：人们倾向于先考虑单个部门的需求、利益和目标，而不是优先考虑组织的整体利益。这种态度往往是有害的，因为对某个部门最优的方案未必对一个组织、项目或客户是最好的。

从人性角度，每个人都生活在自己的世界中，每个人都有自己关心的事情。换言之，本位思考是人的天性。市场人员更多会从市场分类和市场趋势的角度看问题，工程师则会从实用性和功能规格角度看问题。

组织目标常被分解为部门目标。这对于单个部门即可开展的工作也许并不是问题，但项目往往是跨部门的，当每个部门都站在自己的角度看待项目时，情况就糟糕了——大家"各人自扫门前雪，莫管他家瓦上霜"。各部门的人员总把"我们部门怎么样""其他部门怎么样"挂在嘴边。

项目中的一个常见情况是，计划部门强调进度"要快"，财务部门要求"省钱"，质量部门挥舞"质量第一"的大棒，市场部门高举"客户至上"的大旗……组织的考核体系很容易加深这种矛盾，涉及项目的各部门都有自己的业绩指标——每个部门的指标都完成了，但是项目却没完成。

项目管理者必须要善于化解跨职能、跨部门/团队的矛盾，尝试找到能使各方达成一致的方案，这也是项目管理最重要的工作之一。事实上，项目管理的本质就是整合，为了做到这一点，你应该站在全局角度来思考和解决问题，找到各相关方之间的平衡点。作为项目管理者，你的责任是组建一个有集中项目目标、统一想法的组织单元。项目管理者需要识别这些差异，让团队成员首先从团队最优角度看问题。显然，这是相当不容易的。

2. 项目经理是一个"神"一样的职位

在绝大多数国内企业里,项目经理都是在有责无权的条件下实施项目的。有责无权的项目经理就是一个"神"一样的职位,这也使得很多项目经理极为郁闷。

首先,他既不给团队成员发钱,也决定不了团队成员的升迁(常见情况),却要安排团队成员干活,自然是不被成员待见的。

其次,他时不时要跟职能部门争资源,给职能部门添麻烦,这些职能部门经理自然也是烦项目经理的。

最后,高管见到项目经理时,听到的总是一堆坏消息:不是进度拖期了,就是成本超支了;不是质量变坏了,就是客户不满了。在高管眼里,项目经理是"从不带来好消息的人"。

可见,项目经理的压力是全方位的(见图2-15),简直就是一个被组织上下所有人"讨厌"的人!我经常说,如果你喜欢一个人,就让他去当项目经理,因为这使他有机会驱动组织变革;如果你恨一个人,也让他去当项目经理,因为十有八九他会被失败的项目"毁"了。

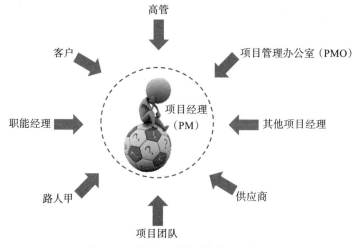

图 2-15 项目经理的压力是全方位的

项目管理是一个极具挑战性的工作。在有成熟项目管理体系的企业里对项目经理的选拔非常严格，通常会要求应聘者有多年的专业背景、丰富的管理经验。而大多数国内企业的项目经理却不一定符合要求，这也是他们在开展项目的过程中感到很吃力的原因。事实上，对现阶段的国内企业，这也实属无奈，合适的人不易找到，也就只能"赶鸭子上架"了。

2.4.2 小心旁观者效应，做好三落实

2018年10月28日，重庆市万州区一公交车在万州长江二桥桥面与一辆小轿车发生碰撞后，坠入江中，事故导致多人遇难。11月2日，公交车坠江原因公布，系乘客与司机激烈争执互殴致车辆失控。

那么，事发公交车上那么多乘客为什么没有人出来制止呢？

1. 鸡多不下蛋，人多瞎胡乱

我通过对同类型的社会案件进行研究发现，这种情况非常普遍。人们总是在很多人在现场时不约而同地选择退缩，这就是旁观者效应，也被称为责任分散效应。旁观者效应导致在群体中每个人的责任被稀释：人越多，每个人越会感到这件事与自己无关。正所谓"鸡多不下蛋，人多瞎胡乱"。

而在项目团队中，团队成员能不能全力以赴，取决于成员被要求承担什么样的责任。旁观者效应对团队合作有很大的启示意义，如果管理者没有为团队成员规定明确的责任，很多成员都会产生"我不做，有人做"的想法，从而导致团队合作中出现相互推诿的现象，导致团队绩效远不如单个成员工作绩效的累加值。

2. 避免责任分散，做好三落实

外国人习惯于签字，中国人习惯于盖章。签字容易找到责任人，盖章则未必，对公章背后的责任人进行确认是一项艰巨的工作。有一种说法"新官不理旧政"就是一个例子。

为了确保每个人承担起各自对项目的责任，降低"旁观者效应"的影响，使项目能够顺利完成，必须落实每个人的具体职责。为此必须确保做到以下三点：任务落实、人员落实、组织落实。

（1）任务落实。为了防止相互推诿、扯皮和责任不清的情况出现，每项任务必须有且只能有一个人对其负责。如果一项工作必须由两个人负责，则应该对该任务进一步分解落实。

（2）人员落实。相关人员会对项目产生影响，必须确保将每个具体工作责任落实到具体个人，而不是一个组织、一个部门、一个小组。不能让任何一个人对项目只享有权利而不承担义务。

（3）组织落实。确保在项目组织和实施中，人员、流程、使用管理平台、技术、工具之间协调一致，并建立相应的激励措施等。

很多人需要对项目尽责，但他们中的很多人不是项目经理的下属，甚至不是公司的员工，如何使这些人承担起对项目的责任是项目经理面临的挑战。

2.4.3 使用RAM明确每个人的责任

为了实现"三落实"，建立责任分配矩阵（responsibility assignment matrix，RAM）是很有帮助也是很有必要的。正确使用RAM可以明确项目活动负责人，确定每个人的项目责任，有效降低项目工作无人负责的风险。

如图2-16所示，一般的责任分配矩阵都是一个二维表格，其中包含相关人员名单、完成项目需要的活动，以及每项活动与每个人的对应关系。在大型项目中，可在多个层次上建立RAM。例如，高层次的RAM可定义项目团队中各小组分别负责WBS中的哪部分工作，而低层次的RAM则可在各小组内为具体活动分配角色、职责和职权。RAM涵盖了与每个人相关的活动和与每项活动相关的所有人员。

RAM的一个例子是RACI，R、A、C、I是Responsible（负责）、Accountable（批准）、Consulted（咨询）、Informed（知悉）4个英文单词的首字母。

编写RACI的步骤如下。

（1）填写活动的代码和描述。
（2）在其他各栏内，填写项目责任。
（3）对责任分配进行讨论和审批。

	活动	A君	B君	C君	D君	E君
这不是一个项目 →	活动1					
OK（检查是否仅涉及一个责任人）→	活动2		R			
职责需要细分 →	活动3					
OK →	活动4	R	I	C		
错误！一个活动只能有一个责任人 →	活动5	R	A	C	I	I
	活动6	C	C	A	I	R

图 2-16　责任分配矩阵

当然也可在不具有活动管理责任的其他职务处填写相应的注释，这有助于估算各项活动、各种职务的工作时间。

讨论和确定好 RACI 后，必须将 RACI 传达给项目中（至少是组织内部）的相关人员。

需要注意的是，每项活动有且只能有一个 R。如果不能对某项职务划分责任，则该活动需要进一步细分。如果项目管理团队成员在其栏内没有 R，那么他不是项目管理团队的真正成员，可能是扩大范围的团队成员（他不具有任何责任，因此他不实施管理，而是执行）。

另外，所有人需达成一致意见，同意责任分配。活动责任的承担涉及对时间安排、成本、风险等的保证。责任不仅是技术性责任，也包括管理责任。而且，所有责任必须落实在项目管理团队的范围内。如果项目管理团队之外的人员负责一些活动，那么项目经理必须承担该工作的管理责任，还要承担该部分工作与其他工作的接口协调责任（如需要）。诚然，项目经理负责整个项目，但不负责各项单独活动，此类责任应分配给特定专员。

还需要说明的是，在责任分配完成后，项目负责人还需要完成以下工作：确保团队的工作优先级与客户的需求一致；确保将团队的工作适当地展示给管理层；让技术负责人为不懂技术的人员解释技术问题；同时让开发团队了解一些必要的非技术问题。

表 2-2 是某软件项目的责任分配矩阵。

表 2-2　某软件项目责任分配矩阵（包含项目团队以外人员）

阶段	A君	B君	C君	D君	E君	F君	G君	H君
重新定义问题	R	C	A	C	I	I		
可行性研究	A			I	R	C	I	C
需求分析	C	R	I					I
总体设计	R	I	C	A	C	I		
详细设计	I			C	I		R	C
编码与单元测试	C		A			I	I	R

2.5　发章程：建立项目团队与组织的契约

企业是根据什么工作的？很多管理人员、甚至很多大企业的 CEO，都不能准确回答。他们忘记了公司章程是企业一切行为的准则。企业工作的依据是公司章程，部门工作的依据是部门职责，个人工作的依据是岗位说明书。那么，作为临时性的项目，其工作的依据是什么呢？是项目章程。

2.5.1　项目章程是项目团队与组织的契约

2018 年 12 月 4 日，北京市海淀区人民法院对东峡大通（北京）管理咨询有限公司（ofo 的运营主体）做出了"限制消费令"，该公司和戴威不得选择飞机、列车软卧、轮船二等以上舱位，不能在星级宾馆等场合消费，不能买房买车旅游等⊖。因迟迟不退还押金，ofo 的上千万用户已不仅是不满，而是非常愤怒了。

契约精神是文明社会的主流精神之一，在民主法治的形成过程中有着极

⊖　每日经济新闻. ofo 和戴威的至暗时刻：收法院"限制消费令"，还有 1000 万人等着退押金 [EB/OL]. (2018-12-20).www.ndb.com.cn/articles/2018-12-20/1283882.html.

为重要的作用。一方面契约精神促进了商品交易的发展，为法治创造了经济基础，同时也为市民社会提供了良好的秩序；另一方面根据契约精神，上升至公法领域，在控制公权力、实现人权方面具有重要意义。

1. 契约精神的欠缺是有背景的

契约精神实际很简单，就是说话算数，一旦做出了承诺就必须要执行，而且是不打任何折扣的执行。

商业与市场是多元因素在其中起作用进行交易与交换的一个过程，这个交换的过程要达到大家可以计算、判断和衡量的标准，就需要存在一种最基本的约定，这个约定就是契约。契约精神是维持任何一个社会中人们进行理性判断、预测以及比较的基础，实际上，契约精神恰恰是一个商业社会最基本的文化，是基因。

2. 项目章程是项目团队与组织的契约

项目章程的编制，表明项目及其团队已经得到了管理层的支持。项目章程是一个内容简单、功能却很强大的文件，作为一个公告性文件，它像一部宪法，项目章程签发后就表明了项目的正式存在。

创建项目章程的另一个目的是向项目团队中的每个人告知项目的存在，明确他们对项目的职责和权利。项目章程是把项目与组织的战略及日常运营工作联系起来的纽带。

遗憾的是，契约精神的缺失在项目中也不可避免地体现了出来——国内的项目很少有正式的项目章程。找来找去，也只能找到一个与项目章程类似的文件，国内称之为"项目任务书"！鉴于国内的俗称，为便于读者阅读，后文沿用"项目任务书"这一术语。

2.5.2 编制项目任务书的重点在于达成共识

项目任务书作为项目的一个指导性文件，发挥着类似项目章程的作用。

项目任务书应该是一个简短的文件（理想情况是一页），简要说明项目要做什么、如何做，和当项目结束时能给企业提供什么样的商业价值。项目任务书对项目的发展方向、成果和执行过程中能够进行明智的决策和规划奠定了基础。

1. 警惕"先干起来"的诱惑，关键在于达成共识

在项目早期对要做的事情进行说明并与各相关方达成一致，是非常重要的。但是，要在一开始就这么做，特别是面对一些急于开始项目的人，是很困难的。这是一个痛苦的过程，很多人容易失去耐心。

但是，你需要思考，是决定现在痛苦还是将来痛苦？项目启动阶段最重要的成果并不是项目任务书本身，而是在编写项目任务书的过程中所获得的洞察力和达成的共识。项目任务书只是记录这些重要的项目信息的载体而已。编写项目任务书的过程使得项目发起人、关键相关方和未来的团队成员有机会第一次共同合作，勾勒出项目的意图、远景和方向；此过程提供了一种机制，使得发起人与项目管理团队能够达成协议；在此过程中可以发现项目中的不同角色对项目的理解不同之处。

对于一个项目相关人员都集中在同一地点，并且经过了充分互动交流的小型项目来说，编写一个简单的项目任务书就可以了。对于大型或更为复杂的项目，特别是对于涉及多个组织的项目来说，必须要有一个更为健全的项目任务书。项目的每个参与者可以定期查阅项目任务书以确保大家目标一致。

2. 编制项目任务书的过程

实践中，我推荐尽早任命项目经理（最好在项目可行性研究阶段就任命），由项目经理召集联席会议来起草项目任务书。参加会议的人员包括客户代表、项目发起人、项目经理和已经确定的关键项目成员。

编制项目任务书的关键是对需求达成早期概念层次的共识，并对需求做出回应。接着应邀请那些没有参加制定项目任务书的相关人员来检查和讨论，直到所有关键人员都表示认可。以项目任务书为起点，项目计划团队在开始

制订项目计划时应进一步讨论项目任务书的细节，从而更好地理解项目的范围。应当将这种理解用正式文件做出公告并归档。

一旦项目任务书完成，就将被提交给管理层批准。批准过程不应形式化，绝不能草率，而应该是一个缜密的决策过程。批准了项目任务书，就意味着管理层基于对项目及其商业价值的了解，认为有必要正式开始项目，也就是说，有必要分配资源，来做进一步的详细计划。

批准过程的参与者主要应包含如下人员。

（1）高级管理层。管理层的支持对于项目的成功实施起着至关重要的作用。他们的批准意味着"可以做详细计划，我们授权项目可以使用所需的资源"。

（2）客户。在我们的项目管理概念里，客户起着非常重要的作用。

（3）职能部门经理。项目的可交付成果不可能存在于真空中，总是有一些部门对项目的产品或服务提供输入或从中获得输出。应征求职能部门经理的意见和建议，使他们在最初阶段就了解项目并对项目做出承诺。

（4）项目经理。在理想情况下，项目经理应在最初阶段就确定下来，并参与起草项目任务书。因为他将管理项目，所以他应该在项目定义和项目批准过程中发挥重要作用。

（5）项目团队核心成员。其中主要指团队内的专家们，他们将留在项目团队中，从项目的开始直到最后结束。让他们参与到批准过程中来，往往会加强其对项目的主人翁责任感。

3. 项目任务书的主要内容

尽管项目目的中存在着许许多多的"为什么……"，但项目任务书并不需要回答所有问题，因为它不是项目可行性研究报告的代替物。一般而言，项目任务书包含以下内容。

（1）可测量的项目目标和相关的成功标准。

（2）项目的总体要求。

（3）概括性的项目描述。

（4）项目的主要风险。

（5）总体里程碑进度计划。

（6）总体预算。

（7）项目审批要求。

（8）委派的项目经理及其职责和职权。

（9）发起人或其他批准项目任务书的人员的姓名和职权。

项目任务书的示例如下。

  Q公司承担了××市财税库行横向联网系统的研发任务，该系统是由××市政府、国家金库××市中心支库、市税务局、市银行电子结算中心共同发起的跨行业、跨部门的大型计算机网络集成应用项目。其目标是将财政局、税务局、全市的所有商业银行以及国家金库××市中心支库和10多家区支库连接成统一的网络，实现税收的征收、缴款、入库、对账和监管的全面电子化。项目自2015年9月提出，2016年1月××市政府审批立项，至2017年1月底全面完工，项目总投资2 900万元。表2-3是财税库行横向联网系统研发项目的任务书。

表2-3 财税库行横向联网系统研发项目的任务书

项目名称	财税库行横向联网系统
时间	2年完成财税库行横向联网系统的设计开发，总投资2 900万元
项目的可交付成果	交付一套财税库行横向联网系统，包括硬件网络系统、软件系统及相关资料一套
交付物的完成准则	操作方便、保密性强、网络畅通（详见附件《财税库行横向联网系统验收规范》）
工作描述	依据国家软件行业的通用规范
所需资源估计	人力、材料、设备
项目经理	马晓夏
项目经理职权	按项目经理岗位职责，超出项目经理职权的工作由项目发起人承担。

	（续）
重要里程碑： 1）项目启动：2016年1月5日 2）完成需求调研：2016年3月31日 3）完成系统分析：2016年11月28日 4）完成系统设计：2016年6月30日 5）完成系统集成：2016年10月29日 6）完成试运行和验收：2016年12月31日	
项目发起人审核意见：	按要求保质保量完成任务
签名：李秀廷	日期：2016年1月5日

4. 关于项目任务书的注意事项

（1）项目任务书是非常重要、具有约束力的文件，相当于项目的宪法，项目任务书的发布标志着项目的正式启动。

（2）项目任务书应该由高级管理层编制，或授权项目经理代为编制，但必须由高级管理层签字，以表明高级管理层为项目提供支持的态度。

（3）项目任务书必须指定一位项目经理，并且明确其责任和权力。

（4）项目任务书应该分发给与项目有关的部门和人员，因为该项目任务书将授权项目经理在项目活动中使用组织资源。

（5）为便于阅读和理解，项目任务书中尽量不要出现晦涩的技术术语。

（6）对于超出项目经理权限范围以外的问题，项目任务书必须明确处理问题和升级问题的机制，并让相关人员知悉。

（7）项目任务书要对项目的可交付成果进行概括性描述，以便于团队成员了解所做的工作是什么。

（8）项目目标主要是指项目的绩效目标。

（9）在范围说明中，要特别指出项目不能提供的东西，尤其是可能被误以为已经包括在项目范围内的东西。

（10）项目任务书应清晰定义项目的关键里程碑，通过对关键节点的检查确保项目取得令人满意的进展。

（11）项目任务书不是一成不变的，如果发生重大变更使得原项目任务书不再可行，就应该签发新的任务书。

（12）对于外部项目，应先有合同再有项目任务书。

2.6　开好头：名正言顺地启动项目

造成很多项目失败的重要原因之一就是它开始和结束的时候都悄无声息。悄无声息地开始一个项目意味着这个项目对大家来说不重要，不需要太多人知道，可能只是你一个人的事儿，所以大家的配合度就差。悄无声息地结束一个项目则意味着项目的结果很可能不理想，也不希望太多人知道，项目的结果对大家来说没有什么意义，那么大家也就不关心了。

如果你的项目需要组织里的其他人共同配合才能完成，但你又没有把项目的"开始"和"结束"这两个最具有标志性的节点明确地告知大家的话，就很难让大家名正言顺地配合项目的工作了。

总之，在项目过程中，重要的节点必须要举行仪式，要引起领导和相关部门的重视，让项目团队更有凝聚力。作为项目经理，首先自己要重视这些事，并积极地游说其他人配合自己促成项目的启动和总结仪式，为项目的顺利开展打下基础。

2.6.1　项目不是在结束时失败，而是在开始时失败

1. 定基调

一首歌的第一句决定了歌曲的基调，唱好第一句是项目启动所要关注的。好的开始是成功的一半，项目团队工作的节奏、氛围，都与此阶段的基调关系密切。

2011年6月，我参与了某核电站项目风险管理工作的阶段性评审。在这次评审会议上，我认识了D公司的工程部总经理李某，鉴

于这次会议的正式性，以专家学者身份出席会议的我语言较为正式。晚上聚餐，我又认识了该公司运营部总经理夏总，席间气氛轻松活跃，大家都较为随意。

时至今日，与李总的交往方式一直保持着正式、彬彬有礼的风格，而和夏总的交往却始终是轻松随意的。

初始阶段的交往风格对后期的交往模式产生了长期的影响。而且，这种风格一旦建立，后期难以改变。

从这个意义上来讲，在项目启动过程中定好基调对项目后期的实施至关重要。

2. 找节奏

启动阶段的一个重要作用是找到项目的节奏，让项目组的每个人都感受到项目的脉搏。

刚刚度过一个漫长假期的人回到工作岗位时，常常会发现在前几天工作时很难进入状态，即所谓的"假期综合征"。

星期日的休息，扰乱了学生的正常生活起居和学习秩序，意志下降、注意分散、精神不振，从而影响了学习的效果，这种现象被称为月曜效应（Monday effect）。月曜效应在每天的早上和下午第一节课中也常会出现，在假期过后，刚开学的那段时间里也甚为显著。按理来说，休息之后应该精神倍加，效率提高，但事实并非如此，而是按照月曜效应规律发生。因为他们的身体需要一个信号才能从假期的状态中切换回来。

项目启动会就是这样，可以通知人们项目已经开始，大家应该慢慢找到工作状态。为此，你需要知道一些暗示的技巧。尽量营造项目的工作氛围，例如张贴项目总体进度图，制作项目的标志图，或者有意识地更换一下项目成员的工位，让他们坐得更近一些。当然，暗示的最佳方式还是每个人都进行自我暗示㊀。可以让每个人想一句话，表达一下自己要如何努力来保证整个团队的绩效。

3. 明规则

许多沟通的障碍就像某种依靠其神秘性吓人的妖怪，你说出它的名字它就会被消灭。在项目开始阶段，提前制订好可预见问题的处理规则，当事人在面对实际问题时的配合程度将大大提高。

先说出对方实际中会遇到的情况，尤其是那些不愉快的情况，同时说出他们在遇到这些不愉快的情况时可能要做出的心理反应，从而改变对方的固有"程序"。当事情真实发生的时候，也就是固定的"程序"触发条件产生时，对方的固有"程序"便会失去原有效用。这在心理学中被称为"免疫效应"。

你可以现在就试试这种模式的神奇作用。

你可以这样和你的家人沟通："我知道你听了我的想法之后会感到生气，但是我真的很想要那部越野车！"

你也可以直接走进你的老板的办公室对他说："我知道这个要求会让你十分不快，但是我真的想要涨工资。"

你还可以对你的客户这样说："我知道你可能会抓狂或者愤怒，但是我不想骗你，因为项目的确不能按时完工！"

这样说虽然可能并不会让对方满足你的请求，但是你会发现，至少对方不快的情绪会大大降低。

2013年9月，我的一个项目组遇到了困难，军方领导对项目组的工作进展很生气，项目经理已无法与对方沟通。我被迫和军方一个比较强势的领导进行沟通："我知道这样说您可能会很抓狂甚至会

㊀ 高茂源. 项目管理心理学实战 [M]. 北京：机械工业出版社，2014.

发怒，但是我还是要请求，删去这个系统中的那个数据挖掘功能来保证项目进度。"这位领导听完之后大笑道："我不会发怒的！我也理解这个进度要求的确对你们很难，但我还是希望你们能想尽办法来完成。这是一个政治任务。"

他态度和气得让我们每个人都十分惊讶。他坚持了原有的工作任务，但至少双方可以更加理性地沟通了。请注意，气儿顺了一切都会好起来！

在启动阶段到底要树立哪些规则？这要视项目的类型、周期和人员规模等情况而定。实践中，在启动阶段必须明白以下规则的重要性。

（1）沟通方式、频率、内容及格式。

（2）项目管理者的权力，即项目奖惩权力、人事调度权力和项目方案的决定权力等。

（3）甲方责任、需求提供、调研配合和业务指导等。

（4）变更处理的流程、文档、权力等。

（5）团队合作模式、风格、出勤、考核标准、争议解决等。

（6）项目开发方的各个部门的义务及责任。

这些规则并不一定都以项目制度的形式公布出来，因为成为制度可能会给某些人带来压力。但是，即使不能用制度的形式呈现，项目管理者也要正式地提出关于这些规则的建议。

这些规则映射到制度上，分别是：

（1）项目例会制度。

（2）绩效考核制度。

（3）汇报制度。

（4）文档流程。

（5）变更管理制度等。

在项目启动阶段人们对这些规则并不敏感，一般比较容易建立。遇到问题时再讨论建立规则，因其针对性过于明显，极易引发争议和冲突。

一个需要注意的问题是，在启动阶段确立规则会让人觉得项目管理者比较教条、刻板，常有人以"项目时间紧任务重，先干起来再说"等说法搪塞。对此，你要顶住压力，不必过多解释，因为你解释的理由往往会成为别人反对你的靶子。

记住，不在项目开始时订好规则，后面的路只会越来越难走。

2.6.2　表明正式开始的项目启动会

两个人结婚的时候仅仅去民政部门登记是不够的，通常一定要办个婚礼，还必须得把亲朋好友和重要的长辈、领导邀请过来，举办一个隆重的仪式，大家一定要吃一顿大餐、喝一顿大酒，其目的就是让大家对这件事印象深刻，让大家牢牢记住这俩人正式地结婚了，以后两家人就变成一家人了。要是没有婚礼这个仪式，就容易产生非议与误解，婚姻也有可能不稳定。

重要的事儿，得有个仪式，得让大家有个仪式感，这样才能引起大家的重视。

通常，大家会认为项目启动会是一个项目开始的明确的时间点，不论是项目组成员还是有可能会配合项目工作的部门或团队，都会关注一个项目是否召开项目启动会，并以此作为该项目是否重要的一个判断标准。

我曾经多次看到，在各种类型的企业中，省略了项目启动会的项目，其过程往往很混乱，很多人对项目的配合不够，协同性很差，项目目标也就无法按计划实现。

名正言顺地正式启动项目极为关键，将项目的相关人员召集到一起举行一次启动会议是非常有必要的。项目启动仪式要尽可能正式化，如果可能，要大张旗鼓，千万不要像鬼子进村——"悄悄地来，悄悄地走"。

1. 获得支持是项目启动会的关键

项目启动会是项目实施方法论中的重要一环，会上可能会对项目有关概念的内涵进行解释，以确保大家取得理解上的一致；还可能公开落实每个人的角色和责任，进而能够互相监督各自对项目承诺的兑现程度。

项目启动阶段出现的很多问题都会是项目后期问题的隐患，特别是从高级管理层及客户那里获得的承诺不足，将为项目后续工作带来重大隐患。

常见的情况是，在项目产生明显的经济效益前，一般都不能从公司高层处得到足够的支持。当产生了明显的经济效益后，公司高层会对项目明确地表示支持。支持的方式通常是成立一个委员会，这个委员会经常要听你的汇报，但当你需要它的时候，你往往找不到其成员。

人们不支持项目可能有很多原因。如果在项目的后期出现这种情况，问题可就严重多了。项目需要资金或其他资源，如果提供资源的人对项目支持的意识不强或者对项目不感兴趣，项目就容易失败。在项目早期，高层领导就应当及时提供必要的支持，并将这种支持贯彻到整个项目过程中。

因此，务必避免相关领导没请到的情况出现。领导的参与，就是告诉所有人这个项目很重要，如果组织的一把手到场，可以在一定程度上提高"一把手"的责任心。更重要的是，这还能大大减少甚至避免工作中的推诿扯皮。相反，如果哪位相关领导没来，至少会影响到一部分人对项目的责任心，如分管某块业务的副总没来，相关的人就会认为，领导都没来，可能我们也不需要太支持项目。

项目启动会议也是大家相互熟悉、相互沟通、相互了解的社交场合，毕竟良好的人际关系有时候比什么都重要。启动会议为明确项目经理角色、授权项目经理动用组织资源提供恰当的时机。另外，通过启动会议，各方达成共识，会为日后工作的开展扫清障碍。

在项目实施时，需要大量的、涉及不同专业的领导和员工的支持，务必请这些重要的人参加启动会，否则，在项目实施时，他们对项目的认识还远远不够,尤其是他们没有看到领导在会上对项目的支持,积极性可能会大打折扣。

会上还需要说清楚项目的职责结构,如果没有明确责任分工,那么大家都知道要很好地支持项目,可是不明白哪些是自己的责任,哪些是别人的责任,就容易出现一腔热情用不对地方,或者本来是某个人的责任,他又不这么认为,进而产生相互推诿的情况。

2. 用结构化方法确保项目启动会实效

实践中,为了完美地启动项目,建议用结构化方法实施项目启动会。表2-4是一个项目启动会议的议程。

表 2-4 一个项目启动会的议程(示例)

序号	议程	时长	发言人
1	会议议程介绍	5 分钟	发起人或 PMO 经理
2	公司战略方向及项目的重要性	15 分钟	高层管理者代表
3	项目目标和范围(主要交付成果及验收标准)		
4	项目的约束(强制的):时间、资金、资源		
5	项目组织结构及主要分工		
6	项目的组成和技术架构	15 分钟	项目经理
7	项目高阶计划及关键里程碑和项目评审点		
8	项目控制机制(审批、汇报/会议、文件管理、问题升级和风险管理)		
9	各个职能小组的目标、高阶计划和对其他人的期望	10 分钟	各小组负责人
10	下一步: • 行动 • 责任人 • 日期	5 分钟	发起人或 PMO 经理

关于启动会,建议你关注以下 10 个问题和 10 个具体细节,请参考表2-5、表 2-6。

表 2-5　启动会议 10 问

序号	问题	参考和建议
1	谁做会议主持人？	发起人、组织的高层管理者代表
2	启动会是为谁而开？	启动会为项目而开，属于组织行为，项目是组织战略的实现手段
3	谁来讲项目目标、要求？	发起人、组织的高层管理者代表
4	谁来讲项目组织构成？	发起人、组织的高层管理者代表
5	哪些人必须参加？	发起人、组织的高层管理者代表、项目经理、职能经理、其他关键人员
6	历时多久较合适？	项目启动会不宜太长，应防止其变成茶话会，普通项目以 30 分钟至 1 小时为宜，大型项目可以适当调整
7	技术方案是否应该讲？	不宜讲技术方案细节，可以简单介绍项目的技术概况、架构、组成等
8	重点对谁介绍分工？	重点对各职能经理介绍项目分工，获取他们对项目的承诺
9	启动会的结果是什么？	得到各职能经理、项目经理及关键人员对项目的承诺，并形成书面确认
10	造势、定向、预警、落实哪个更应侧重？	按照重要性顺序依次是：落实项目职责、预警项目风险、确定成功标准、营造项目氛围

表 2-6　启动会议 10 个需要注意的细节

序号	参考和建议
1	注重面向未来
2	通过启动会议了解人们对项目的期望
3	侧重对已确定事项的说明，求同存异
4	需要组织协调的方面，让发起人讲
5	在讲规则时要重点强调变更程序、协调和问题升级程序
6	将每个人的责任以及假设、约束等说清楚
7	需注意的方面以及关键因素是什么
8	要充满信心地介绍项目团队
9	越是不支持的人，越要面对，尽力争取他们的承诺
10	切记落实会后 1~2 周的工作安排

Minimum
Project
Management

第 3 章

规划：运筹帷幄，决胜千里

> 毫无规划的唯一好处是，失败于你而言纯粹是个意外，而此前你全然不会为此感到惴惴不安。
>
> ——哈罗德·科兹纳

M 公司是国内通信终端产品最大的 ODM/OEM[⊖]厂商之一，主要从事宽带通信设备、无线通信设备和网络视频产品的研发和生产。2019 年之前，该公司 70% 以上的项目不能按计划完成，即使项目计划在项目开展过程中经过多次调整，最终项目的完成情况与计划仍然相差甚远。

于是大家都在抱怨："我们一直在延期，计划不如变化快，制订项目计划毫无意义，不但没有效果，反而浪费工程师的时间。"

计划不如变化快，还做计划干什么？这是技术大佬们经常提到的问题。技术人员普遍不太喜欢做计划，而技术专家成为管理者时常会成为项目

⊖ OEM（original equipment manufacturer）即原厂设备制造商，ODM（original design manufacturer）即原始设计制造商。

管理中的一派——哥伦布派。该派的典型特征是"出发前不知道去哪儿，到了地方不知道是哪儿，回来后也不知道去过哪儿"。总之，走到哪儿就是哪儿。

3.1 计划是花费最少、影响最大的工作

截至1911年12月，没有哪个地球人到达过南极点，所以这是100多年前所有最伟大的探险者、所有具有探险精神及梦想的人最想做的事情。直到1911年，两个竞争团队出现了，一个是来自挪威的阿蒙森团队，另一个是来自英国的斯科特团队，他们都想率先完成这个从来没有人完成过的事情。

1911年10月，两个团队在南极圈的外围做好了准备，进行最后的冲刺，竞争非常激烈。

结果是，阿蒙森团队在两个多月后，也就是1911年12月15日，率先到达了南极点，插上了挪威国旗。而斯科特团队虽然出发时间与阿蒙森团队差不多，可是他们晚到了一个多月，这意味着什么？

这就是成功与失败的区别，阿蒙森团队作为人类历史上第一个到达南极点的团队永载史册，获得一切的荣誉，而斯科特团队虽然也经历了同样的艰难险阻，但是晚了一个多月。没有几个人会记住第二名，大家只知道第一名。

但故事并没有这么简单，你不光要到南极点，还要活着回去。阿蒙森团队率先到达南极点之后，又顺利地返回了原来的基地。而斯科特团队没有获得荣誉，更糟糕的是，他们返回的路上天气非常恶劣，不断地有人掉队，最后没有一个人生还。斯科特团队不但没有完成首先到达南极点的目标，而且全军覆没，这已经是生与死的区别了。

是什么造成这不仅是成功与失败，更是生与死的区别呢？

去南极探险，不仅需要人，还需要物资，两个团队对此的策略

和规划简直是天壤之别。阿蒙森团队物资准备充分，带着3吨物资上路。斯科特团队准备的东西却很少，他们只有1吨物资。1吨的物资够吗？如果过程中不犯任何错，没有任何意外，刚好够。这是多么可怕的事情，理论上可行，但现实中碰到压力，遇到未知困难，就不可避免地动作走形、犯错。所以，计划订得太紧，其实是很危险的。阿蒙森团队的3吨物资有较大的富余量，在充分预知困难的前提下，做好充足准备，为应对困难预留了储备，也给自己留下了犯错的空间。事实上，两个团队碰到的环境是差不多的，结果却是生与死的差别。

后来，人们在南极大陆用阿蒙森和斯科特命名了很多地点以示纪念，只不过一个是正面榜样，而另一个则是反面典型。

阿蒙森团队于1912年1月25日全部返回营地。这个日子和他3年前计划的归程日期一天不差，是巧合也是奇迹。后来有人请阿蒙森分享经验，他说："最重要的因素是探险的准备如何，你必须要预见可能出现的困难，遇到了该如何处理或者如何避免。然后，按照计划执行。"

相反，从斯科特团队的日志来看，他们是一个比较随心所欲的团队，天气好就走得非常猛，天气不好就睡在帐篷里，吃点东西，诅咒恶劣的天气和坏的运气，祈祷天气尽快转好。

诚如哈罗德·科兹纳（Harold Kerzner）所言："毫无规划的唯一好处是，失败于你而言纯粹是个意外，而此前你全然不会为此感到惴惴不安。"

3.1.1 事前想清楚，事后不折腾

为证实计划的重要性，美国行为学家艾得·布利斯教授曾做过一个著名的实验，如果感兴趣，你可以去搜索一下这个实验过程。该实验充分证明了一个结论：用较多的时间为一次工作做计划，做这项工作所用的总时间就会

减少，这就是布利斯定理。

布利斯定理告诉我们，做好一件事情的先决条件是事先做好规划，做计划远比盲目行动有价值，在前期规划上投入时间是非常值得的，而且规划的时间越久、越缜密，真正做事时的效率就越高。

实际上，除了布利斯教授以外，大量的研究已经证实：认真做好计划与项目的成功密切相关。而且据我们所知，没有任何一项研究支持相反的观点。成功的人善于规划，他们知道自己要达到哪些目标，排好优先顺序，并且制订一个详细的计划，按计划行事。

当然，不可能完全按照计划进行，但是计划会为你提供做事的优先顺序，这样会事半功倍。认真做过计划的人，当问题真发生时就能做到沉着、镇静，而不是急于采取行动。心急的人往往会不耐烦地采取行动，因为他们总是担心时间紧急，再不采取行动就来不及了。其实，越忙就越容易出差错。如果事先没有考虑好，路子没走对，反而会耽误时间。

3.1.2 魔鬼藏在细节中

阿蒙森团队和斯科特团队的南极探险之旅中，还有一些细节也值得我们思考。

第一，斯科特团队用的是矮种马来拉雪橇，而阿蒙森团队用的是爱斯基摩犬。阿蒙森团队足足准备了97条爱斯基摩犬，他认为只有爱斯基摩犬才是南极冰天雪地中的最佳选择。相比而言，马更强壮，开始的时候走得更快，但马不够耐寒，走到半路都冻死了，最后只能靠人力来拉雪橇。爱斯基摩犬虽然走得慢，但能在极寒条件下生存，从而保证了行进的韧性。

第二，阿蒙森为了极地探险，曾经和因纽特人一起生活了一年多时间，就为了跟他们学习如何在冰天雪地里生活、求生。

第三，阿蒙森的计划非常周详，连午餐也做了特别的安排。他使用了一种新型保温瓶，在每天启程前吃早餐时，便把热饭菜装在保温瓶里。这样午餐可以在任何时间吃,既节约燃料,又省时间。而由于需要扎营生火,斯科特团队吃顿午餐要多花1个小时。阿蒙森的队员则经常坐在雪橇上,一边欣赏极地的奇异风光,一边嚼着暖瓶里的热饭。他们甚至每星期还会有一天假期——星期天哪怕再适于行路,阿蒙森也会给队员放假。

正所谓"魔鬼藏在细节中",阿蒙森团队的详细策划,为成功探险奠定了基础。

管理项目是个复杂的过程,计划充当着这个过程的地图。该地图必须足够详细,使项目经理能据此决定下一步做什么,进而保证工作在规定时间、预算、范围内能保质保量地完成。项目计划需要回答的一系列问题如图 3-1 所示。

图 3-1　项目开始之前必须回答的问题

制订一份周密可行的计划是项目管理者实力的体现。所谓有计划、有组织地开展项目工作,就是把目标正确地分解成工作安排,通过采取适当的步骤和方法,最终实现目标。计划要可视化,可采取网络图、甘特图等形式。

3.1.3 "如来十掌"为制订计划提供了抓手

张斌带领团队为客户进行无线通信基站的建设，他们的项目需要于三天后在野外施工。天气预报显示，三天后暴风雨将至，而张斌的团队并没有防雨设备。现在该怎么办？

这个问题我问过很多人，我经常会得到这样一个答案——提前做好准备！这话对不对？又是一句典型的"正确的废话"。

实际上，通过使用"如来十掌"，张斌的问题就可以轻松解决。

（1）"如来十掌"的第一个问题：做什么（范围、需求）。三天以后野外施工这个工作到底是做什么？能不能不做？如果可以取消的话，这事就不存在了。如果非得做，那就问第二个问题。

（2）"如来十掌"的第二个问题：什么时候做（时间、进度）。三天后野外施工会遇到暴风雨，请问三天后的工作能不能提前到今天来做？如果这个方案不可行，那就问能不能推后几天，等雨过了再做。如果还是不行，就问第三个问题。

（3）"如来十掌"的第三个问题：花多大的代价做（成本、费用）。既然必须在第三天做，现在买防雨设备需要20万元能否接受？如果觉得成本太高，那就花1万元租一套行吗？还是不能接受的话，就每人发个雨伞——只要不淋出病来就行！这个还不行，那就问第四个问题。

（4）"如来十掌"的第四个问题：做到什么程度（质量）可以接受。假如这个问题问完了之后还是不能解决，那就问第五个问题。

（5）"如来十掌"的第五个问题：需要什么资源（团队、采购或外包）。我们自己做有这么多问题，能不能外包给别人？

…………

事实上，当你掌握了"如来十掌"的时候，你就能根据这个框架从多个角度预见问题，从而能很容易地找到解决问题的N种方案，更重要的是这些方案的成本往往并不高。

试想，如果张斌没做策划和预案，到了第三天早上，马上要出门时发现外面狂风暴雨，估计只有两种方案了。

（1）"管他下什么呢，下刀子也冲出去干"，发扬勇敢的不怕困难精神，而代价可能是全员生病。

（2）"诅咒恶劣的天气，痛陈糟糕的运气"，躲在家里休息。

"如来十掌"的作用在此案例中体现得淋漓尽致。

如果你熟记了"如来十掌"这个工具，它会对你的职业生涯带来巨大帮助，让你在面对问题时能更淡定从容。

1. 签字意味着牵制

计划一旦制订出来，就应该送交相关人员签字。

相关人员签字表示他承诺并认同他需完成的工作范围，接受技术规范等。但是，签字并不等于保证，因为没有人能 100% 地预见未来，或能完全控制他们的时间。然而，签字是一种承诺，当事人承诺为实现项目目标而合理行动。

所以，我说"签字就意味着牵制"（签字 = 牵制）。客户签字表示他同意项目的功能将满足他的需求，职能部门经理签字表示他同意按约定为项目提供资源。

根据我的经验，在项目计划审查会议上签署该计划比通过邮件方式签署效果好很多。为保证计划的执行效果，应鼓励人们在审查会议上指出计划中的漏洞，而不要等到问题产生以后再来解决。一个值得注意的问题是，应该只要求对项目负责任的人进行签署，不负任何责任的名字不应出现在签署栏，这样可以消除一件事要几十个人签字的情况，从某种程度上克服了组织惰性。

2. 对有效计划的建议

我发现许多人不知道如何制订有效的计划。这可以理解，因为没有学校教授如何制订计划，也很少有公司对制订计划提供指导和培训。下列建议是基于我 20 余年的经验提出的，希望对大家有所帮助。

（1）对计划进行计划。把大家协调起来制订计划，总是很困难的。应该对计划制订过程本身进行计划，否则，它会变成一个毫无章法的计划，让人疲于应付。

（2）计划执行者应该参与制订计划。这样可以提高执行者的主人翁意识，同时也往往能起到团队建设的作用。

（3）计划制订的第一规则是随时准备重新做计划。不可预料的障碍必定会突然出现，因此应注意对计划变更的控制。

（4）因为不可预料的障碍会突然出现，因此需要进行风险分析，预测最可能发生的障碍，在此基础上制订备用计划，在原计划不起作用时启用。

（5）定义问题比解决问题更重要。无论做什么，都要定义目的。从目的定义入手，制定问题陈述。如果跳过这一步，你就可能为一个错误的问题浪费时间。

（6）重点关注项目的工作分解结构（WBS）。

（7）分阶段编制计划（滚动式计划）。

为便于项目管理者对项目计划的有效性进行检查，我建议使用的方式如表 3-1 所示。

表 3-1　有效项目计划 21 问

序　号	问　题
1	是否满足合同中的需求？
2	是否已经计划项目建议书/项目任务书里规定的活动？
3	是否明确了所有的假设和限制条件？
4	是否明确了成本、进度、质量目标？
5	是否已经有项目任务书和项目启动会议纪要？
6	计划中是否明确了重大里程碑？
7	重大里程碑设置得合理吗？它们和回款时间对应吗？
8	项目计划满足合同规定的进度吗？
9	是否定义了重新修订计划的准则？

（续）

序号	问题
10	有费用计划吗？是否将费用分配到了每个重大里程碑上？
11	明确了交付成果的评审方式吗？
12	明确了公司质量管理体系对项目的检查点吗？
13	资源计划中，明确了资源的要求、资源占用的起止时间吗？
14	有沟通计划吗？是否明确了沟通周期和提交物？
15	有内部培训计划吗？是否明确了培训需求、培训时间、培训方式？
16	有对用户的培训吗？是否明确了培训内容、培训完成标准和培训完成时间？
17	有度量计划吗？是否明确了度量项、度量周期、度量数据报告方式？
18	有QA计划吗，明确了QA活动内容、时间和依据的标准吗，明确了QA报告的形式和提交周期吗？
19	有配置管理计划吗？明确了配置管理工具、配置项、配置基准和备份策略吗？
20	有风险管理计划吗？是否明确了风险等级和风险应对措施？
21	用户手册的编写是否在计划中得到了体现？

最后，关于项目计划，以下几句话分享给大家。

（1）计划是用来改的。正因为计划没有变化快，才更需要做计划。

（2）领导不应该直接管人管事，而应该管计划。

（3）项目不应该被领导管着，而应该被计划管着。

（4）员工不应该按领导的指示做事，而应该按计划做事。

3.2 拆任务：没有WBS就没有项目管理

好的篱笆产生好的邻居。

——罗伯特·弗罗斯特

徒弟：为什么一个项目中大家都很忙，但却看不到完成了什么成果呢？

师父：因为只要不要求立即完成，任何人都可以做任意量的工作，而不会关心做的工作有没有用，跟项目成果有没有关系。

任何复杂工作,从认识、管理和控制的角度而言,总是应该从技术和专业角度将其分解成较小的、更易于管理的组成部分,这就是复杂事物的实现逻辑(见图3-2)。

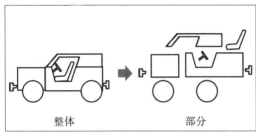
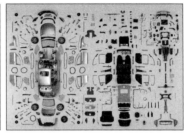

图 3-2　复杂事物的实现逻辑

3.2.1　隐性工作显性化,显性工作结构化,结构工作标准化

某公司主要为客户提供产品的自动包装系统,在给一个客户提供的项目中,马东担任软件设计工程师。经过几个月研制,产品通过了验收测试,两周后系统发给客户,同时交付的还有一套文档,当然,这套文档是从公司档案室配发的。

后来,这套系统在客户现场运行过程中,陆续暴露出一些问题,公司一直倡导"客户至上"的服务理念,本着这一理念,马东根据客户要求,立马进行现场整改,这些问题一个个都解决了,客户还给公司发来了给马东的表扬信。

现场整改进行完了,客户手中的文档、公司档案室里的文档,却都没有及时更改。因为,要更改的话必须要办理各种手续,既要领导批准,还要客户签字,马东觉得这程序太烦琐了,而且客户催得紧,急着使用,也并不关心这些东西,于是就没做更改。

这个项目就这样顺利移交给了客户,使用也还比较正常。

1年后,另一个公司用更高的薪水把马东挖走了。当然,在离职前马东根据公司规定做了工作交接,他所负责的工作都移交给了李芹。

马东离职后的第 4 个月,那个客户反映系统出了问题,要求提供售后服务。公司领导安排李芹第一时间赶到现场。根据系统报错,李芹先后查阅了用户手中的使用文档和公司档案室中的文件,二者都无法理解这个错误(见图 3-3),因为系统的状态跟所有文件都不一致!

李芹把情况汇报给公司领导,大家都骂马东没有做好移交工作,诚心给人挖坑。

图 3-3　和前任交接工作

1. 结构工作标准化,提高组织效率的必由之路

靠人完成工作往往有较大风险,因为人是容易出问题的。对组织而言,经验再丰富的人,其价值也是有限的。因此,能把工作显性化、结构化、标准化,使得后来的人可以重复实现,就非常有价值。

对细节的把握程度反映了一个企业的项目管理水平。魔鬼藏在细节中,如果不能将藏在项目细节中的含糊的、不确定的、不合理的成分展示出来,我们就永远不能尝到管理项目的乐趣,也永远不能摆脱想当然带来的内心的不安。

创建工作分解结构(WBS)就是把项目可交付成果和项目工作分解成较

小的、更易于管理的组成部分的过程。一方面，WBS 可以把藏有魔鬼的隐性工作显性化；另一方面，当工作用结构化的图表方式展示出来时，可以帮助人们建立对项目的整体认知（特别是对项目不够了解的人）。同时，WBS 可以界定项目范围、揭示项目细节，从而有助于安排项目进度、制定预算和进行有效沟通。一个财税库行横向联网系统项目的 WBS 如图 3-4 所示。

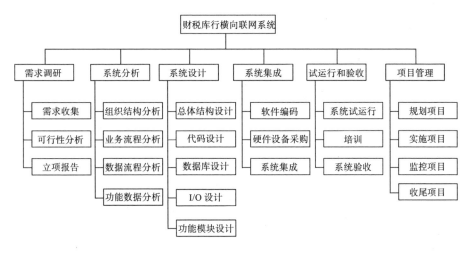

图 3-4　财税库行横向联网系统项目

在同一企业中，尽管所有项目各不相同，但有许多项目在较高层次上是相似的。如果能够花费些精力去编制涵盖这些同类型项目的标准 WBS，那么这样的 WBS 就成了企业的一种无形资产。根据项目的实际情况对标准 WBS 进行调整后，它就成了该类项目可以采用的 WBS。在项目分解完成后，为了使项目组成员更准确地理解项目所包含的各项工作的具体内容和要求，应该编制相应的工作技术条件表。表 3-2 是财税库行横向联网系统代码设计工作包的工作技术条件。

不仅如此，这些以 WBS 为基础建立的工作技术条件也同样是组织开展后续类似项目工作的重要参考资料，习惯上把这些工作技术条件的汇总称为

WBS 词典。表 3-3 是财税库行横向联网系统的 WBS 词典（部分），读者可以将其作为一个模板使用。

表 3-2　代码设计工作包的工作技术条件

工作名称	代码设计
可交付成果	代码系统
验收标准	项目经理签字，确认代码设计方案（参见×××验收标准）
技术条件	代码设计规范（参见×××条件）
工作描述	根据项目要求和设计规范，进行代码设计并报批
假设条件	系统分析和总体结构设计工作均正确无误
信息源	系统分析所收集的信息
约束条件	总体结构设计所确定的大纲
需要注意的问题	风险：工作分类不准确 防范计划：分类工作要详细准确，以保证编码的标准化、系列化
签名：×××	日期：×××

表 3-3　财税库行横向联网系统的 WBS 词典（部分）

WBS 编码	工作包名称	过程	所需资源	结果	完成标准/质量	责任人	预算	工期
1.1	需求收集	核心成员到 A 公司进行调查与需求分析	调查标准、设计标准	需求分析报告、系统的初步方案	列出的要开发的交付成果的标准	张立华	13 万元	9 天
……	……							

WBS 及其词典是组织的重要无形资产。新加入项目组的成员能够根据这些资料迅速上手。这种方式虽然一次工作量较大，但一旦形成以后，就能够迅速界定项目的工作范围，进行可靠的进度安排和成本预算，这不仅提高了速度，也提高了项目的可靠性，降低了项目风险。

要提高项目的执行效率，必须提高项目的构件化（标准化）程度，创建 WBS 的过程就是对项目进行显性化、结构化、标准化的过程，唯有如此才能提高项目过程的可复制性。项目的标准化（构件化）是组织提高项目管理能力的必由之路。

2.4 种常见的 WBS 类型

同一个项目可以用很多方式来创建 WBS，我的建议是由项目管理者自己选择具体的方式。同时，需要注意的是，无论选择哪一种方式都必须考虑 WBS 的用途和表示方式。

（1）按组成分解。以开发自行车为例，部件包括轮子、加速器、车架，这就可以产生一个简单的 WBS，如图 3-5 所示。

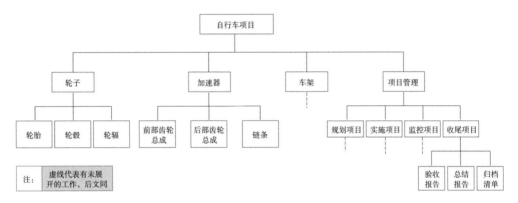

图 3-5　按组成分解的自行车项目的 WBS

（2）按功能用途分解。如图 3-6 所示，自行车开发项目包括电气系统、机械系统、控制系统。

（3）按生命周期分解。按照生命周期分解，通常用在那些涉及方法论的项目上。就系统集成项目来说，项目的过程从前往后依次是：需求收集、系统设计、系统实现、系统集成和验收。把这个结构用于 WBS，其对应的进度甘特图就很容易读懂。图 3-7 是按生命周期分解的自行车项目的 WBS。

（4）按地域/组织分解。当项目工作的部署跨越地域或组织边界时，我经常建议将 WBS 与组织结构相适应。图 3-8 是按地域分解的自行车项目的 WBS。

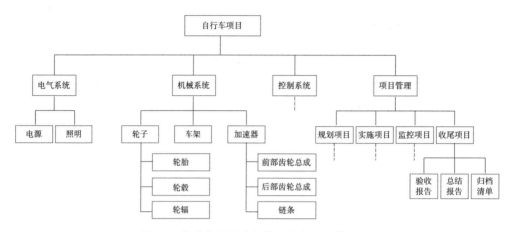

图 3-6 按功能用途分解的自行车项目的 WBS

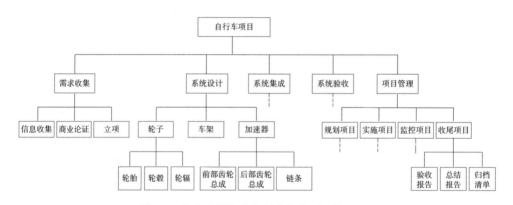

图 3-7 按生命周期分解的自行车项目的 WBS

实践中，往往存在着部门的界限和政策限制，可以首先按部门分解项目工作，然后再在部门内采取其他合适的分解方法。这样做也许更有利，因为项目工作的主要部分由一位经理进行组织控制，简化了资源分配。但是，这样做却增加了在组织边界间的协作和沟通。

还有一种方法是，首先根据生命周期来分解项目，再在每个阶段采取其他适合的方法。需要说明的是，没有最佳方法，合适的就是最好的。我建议在项目启动时每种方法都要考虑一下，从中选择一个可以清晰定义项目工作的方法来分解项目。

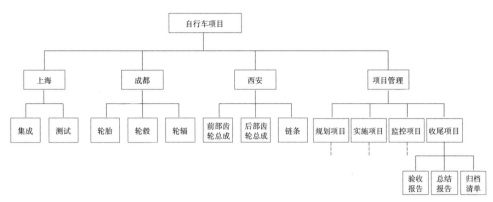

图 3-8　按地域分解的自行车项目的 WBS

3. WBS的展示方法

WBS 可以用树形的层次结构图（见图 3-9a）或者阶梯缩进的表格来展示（见图 3-9b）。在实际应用中，树形层次结构更适用于向高层管理者汇报工作或沟通，而表格形式更适合项目团队成员自己使用，因为可以在表格右侧增加更多细节备注，这有利于团队协作，但看起来更复杂。

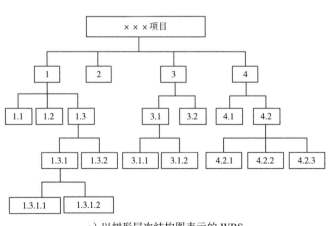

a）以树形层次结构图表示的 WBS　　　　b）以阶梯缩进表格列出的 WBS

图 3-9　WBS 的展示方式

4. WBS是面向可交付成果的分解

WBS是以可交付成果（deliverables）为导向的分解，而不是以活动（activity）为导向的分解。WBS的最底层为工作包（work package），工作包包括为完成该工作细目可交付成果而必需的计划活动。

WBS是由逻辑推演而成的，结构非常严谨。结构化是WBS的一大重要特性，WBS的逻辑结构错误会直接导致项目实施过程发生错误，严重的会带来项目的失败。

3.2.2 心法：创建有价值的WBS

项目的WBS具有重要的作用，因此必须使用科学的方法、遵守必要的原则进行分解。

1. 两种WBS编制方法

创建WBS的方法主要有两种：自上而下法和自下而上法（见图3-10）。需要说明的是，不管哪种方法，最重要的是让熟悉创建WBS的人完成这个工作。

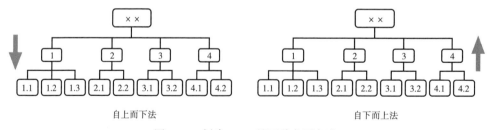

图3-10 创建WBS的两种主要方法

（1）自上而下法。自上而下法是指从WBS的顶部开始分解可交付成果。换句话说，从大局开始，持续地分解工作。具体步骤如下。

① 确认项目将要交付的最终产品、服务或成果。它们是第一层级的组件。

② 定义为完成每个第一层级组件所需要的主要可交付成果。

③ 把每一个主要可交付成果分解至恰当的详细程度（遵从 WBS 分解原则）。

④ 评估和核实 WBS 直到被批准。

（2）自下而上法。自下而上法是指从底层的工作包开始，向 WBS 顶层汇总项目工作。具体步骤如下。

① 确认 WBS 中的全部工作包。

② 有逻辑地把相关工作包归并到一起。

③ 把可交付成果汇集到更高一个层级，也就是母层。

④ 重新分析工作，确保所在分支的所有工作都包含在 WBS 中。

⑤ 重复开展汇集和分析工作，直到把所有组件都汇集到第一层级，并且 WBS 中包含了 100% 的工作。

⑥ 评估和核实 WBS 直到被批准。

2. 如何分解项目工作

拿到一个项目后，对于一个具体的目标可以从两个视角考量："怎么完成"和"交付什么"（见图 3-11）。两个视角的思考维度不同：前者是时间维度，后者是空间维度。

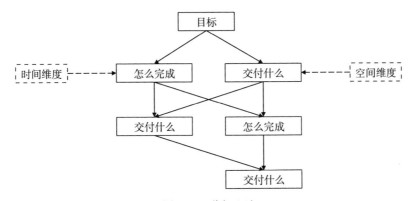

图 3-11　分解心法

当选择了一个视角后，下一步又可以分别从这两个视角进一步分解，直到满足"易于管理"和"足够详细"两条标准为止。需要说明的是，WBS 的最底层组件一定是"交付什么"，即都是具体的交付成果。

在图 3-12 中，自行车项目 WBS 的第一层分解选择的是"怎么完成"。

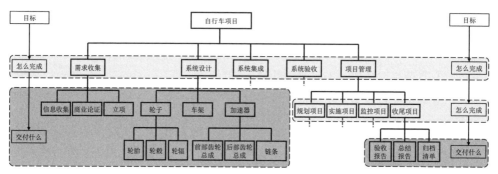

图 3-12 第一层选择"怎么完成"分解的 WBS

第一层组件中的"系统设计"可以进一步分解为"轮子、车架、加速器"三个组件，"轮子"和"加速器"又各自分解为三个组件，这就是"交付什么"。

第一层组件中的"项目管理"可以进一步分解为"项目规划、项目实施、项目监控、项目收尾"四个第二层组件，这还是"怎么完成"，显然它们都不符合"交付什么"这个标准。对"项目收尾"这个组件进一步分解，得到"验收报告、总结报告、归档清单"三个第三层组件，这就满足了"交付什么"这个标准。

在这里，确定分解正确与否的标准是：交付了较低层级的所有 WBS 组件恰好能够交付较高层级的相应可交付成果。

在 WBS 中，每个工作包都应该有自己的名称，因为每个工作包都是以可交付成果为导向的。因此，其名称应该是名词、形容词＋名词或名词＋动词，而不应该是一个单纯的动词（见图 3-13）。因为动词是用来描述行动、任务和活动的,而它们都不是 WBS 中的内容。

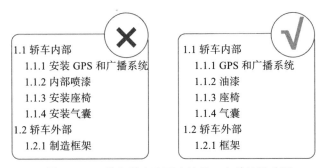

图 3-13 工作包的名字不应该是一个单纯的动词

3. 判断WBS好坏的标准

可以用以下原则判断一个 WBS 的可用性。

(1) MECE 法则。MECE 是 mutually exclusive collectively exhaustive 的首字母简写,中文意思是"相互独立,完全穷尽",也就是既不重复,也无遗漏。图 3-14 是一个 MECE 法则的实例。

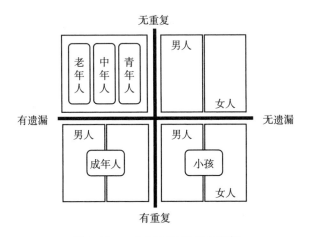

图 3-14 一个 MECE 法则的实例

WBS 涵盖了项目范围中 100% 的工作，不能多也不能少，而且每个层级都符合 MECE 原则。通过确认 WBS 下层的组成部分是完成上层相应可交付成果的必要且充分的工作，来核实分解的正确性。在图 3-12 的例子中，"前部齿轮总成""后部齿轮总成"和"链条"是组成"加速器"的三个既不重复也无遗漏的工作。

（2）信息透明原则。WBS 的最底层工作包应该分解到信息透明的层次，所谓信息透明是指可以估算工作包的工作量以及完成工作包所需的时间、成本和验收标准。

（3）80 小时原则。一般情况下，单个工作包的完成时间不应超过 80 个小时，即以任务分配的第 10 个工作日为期限。对于正在进行的活动是无法了解其真实状态的，团队成员可能会说他们已经完成了 50%，也可能会说应该能够赶上截止日期。但只有到了截止日期时你才能确切知道他们的完成情况。因此，分配的任务不应该超过两周，这样的话最多需要两周就能了解这个工作是否还在正轨上。

（4）独立责任原则。单个工作包应该只分配给一个责任人，以避免推诿扯皮。

（5）滚动式规划原则。近细远粗，近多远少（见图 3-15）。要在未来才完成的可交付成果或子项目，当前可能无法分解。项目管理团队通常要等到这些可交付成果或子项目的信息足够明确后，才能制定出 WBS 中的相应细节。

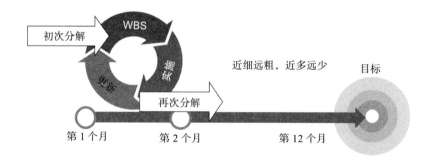

图 3-15　滚动式规划

（6）不同层次原则。不同可交付成果可以分解到不同的层次（见图 3-16）。某些可交付成果只需要分解一层，而另一些则需要分解到更多层。工作分解得越细，对工作的规划、管理和控制就越有力。但是，过细的分解会造成管理努力的无效耗费、资源使用效率低下以及工作时效率降低。

需要强调的是，应该由项目经理来决定 WBS 的结构和细节水平，这非常重要，因为项目经理要对项目是否成功负责，利用 WBS 描述项目工作的详细程度，决定着其团队管控整个项目的有效程度。

（7）一个上级原则。每个下一级组件有且只有一个上级组件（见图 3-16）。

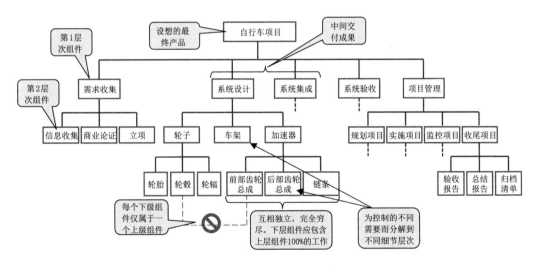

图 3-16　关于 WBS 的说明

为落实上述原则，我在实践中总结了一些用于考察 WBS 质量的标准，形成如表 3-4 所示的检查表。

表 3-4　判断 WBS 好坏的检查表

序号	内容	是否满足
1	以可交付成果为导向	
2	包含所有的可交付成果，包括项目管理	
3	涵盖了 100% 的项目工作	
4	每个下层组件都包含上层组件 100% 的工作	
5	每个工作包的名字都是用名词、形容词 + 名词或名词 + 动词来命名	
6	以层次结构图或者阶梯缩进的表格展示给各相关人员	
7	负责具体工作的执行者参与了 WBS 的创建	
8	征询了相关专家的意见	
9	得到了相关人员认可或批准	
10	建立了 WBS 词典	
11	随着项目工作的渐进明细而更新	
12	随着项目工作的变更而更新	

4. 练习

在完成练习后，你可以把书翻到最后，附录 B 和附录 C 给出了参考答案。需要说明的是，参考答案不唯一。

（1）一个大型学术会议。你是一个大型学术会议的项目管理者，你的团队经过分析列出了这次会议所有需要完成的工作，如表 3-5 所示。请自下而上归纳总结，完成这个项目的 WBS（如果你觉得不完整也可以补充）。

（2）一个办公室装修。你是一个办公室装修项目的项目管理者，表 3-6 列出了本次装修所有需要完成的工作。请自下而上归纳总结，完成这个项目的 WBS（如果你觉得不完整也可以补充）。

表 3-5 一个大型学术会议的工作清单

序号	工作内容	序号	工作内容
1	邀请报告人	17	准备材料
2	与媒体合作宣传推广	18	确定嘉宾及撰写嘉宾致辞
3	制订会务计划	19	招募志愿者
4	设备筹备	20	选择会务公司
5	食宿安排	21	会场布置
6	确定日程	22	现场报到
7	展位设计	23	开会
8	确定合作单位	24	会中协调调度
9	视频制作	25	会中应急措施
10	车辆安排	26	会议成本决算
11	选定场地	27	会议材料归档
12	定制纪念品	28	会后评估
13	制作标牌、横幅、标识等	29	纸媒宣传
14	参会嘉宾人员安排	30	新媒体宣传
15	确定与会人员	31	电视等宣传
16	确定主持人及主持词		

表 3-6 一个办公室装修的工作清单

序号	工作内容	序号	工作内容
1	公司 LOGO	16	音响系统
2	绿植	17	碎纸机
3	工程技术条件（SOEW）	18	电话会议系统
4	字画/地图	19	灯具
5	电视和视频会议系统	20	办公转椅
6	书柜（3 组）	21	沙发
7	管线施工	22	茶几
8	镜面墙施工	23	会议桌
9	计算机	24	6 把椅子
10	效果图	25	地板
11	油漆	26	地毯
12	窗帘	27	插座
13	电路布置图纸	28	项目管理
14	内部布置设计	29	开关
15	办公桌		

3.2.3　WBS是有效项目管理的基础

我们经常听说项目如何失败，原因之一就是大家普遍对项目范围和要管理的工作缺乏清晰的理解。结果是，在做项目的过程中遭遇了太多的痛苦经历。换句话说，许多项目管理者没有应用或没有正确应用WBS。

虽然在理论上很多人都知道WBS，但是在实践中并未予以广泛应用，这确实是一个遗憾。

1. WBS是揭开项目细节的神器

"做正确的事并正确地做事"是项目管理的格言，WBS首先解决的就是项目中"做正确的事"的问题，只有明确了"做正确的事"，"正确地做事"才有基础，所以，WBS被认为是现代项目管理的重要基石（见图3-17）。

图3-17　WBS是现代项目管理的重要基石

WBS是一个非常棒的工具，可以清晰地表示各项目工作之间的相互联系，结构化地界定项目工作，并有效地管理这些工作。

WBS堪称揭开项目细节的神器，项目管理者可以从WBS窥视项目的可交付成果以及为创建这些成果而开展的工作。所以，对于很多对项目不熟悉的人或者是新加入的团队成员，WBS有利于他们建立对项目的整体认识，改善沟通。

从 WBS 的最低一层着手，可以估计出工时、成本和资源需求，以此为基础，在计划阶段可以进行更详细的规划。实际上，编制 WBS 的过程也是团队建设的过程，WBS 的创建表明相关人员就项目范围达成了共识。

WBS 是项目团队执行工作的基础，同时也为评价变更提供了基准。

在项目中，随着下一层活动的完成，项目经理应该重复开展汇集和分析工作，自下而上不断整合。当较高级别的工作完成时，就意味着项目取得了显著进展，这往往会成为里程碑事件，可以向高层和客户报告这些里程碑事件。因此，WBS 常常是向高层展示项目进展状况的工具。

2. 看见即降伏：任务墙

《西游记》是大家耳熟能详的名著，当孙悟空和一些妖魔鬼怪大战三百回合而无法搞定的时候，他就会去找观音菩萨当救兵，而观音菩萨一到，根本不用任何武器，只需叫出这个妖怪的名字而后让它现出原形，顿时就能把它降伏了。

试想一下，一小时后如果有一位重要的客人到你家里来拜访，你现在应该干什么？很少有例外，人们都会选择整理房间。为什么？因为，人总是希望把自己最好的一面展示给别人，这就是人性。

在东西方神话故事中，有一个共同的场景：当妖魔鬼怪出来的时候，只要你能够叫出它的名字，它的魔力瞬间就消失大半。这就是普世的心理学原理：看见即降伏。

看见即降伏的原理对项目管理极有价值，利用这个原理，通过可视化、透明化工具对项目过程进行管控。在项目过程中，让项目所有相关人员一起来创建 WBS，并在 WBS 中使用不同色块标明每个工作包的状态，还可以把各项工作的责任人标明，同时给出各项工作包的时间计划。WBS 完成后，将其粘贴在公司的公共场所使其可视化，这就是任务墙（task wall，见图 3-18）。

108　第二部分　极简项目管理过程

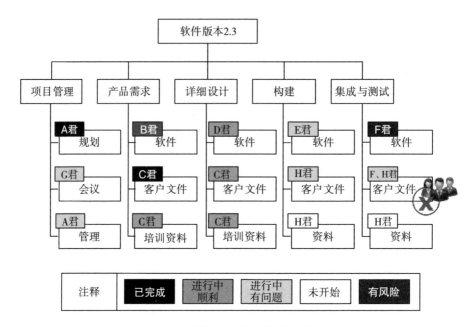

图 3-18　用 WBS 实现任务墙的示例

使用任务墙时，具体做法如下。

（1）用白色标签表示工作还未开始。

（2）用黑色标签表示工作包已经完成。

（3）用绿色标签表示工作包进行中、进展顺利。

（4）用黄色标签表示工作包在进行中出现了问题，但对项目总体没有影响，需要关注。

（5）用红色标签表示工作包出现了严重问题，有风险，团队成员无法找到解决方案，应该立即协调解决或寻求外部支持。

需要说明的是，在图 3-18 的示例中，存在个别工作包由多人负责的情况，这是错误的，应该进一步分解和确认责任人。

建立任务墙是我管理项目屡试不爽的方法。马上行动吧，你会发现，情况真的好转了！任务墙这类可视化工具之所以能发挥不错的作用，其根本原因是它抓住了问题的核心——人总是把自己最好的一面展示给别人。看见即降伏。

3.3 排计划：绘制项目作战线路图

在瞬息万变的时代，商业机会稍纵即逝，如何在限定时间内完成预期的项目成果，是每个项目面临的挑战。然而，项目的进度通常并不乐观。

在对软件项目进度与成本估算时，开发者对自己工作的估算通常比现实要乐观，大多数项目实际完成时间超过估算进度的 25% ~ 100%，少数的进度估算精确度达到了 90%，误差能控制在 5% 之内的项目十分罕见。

为管理这尴尬的项目进度，制订一个良好的进度计划非常重要，也是对项目进行有效管理和控制的基础。

3.3.1 让进度估算走向科学

项目中，我们经常会听到，如图 3-19 所示的上司和下属关于工期的对话。

上司："小张，你那项目需要多长时间才能完成？"

下属："80 天左右吧，王总。"

上司："别跟我说'左右'！准确一点儿，究竟多少天？"

下属："那就 80 天。"

上司："80 天太长了，给你 50 天吧。"

下属："50 天实在太短了，王总。"

上司："那就 65 天吧。别再讨价还价了，就这么定了！"

下属："好吧。"

其结果是，下属的奉献和上司的恩赐导致了一个"精确"项目时间的诞生。这种时间限制会转化为一个复杂的图表（如网络图、甘特图等）挂在会议室里。然而，人们在项目过程中一般对它视而不见，因为没有人再把这个"美丽"的图表当回事。项目究竟什么时候完工,取决于项目团队的努力程度和某些外部的因素。

图 3-19　一个"精确"项目时间的诞生

这是一种典型的工期谈判场景。

大学刚毕业、初入职场的下属也许会如实回答项目的工期,因为他还比较单纯(貌似"单纯"这个词的意思,现在也有点儿不单纯)。但是上司有"经验",他就会先挤一挤水分——砍 5 天!有了这次经历,下属开始总结经验教训,他"成长"了——下次多要 5 天!上级很快发现了问题,就会多砍几天。自然,下属就会增加裕度。于是,双方开始玩儿起了挤水分的游戏(见图 3-20),问题不出所料地越来越严重!

图 3-20　挤水分

最后，上司心里想："为什么我砍你？是因为你多报我才砍你的。"下属得到的结论是："为什么我多报？是因为你砍我才多报的。"总之，大家都以受害者自居！实际上，这是很多社会问题的根源。在这种谈判游戏中，也许各方都没有认真对待项目的时间问题，深层次原因可能是社会中存在的"信任缺失"。不得不说的是，在这个"连爸爸都怀疑是不是亲的"的社会现状下，每个人都难逃困境。

当然，这也让人们得出了以下结论：不管你制定出什么样的日程，老总们总是希望项目能更早完成。你会发现：老总们对你提出来的每一个截止日期都不会认同——你的计划总是离他们的期望值很遥远。

问题的另一面也值得思考。项目的工作量并不会因为当事人之间的谈判而减少，但是这种"挤水分"游戏本身却需要时间。

当人们相互之间失去了信任，一切问题就都来了。可见，实事求是、说真话是多么重要！

1. 基于经验的类比估算

很多时候，在上面的场景中，上司和下属给出的工期都是拍脑袋得出的，我把这种管理叫作"史前文明"式管理。

如图 3-21 所示，详细审视待实施项目（以下简称"项目 A"）的特点，查找已完工的类似项目（以下简称"项目 B"），再查阅项目 B 的历史资料，记录中项目 B 历时 80 天。最后，给出 80 天的时间估计。对此结果，人们也许会踏实一些。

这一过程其实是基于过去类似项目的经验来判断项目 A 的工期，这就是所谓的"类比估算"，其本质是经验估算。仔细审视这一过程，有三个问题是不容忽视的。

（1）项目 B 与项目 A 类似的程度有多大？毕竟每个项目都是独特的。

（2）项目 B 真的用时 80 天吗？我们的资料很多时候都是后补的，经常不是那么可信，这就是现实。

（3）会不会有人为自己或/和项目安全注入水分呢？

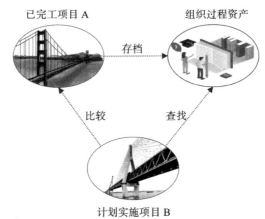

图 3-21　类比估算的过程

因此，类比估算技术是一种粗略的估算，建议仅在项目详细信息不足时，如在项目的早期阶段使用，更不建议以此作为项目进度管理的基础。相对于其他估算技术，类比估算通常成本较低、耗时较少。我的建议是将类比估算与其他估算方法联合使用，并确保项目之间在本质上而不只是表面上类似。

2. 基于分解的参数估算

如图 3-22 所示，首先，对项目进行分解，创建详细的 WBS；其次，对每个工作包请最熟悉该工作包的人基于历史数据进行估算；最后，项目管理团队汇总各工作包（工作包 1.1、1.2、1.3.1、1.3.2、2、3.1.1、3.1.2、3.2、4.1、4.2.1、4.2.2、4.2.3）的数据得出总进度。

对于各工作包的估算，可以利用历史数据与其他变量（如建筑施工中的平方米）之间的统计关系来进行。把需要实施的工作量乘以完成单位工作量所需的工时，即可计算出活动持续时间。例如，对于设计项目，将图纸的张数乘以每张图纸所需的工时；又如，每小时能够铺设 25 米电缆，那么铺设 1 000 米电缆的持续时间是 40 个小时（1 000 ÷ 25 = 40）。

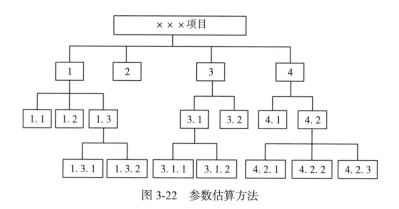

图 3-22　参数估算方法

这一过程的本质是基于分解的方法，原则上比类比估算的方法更有效，但也更耗时。可是仔细审视这一过程，亦有三个问题是不可以忽视的。

（1）WBS 分解正确吗？

（2）各工作包估算准确吗？是否加入了水分呢？

（3）会不会有人为保证自己和/或项目安全注入水分呢？

因此，参数估算的准确性取决于参数模型的成熟度、基础数据的准确性和使用这一方法的人的可靠性。

3. 三点估算

在上文的场景中，如果小张跟王总说："正常情况下我这个项目需要 70 天，我说的正常情况是根据公司过去项目经常遇到的状况。如果我想要什么资源就有什么资源，一切都很顺利的话，那就需要 60 天，如果一切都很糟糕，经常会遇到各种各样的奇怪情况，那我就需要 90 天。"这种表达方式，考虑了最可能的情况、最乐观的情况和最悲观的情况，是基于风险的判断，沟通中往往更有效。

但是，使用这种方法涉及很多计算，这就导致在广泛使用上存在一定的困难。所以，在这里就不再详细探讨了。

从实践角度，我的建议是：在项目早期阶段使用类比估算启动项目，一旦进入规划和实施阶段就应用参数估算进行详细的计划。

3.3.2 关键路径法：进度计划与网络技术

徒弟：为什么做项目的时候，绝大部分项目最后都会延期呢？

师父：因为最后期限不是认真分析出来的，而是拍脑袋拍出来的。

人们先后开发出了用于项目进度安排的多种方法，其中最常用的是关键路径法（critical path method，CPM）。CPM在不考虑任何资源限制的情况下，沿着项目进度网络路径进行顺推与逆推分析，计算出全部活动理论上的最早开始与最早完成时间、最晚开始与最晚完成时间。

经过关键路径分析得到的最早开始与完成日期、最晚开始与完成日期并不一定就是最终项目进度计划中的日期，但它们明确了在给定的活动持续时间、逻辑关系、时间提前量、时间滞后量和其他制约因素下，可开展各项活动的时间段。

在任何网络路径中，进度安排的弹性大小由最晚完成时间与最早完成时间之间的差值决定，该差值称为"浮动时间"。在一般情况下，关键路径的浮动时间为零，关键路径上的活动称为"关键活动"。

正常情况下，关键路径的时长意味着项目的最短耗时，如果想让项目的时间更短，只能压缩项目的关键路径。

在CPM中，可以从七个方面来描述一个项目活动的属性。

（1）活动代号（identifier，ID），一个简短且唯一的活动名称或标志。

（2）活动持续时间（duration，DU），指活动从开始到完成的时间长度。

（3）最早开始时间（earliest start，ES），指某项活动能够开始的最早时间，只决定于项目计划，只要计划条件满足就可以开始的时间。

（4）最早完成时间（earliest finish，EF），指某项活动能够完成的最早时间，EF=ES+DU。

（5）最迟完成时间（latest finish，LF），指为了使项目在要求完工时间内完成，某项活动必须完成的最迟时间。

（6）最迟开始时间（latest start，LS），指为了使项目在要求完工时间内完成，某项活动必须开始的最迟时间，LS=LF–DU。

（7）浮动时间（Total Float，TF），最早完成时间和最迟完成时间之间的差值，TF=LF–EF。

在 CPM 中，对活动属性的表述如图 3-23 所示。

图 3-23　活动属性的表达

1. 计算与分析

某项目有 A、B、C、D、E、F、G 共 7 个活动，其活动的持续时间和紧前关系如表 3-7 所示。

表 3-7　活动的持续时间与紧前关系

活动代号	A	B	C	D	E	F	G
活动持续时间	5周	3周	8周	7周	7周	4周	5周
紧前活动[①]	—	—	A	A、B	—	C、D、E	F

① 紧前活动：在进度计划的逻辑路径中，排在非开始活动前面的活动。

第一步：绘制项目的进度网络图。

按照各活动间的紧前关系，绘制进度网络图，结果如图 3-24 所示。

第二步：确定关键路径。

项目路径共 4 条：A—C—F—G、A—D—F—G、B—D—F—G、E—F—

G。分别需要的时间为 22 周（5+8+4+5=22）、21 周（5+7+4+5=21）、19 周（3+7+4+5=19）、16 周（7+4+5=16）。在默认情况下，关键路径为：A—C—F—G，项目的持续时间为 22 周（见图 3-25）。

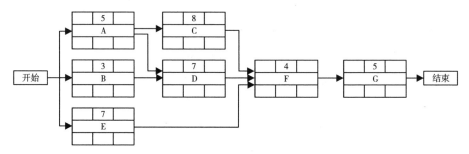

图 3-24　绘制进度网络图

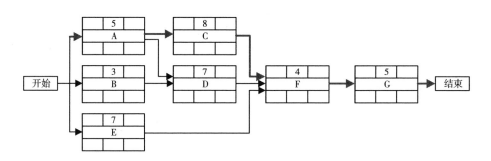

图 3-25　确定关键路径

第三步：顺推。

通过顺推，依次计算各个活动的 ES、EF（见图 3-26），计算公式为：EF=ES+DU，如活动 C 的 EF_C=5+8=13。

当某个活动有多个紧前活动时，当前活动的 ES 取所有紧前活动中的 EF 的最大值（也就是所有紧前活动都完成后，当前活动才能开始）。如活动 D 的 ES_D 为 EF_A 和 EF_B 二者的最大值（活动 A 的最早完成时间 EF_A=5，活动 B 的最早完成时间 EF_B=3，二者的最大值为 5，所以 ES_D=5）。

第四步：逆推。

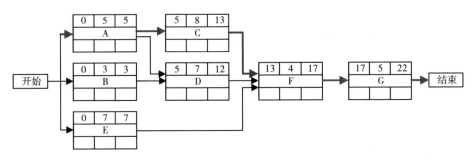

图 3-26 顺推

通过逆推依次计算各活动 LF、LS（见图 3-27），计算公式为：LS= LF–DU，如活动 G 的 LS_G=22 – 5=17、活动 F 的 LS_F=17 – 4=13。

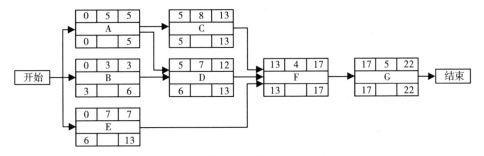

图 3-27 逆推

当某个活动有多个紧后活动[⊖]时，当前活动的 LF 取所有紧后活动中的 LS 的最小值（也就是当前活动不能影响所有紧后活动的最迟开始）。如活动 A 的 LF_A 为 LS_C 和 LS_D 二者的最小值（活动 C 的最迟开始时间 LS_C=5，活动 D 的最迟开始时间 LS_D=6，二者的最小值为 5，所以 LF_A=5）。

第五步：计算浮动时间。

依次计算各活动的浮动时间，计算公式为：TF=LF–EF。完成所有的分析，得到最终的网络图为图 3-28。

⊖ 紧后活动：在进度计划的逻辑路径中，排在某个活动后面的活动。

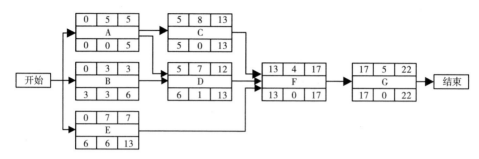

图 3-28 计算浮动时间

经过分析，项目的最短历时需要 22 周，对关键路径上的 A、C、F、G 这 4 个活动而言，稍有拖延对项目而言都是致命的。换言之，这 4 个活动是需要重点关注的关键活动。而非关键路径上的 B、D、E 这 3 个非关键活动都分别有 3 周、1 周和 6 周的浮动时间，如 B 活动在 0～3 周的任何时间点开始都不会对项目产生致命的影响。

2. 三种进度计划形式

有人可能会说案例项目只有 7 个工作，而现实的项目有 N 多个活动，那画出来的网络图岂不是要复杂得多？我想说的是，这种想法未免有点儿单纯了！实际上，图 3-28 是项目的整体网络分析，图中的各工作是交给各部门负责的，部门内部工作的详细安排并没有体现在图中（就像天安门广场一般不会出现在一张中国地图上一样）。图 3-29 显示了对 C 活动局部展开后的网络图。

项目进度计划一般可以采用如下三种形式来表达：

（1）项目进度网络图。上文中，图 3-28 和图 3-29 就是进度网络图的例子。显然，这些图对没有学习过 CPM 的人是稍显复杂的。

（2）甘特图。甘特图也称横道图，用横道表示活动，并标明活动的开始与结束日期，显示出活动的预期持续时间。甘特图相对易读，常用于向管理层汇报情况。图 3-30 是基于图 3-28 绘制的甘特图。

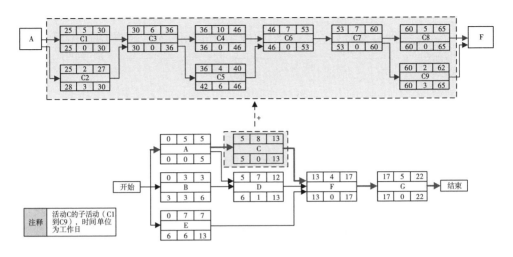

图 3-29 对 C 活动局部展开后的网络图

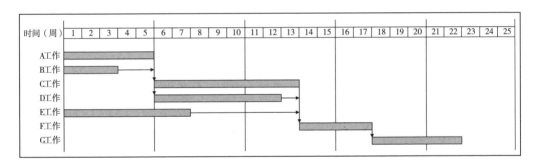

图 3-30 案例项目的甘特图

（3）里程碑图。里程碑图与甘特图类似，但仅标示出主要可交付成果和关键外部接口的计划开始或完成日期。图 3-31 是一个项目的里程碑计划。

3. 压缩关键路径，提升项目效率

速度即王道，如何在限定时间内完成预期的项目成果，是每个项目面临的挑战。进度压缩是指在不改变项目范围的前提下，缩短项目的进度时间，以满足进度目标。

	2018年	2019年	2020年
	1 2 3 4 5 6 7 8 9 10 11 12	1 2 3 4 5 6 7 8 9 10 11 12	1 2 3
需求调研	◆ 4–30		
系统分析	◆ 11–30		
系统设计		◆ 7–30	
系统实现		◆ 10–30	
系统试运行和验收			◆ 1–20

图 3-31　项目的里程碑图

一般情况下，关键路径的时间跨度意味着项目的最短耗时，如果想让项目历时更短，只能压缩关键路径。关键路径不变，项目的周期就难以改变。可以对关键路径采取的措施，最常见的有三种：并行、增加资源、加班。

（1）并行。并行也称为快速跟进，是指把正常情况下按串行开展的工作改成同时开展（全部或部分）。例如，在设计还没有全部完成前就开始部分采购工作。这里面存在一个问题，即不一定能保证采购的数量或型号完全正确，这就有返工和成本增加的风险。另外，并行也并非总是可行的，比如采购的货物没到就没有办法启动检验工作，水泥不干就没有办法进场开展其他活动。

（2）增加资源。如果并行不可行，还有第二种方式，增加资源（人、设备），也就是原来一个人干的活儿，现在变成两个人或更多的人来干。显然，有没有那么多资源又是一个问题。

（3）加班。如果没有更多资源，我们还有第三个办法，就是白天干完了晚上接着干——这就是为什么"996"如此盛行！

即便安排加班，那让谁加班呢？首先，必须让关键路径上的人加班，问题是安排关键路径上的人加班也有区别，因为同样加班一天增加的成本是不一样的，这涉及每个人的加班费和设备使用等相关费用的计算，所以，一定是安排费用增加最少的人加班以完成对应工作。

总之，如果一个公司管理水平比较差，项目进度一旦吃紧，所有人都得加班；如果管理水平比较高，只需少数人加班即可。这些加班人的特征是，一定在关键路径上，而且大多数属于收入较低的员工。当然，没有加班费另当别论。

看到这里,有人心里可能有点儿难过了!

3.3.3 案例:路易十四的地牢

路易十四[一]把一个项目经理抓为俘虏,要求他负责为城堡添加大、中、小各1个新地牢,现有设计师、施工建造师各一名。3个地牢的设计、施工持续时间如表3-8所示。

表3-8 地牢项目的活动属性

	设计时长	施工建造时长
大地牢	1周	9周
中地牢	5周	6周
小地牢	12周	1周

如果你是这个项目经理,要给路易十四的城堡添加地牢(大、中、小各1个),要求整个项目用时最短,请你绘制进度网络图、甘特图。

1. 绘制网络图、甘特图

显然,项目一共6个活动,为保证项目用时最短,应该首先启动设计用时最短地牢的设计,这样可以让施工建造师减少等待时间。根据要求,各活动的紧前关系如表3-9所示。

表3-9 地牢项目中各活动间的紧前关系

活动及代号	设计大地牢 A1	设计中地牢 A2	设计小地牢 A3	施工大地牢 B1	施工中地牢 B2	施工小地牢 B3
活动持续时间	1周	5周	12周	9周	6周	1周
紧前活动	—	A1	A2	A1	B1、A2	B2、A3

根据表3-9绘制网络图(见图3-32)和甘特图(见图3-33)。

[一] 路易十四(1638—1715),法国波旁王朝国王,欧洲历史上在位最久的独立主权君主。

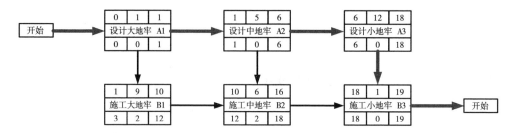

图 3-32　路易十四地牢项目的网络图

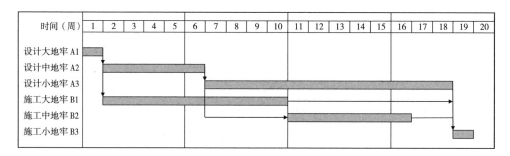

图 3-33　路易十四地牢项目的甘特图

2. 对工作的改进

在项目中，按照图 3-33 所示的规划实施了项目。这个安排虽然工期最短，但施工建造师有两周（17 周、18 周）拿着工钱却闲着！不巧的是，路易十四在这两周到现场视察工作，发现施工建造师在睡大觉，认为这个工作安排工期虽短，但让他多浪费了粮食和工钱，不是最佳方案。所以他判这个项目经理终身监禁！

如果我们是这个项目的经理，该怎样改进以避免牢狱之灾呢？

为了不让施工建造师闲着，有人设计出了以下两种方案。

（1）安排建造师慢慢干，也就是所谓的"磨洋工""出工不出力"。这并没有解决粮食和工钱的浪费问题，显然是不可取的。

（2）安排设计师加班，让设计小地牢的工作提前到第 16 周完成。这样可以进一步压缩项目的总周期至17周，但是需要给设计师支付更多的工钱（增加了加班费）。

实际上，还有更好的方案（见图3-34），也就是让施工大地牢的工作延迟到第4周开始（网络图中的最迟开始时间——施工大地牢的LS_{B1}为4），这样施工建造师从第4周开始进场，工作一直持续到第19周。这种安排的好处是，周期不受影响，同时还降低了成本支出（粮食和工钱）。

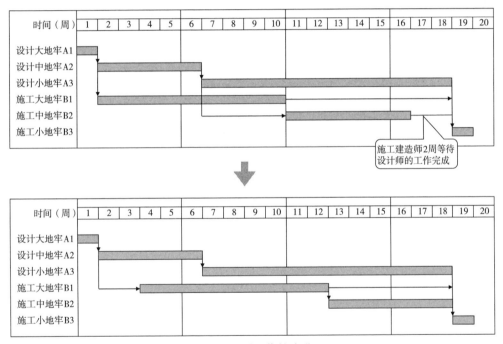

图3-34 对工作的改进

也许，这个例子中的成本降低得还不是那么明显。事实上，很多项目中人工成本还在其次，设备、设施的使用费用才是大头儿，每增加一天都足够令人心惊！当然，如果担心按照最迟开始时间安排工作对工期保证存在风险，可以预留适当的裕量。

现在，我们得到了一个重要的结论：在关键路径法中，顺推可以清楚项目的最短周期，逆推（按照活动的最迟开始时间安排工作）可以找到节省成本的方案。

3. 其他计划安排方式

在路易十四地牢项目中，假如不考虑项目工期最短的要求，你还能给出怎样的工作安排？请绘制相应的进度网络图和甘特图。

3.4 算投入：项目管理是一项平衡的艺术

2007年，我的一位朋友——某公司人力资源部部长徐常亮打电话给我，邀我为其公司做项目管理的培训。课程对象是该公司的所有中层干部，要求学员们系统、全面地学习项目管理的思想、方法和工具（该公司是一个职工达6 000余人的典型项目导向性组织）。

根据客户的课程要求，我的助手将为其设计的课程大纲发给了客户，课程安排为10天。徐部长阅后打电话给我，于是便有了我们下面的一番对话：

"项目管理的内容怎么这么多啊！不就是让项目快一点儿完成吗？"（很显然，这是很多人对项目管理的偏见。）

"徐部长，要顺利、高效地完成一个项目，不仅仅是快一点儿这么简单。项目管理需要解决的问题包括范围、进度、成本、质量、人力资源、沟通、采购、风险、整合等9个知识领域㊀，以及启动、计划、执行、控制、收尾等5个过程组。我们是按照项目的9个知识模块做的课程设计。"

"哦……你知道的，在我们公司只要能把项目做好了，花多少钱不重要。这样吧，把项目的财务模块省掉不讲了吧！"（还有公司做项

㊀ 2013年，项目管理协会已经将项目管理的九大知识领域扩充为包含干系人管理的十大知识领域。

目不考虑钱的！）

"是这样啊……"

既然人家不需要考虑成本问题，我们也没有办法，总不能求人家吧。

最后，课程变成了除成本管理以外的 8 个模块。

这就是故事的第一季。

你知道的，故事往往都有第二季。

2009 年，徐常亮升职为该公司的副总经理，分管财务和行政工作。同年 8 月，我又接到了他的电话："再给我们中层干部们上上项目管理课吧！"

"2007 年不是已经上过了吗？"

"不对，你上次少上了一个模块——项目的成本管理。这样吧，你用两天的时间为大家全面讲授一下项目成本控制吧。"

"好吧……"

看来他终于意识到了成本管理的重要性。

不要指望别人和你思考的角度一样。这就是基于职能和职权的、组织中常见的所谓"屁股决定脑袋"（见图 3-35），这也算是项目典型问题中的一个吧！

现实中常见的情况是，国内的项目参与者都不直接参与项目成本的管理，甚至项目经理们也常常不是项目成本管理的主体。不让具体做事的经理管理成本，成本控制效果可想而知。

3.4.1 核心在于花多少钱对应完成多少工作量

T 公司为某项目 A 制订了 4 个月的实施计划，第二个月月底的财务数据如表 3-10 所示。T 公司财务部经理黄兴拿到该项目的数据，向公司总经理高静汇报：该项目运行得不错——费用节约了！

图 3-35 基于职能和职权的"屁股决定脑袋"

表 3-10 项目 A 的预算与第二个月后的实际花费

（单位：万元）

	预算	实际花费
第一个月	100	100
第二个月	150	120
第三个月	100	未执行
第四个月	50	未执行

我常在课堂上询问是否有财务人员，让财务人员们解读该组数据，其结

果也常是"省钱了",这让我感到很意外。情况果真如此?

这里需要探讨一下"预算"的真正含义。常听到有人将"预算"解释为"预计花费的钱"。这正是问题所在!"预算"的真正含义是"完成对应费用的工作量",即"计划应完成工作量的价值"。如第一个月预算100万元,即第一个月应完成100万元的工作量,也就是需创造出100万元价值。

对于本例,第一个月的情况可以有图3-36所示的三种情景。

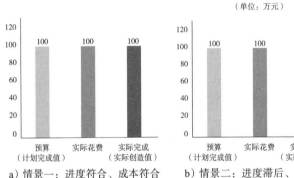
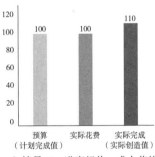

图 3-36　第一个月工作情况的三种可能情景

情景一:第一个月实际完成了100万元的工作量

(1)第一个月计划(预算)完成100万元的工作量,实际完成了100万元的工作量,进度符合要求。

(2)用100万元费用完成了100万元的工作量,创造了100万元的价值,成本符合要求。

情景二:第一个月实际完成了90万元的工作量

(1)第一个月计划(预算)完成100万元的工作量,实际完成了90万元的工作量,进度滞后。

(2)用100万元费用完成了90万元的工作量,创造了90万元的价值，成本超支。

情景三：第一个月实际完成了110万元的工作量

（1）第一个月计划（预算）完成100万元的工作量，实际完成了110万元的工作量，进度超前。

（2）用100万元费用完成了110万元的工作量，创造了110万元的价值，成本节约。

项目A在前两个月的实际运行情况及其分析如表3-11所示。第一个月计划（预算）完成100万元的工作量，实际使用100万元完成了90万元的工作量，进度滞后、成本超支；第二个月计划完成150万元的工作量，实际用120万元完成100万元的工作量，进度滞后严重、成本超支。

表3-11 项目A在前两个月的运行情况及其分析

（单位：万元）

	预算（计划完成值）	实际花费	完成工作量（实际创造值）	项目执行情况分析
第一个月	100	100	90	进度滞后，成本超支
第二个月	150	120	100	进度滞后严重，成本超支
第三个月	100	未执行	未执行	—
第四个月	50	未执行	未执行	—

可见，将预算与实际完成工作量做比较，表明了项目的进度状况；将实际成本与实际完成工作量做比较，表明了项目的成本花费状况。事实上，项目成本管理的核心在于花多少钱对应完成多少工作量。

将实际花费与预算比较，只能得出花钱速度的快慢，对项目并无实际价值。遗憾的是，很多公司的财务人员关注的恰恰是"进了多少钱、出了多少钱"，而与工作的实际进展并无关系。实际上，很多财务指标背后都存在严重的表外风险。

3.4.2 抓住项目预算的关键

项目的成本预算是一项非常重要的工作，是项目成本管理的重要决策过程。成本预算是通过把成本目标层层分解，调动项目团队的积极性，进行有效成本控制。

编制项目成本预算的方法，因项目规模大小、管理要求不同而异。大中型项目一般采用分级编制的方法，即先由各部门提出部门成本计划，再由项目管理团队汇总编制项目预算；小型项目可以由项目经理组织团队成员集中编制。

Q公司新设计装备一条活化涂覆工艺生产线（以下称"活化涂覆工艺生产线项目"），此项目成本预算包括两个步骤：一是分摊总预算成本，二是制定累计预算。

1. 分摊总预算成本

分摊总预算成本就是将项目总预算分摊到项目各项工作中，并为每一个工作建立成本预算。在活化涂覆工艺生产线项目中，项目组采用了自上而下与自下而上相结合的方法。根据各阶段有关的具体活动进行成本估计，然后按照各阶段工作范围结合项目总成本的分摊比例将资金分配到各阶段，在此基础上建立各阶段及其活动的预算，经批准后成为绩效测量基准（performance measurement baseline，PMB）。

设计装备一条活化涂覆工艺生产线的成本分解结构如图3-37所示，该分解结构表达了将433.2万元的项目成本分摊到工作分解结构中的设计、建造、安装与调试各阶段的过程，分摊到各阶段的经费表示为完成所有与各阶段有关的活动的预算。

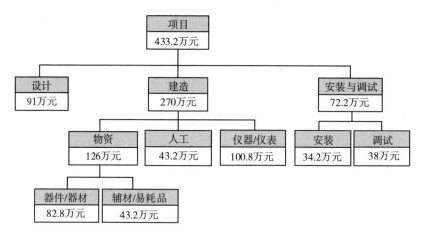

图 3-37 工艺生产线项目的成本分解结构

2. 制定累计预算成本

项目组应为每一阶段建立预算基准,把预算成本分配到各阶段具体工作中,并根据组成该阶段的各活动进度按月列支。表 3-12 列出了按月分摊的预算成本及累计。在实施项目时,不仅要控制项目的总预算,更要控制阶段预算、每个月的预算,时间–成本累计图给出了控制的可视化工具。

表 3-12 活化涂覆工艺生产线项目每期预算成本表

(单位:万元)

总预算成本		月											
		1	2	3	4	5	6	7	8	9	10	11	12
设计	91	17.5	17.5	28	28								
建造	270					32.4	32.4	54	54	50.4	46.8		
安装与调试	72.2											38	34.2
合计	433.2	17.5	17.5	28	28	32.4	32.4	54	54	50.4	46.8	38	34.2
累计		17.5	35	63	91	123.4	155.8	209.8	263.8	314.2	361	399	433.2

根据表 3-12 的数据,可以绘出时间–成本累计曲线,如图 3-38 所示。

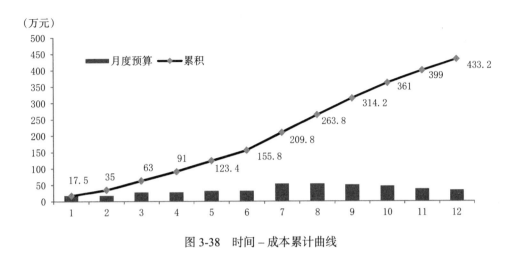

图 3-38 时间 – 成本累计曲线

3.5 估风险：不信邪就会中邪

项目中可能出错的事通常要比可能变好的事更多，这就是无情的事实。

——约翰·舒勒

徒弟：一个有经验的项目管理者与一个没有经验的项目管理者有什么不同？当项目出现严重问题时，去向有经验的项目管理者请教，我发现似乎再有经验的项目管理者也救不了自己！

师父：真正有"经验"的项目管理者，一定不会让这种所谓的"严重问题"发生！

在所有定律中，最著名且可怕的要数墨菲定律。该定律通常表述为："凡是可能出错的地方，就一定会出错！"显然，如果某件事出错，我们就可能遭受损害或损失，这就是风险。风险是一种不确定的事件或条件，一旦发生，就会对一个或多个项目目标造成积极或消极的影响，如范围、进度、成本和质量。

简而言之，项目风险就是可能影响项目成功完成的任何潜在事件。风险的发生既可能产生有利影响，也可能产生不利影响。按照人们的习惯，前者称为机会，后者称为风险，本书沿用这两个概念。

3.5.1 优秀的管理者不是善于冒险，而是善于控制风险

每个项目都是独特的，在某种程度上都具有创新性，因而它们充满不确定因素，都包含风险。在做项目计划时，人们倾向于乐观，而实际过程却是曲折的（见图 3-39）。既然风险对项目目标的影响令人担忧，那么了解如何管理项目中的风险就是十分必要的了。

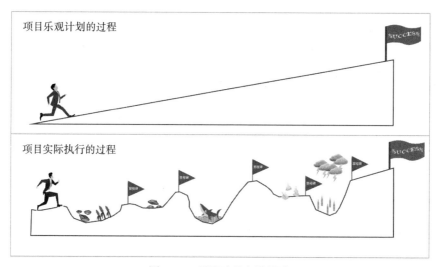

图 3-39　项目过程充满风险

为什么要做风险管理？若在项目推进的过程中出现了意外的差错，项目就会失去平衡，甚至出现危机。显然，相对发生前计划好的问题，处理一个毫无预兆的问题，要困难得多。

一位杭州老总听我的课，给我讲他所遇到的烦心事儿。他的公司上了一条新生产线，工艺装备是在法国制造的。在计划发运前两

天,法国的航空公司发生罢工,所有货运业务暂停,他不得不寻找其他承运人。他花了很长时间才找到一个替代承运人,产生多余费用不说,延期导致的间接损失更多。

前期他能否预料到这个风险不得而知。假设有专业的风险管理,那么他应该怎么做?提前安排替代的承运人?提前发运,以便通过海路运输,而不是空运?

我不止一次地见过,工程师们倾注全力于某个设计,而这个设计是完全不能发挥作用的。他们从来没有考虑过该设计不能发挥作用的可能性,这可能是因为若他们考虑设计无法发挥作用,就等于承认自己很容易犯错。完美主义者是不敢承认自己会犯错的。既然他们"把鸡蛋都放在了同一个篮子里",遇到问题时便会陷入恐慌,不得不从头再来。自然,这种返工会对项目产生严重影响。

人生需要有期待和希望。文学家可以追求浪漫,但管理者强调的是可控而不是惊喜。对企业来说,追求惊喜的结果常常是惊讶甚至是惊吓。优秀的管理者不是善于冒险,而是善于控制风险。

当然我不是在提倡对风险的畏惧态度,甚至于不敢做项目。我提倡对识别出来的风险科学地加以管理。还必须指出的是,采用忽视风险的"能行"式管理方法,就是项目误管理。

3.5.2 风险管理在国内的困境

一个不容忽视的事实是,风险管理是一个被忽视的领域,国内更甚。

姬贵宝是某研究院风险管理方面的专家,经常参与该研究院项目方案的专家评审工作。每次参与评审,他总是从风险管理的专业角度提出项目可能存在的风险,提醒项目实施人员注意。

最初,大家还觉得姬先生表达的是专业观点,提供的是专业视角。可是,他每次都提"问题",有人开始不太欢迎他了。有一位副院长甚至直接指出:"在我们看来天下都很太平,你怎么看到的全是问题,是不是你有问题啊?"

那些对达成目标表示担心的人,会被某些人贴上牢骚者或更糟糕的标签(见图3-40)。说白了,他们"不信邪"!

图3-40 风险管理者时常会被贴上负面的标签

面对真正的风险时,有勇无谋与采用科学的方法,是完全不同的。所以,不重视风险是最大的风险。

我曾担任在国内某市举办的某重大国际体育赛事的项目风险管理顾问。当时亚奥理事会要求必须分阶段实施风险管理工作,并开展阶段性风险评估;不通过阶段性评估,下一阶段的工作不得启动。

参加第一阶段评估时,该赛事组委会相关领导还比较重视。第二阶段评估时,赛事组委会的一位领导在会后问我:"你们每次都给我们安排这么多工作,还产生了这么多费用,怎么证明增加这么多工作、花掉这么多经费的价值呢？"

我还真无法回答了。

如果风险管理很好，风险就不会发生，可是风险不发生怎么证明是因为风险管理得好呢？这就是风险管理的悖论（见图3-41）。如果对风险管理的价值没有清晰的认知，就会出现"以成败论英雄"式的极端管理方式。现在很多人对健康管理已有认识，会在健康时就花时间、花钱去锻炼身体，企业的领导人也应该如此，特别是在风险管理方面。

图 3-41　风险管理的悖论

3.5.3　分析风险的概率和影响

说到这里，我们需要对风险的基本概念进行澄清。

根据事件发生的时间，我们把过去已经发生的事件叫作问题（见图3-42）。还没有发生的事件分为两类，一类是必然会发生的确定级事件，另一类是可能发生也可能不发生的风险。比如，明天太阳会从东方升起是确定级事件，明天有暴风雨是一个风险。确定级事件并不需要特别管理，只要顺应事件的进展就好。

经常有人问，坐火车和乘飞机哪个风险大？这个问题并不好回答。回答坐火车风险大的人，他指的是事故发生的概率比较高；而回答乘飞机风险大的人，他指的是飞机发生事故的概率不高但事件产生的影响更大。这就讲到了风险的两个基本属性：风险发生的概率、风险发生后产生的影响。在这里，我们把风险的事件本身、发生的概率、产生的影响称为风险三要素，简称风险的事件、概率和影响。

根据风险的属性，风险又分为两类，一类是识别了风险事件，需进一步分析其发生的概率和影响，我们把这类风险称为已知风险；另一类是连事件本身都不清楚，更谈不上事件发生的概率和影响了，我们把这类风险称为未知风险。

图 3-42　事件、问题、风险

项目经理预计到项目后期会拖期，但不知道拖期发生的概率和产生的影响，这是一个已知风险。2020 年全世界范围内爆发了新冠肺炎疫情，在疫情发生之前，人类对新冠肺炎一无所知，其发生的概率和影响更无从谈起，在 2020 年之前新冠肺炎就属于人类的未知风险。

很显然，人类只能对已知风险进行事先管理；对于未知风险，人们只能等事件发生后做事后补救。为做好对已知风险的管理，在识别后，我们需要以下数据进行风险分析。

（1）风险事件发生的概率。

（2）风险真的发生后，可能产生的后果的范围与影响。

（3）每个结果的可能性。

以这些数据为基础，对风险进行优先排序，从而为后续分析或行动提供基础。

在项目开始之前，组织就要制订风险评级规则并将其纳入组织过程资产。通常首先查询风险的影响评级（见表3-13），然后查询概率影响矩阵（见表3-14）来评估每个风险的重要性和所需的关注优先级。

表 3-13 风险影响评级

项目目标	非常低 0.05	低 0.1	中 0.2	高 0.4	非常高 0.8
成本	不明显的成本增加	成本增加小于5%	成本增加介于5%~10%	成本增加介于10%~20%	成本增加大于20%
进度	不明显的进度拖延	进度拖延小于5%	项目整体进度拖延5%~10%	项目整体进度拖延10%~20%	项目整体进度拖延大于20%
范围	范围减少几乎察觉不到	范围的次要部分受到影响	范围的主要部分受到影响	范围的减少不被业主接受	项目最终产品实际上没用
质量	质量等级降低几乎察觉不到	只有某些非常苛求的工作受到影响	质量的降低需要得到业主批准	质量降低不被业主接受	项目最终产品实际上不能使用

表 3-14 概率影响矩阵

概率	风险值 = 概率（P）× 影响（I）				
0.9	0.05	0.09	0.18	0.36	0.72
0.7	0.04	0.07	0.14	0.28	0.56
0.5	0.03	0.05	0.1	0.2	0.4
0.3	0.02	0.03	0.06	0.12	0.24
0.1	0.01	0.01	0.02	0.04	0.08
	0.05	0.1	0.2	0.4	0.8
	对某一项目目标（如成本、时间、范围）的影响（比值)				

在概率影响矩阵中，根据概率和影响的各种组合，把风险划分为低、中、高风险。右上角区域代表高风险，左下角区域代表低风险，而中间区域代表中等风险。

组织可分别针对每个目标（如成本、时间和范围）评定风险等级。另外，也可制订相关方案为每个风险确定一个总体等级。例如，可以编制一个全面的项目风险图谱（见图3-43）来反映组织对各个目标的偏好程度，并据此为各个目标分配风险影响的权重。

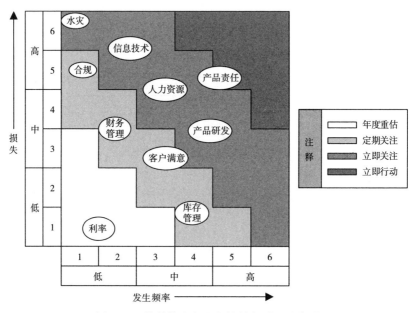

图 3-43　某科技生产企业的研发项目风险图

风险评级有助于指导风险应对。如果风险发生会对项目目标产生消极影响，并且处于矩阵右上角的高风险区域，就必须采取优先措施和积极的应对策略；对处于中间的中等风险区域的威胁，可将之列入观察清单，或为之增加应急储备，而不需采取积极管理措施；对处于左下角的低风险则可等风险发生时再做处理。

Minimum Project Management

第 4 章

执行：依计而行，行必结果

> 今天的组织需要的是由一群平凡的人，做出不平凡的事。
>
> ——彼得·德鲁克

怎样才能保证项目成功？计划，计划，再计划。这是项目管理的最佳方法！所以，做项目管理的专业人士一般都知道如何编制项目计划，并且很多人能熟练地使用各种计划工具，如 WBS、CPM。但只有一份周密、漂亮的计划是不够的，还需要切实执行计划。

人们都知道减肥的根本手段是"管住嘴、迈开腿"，可是很多人并不这么做。我见过很多口口声声要减肥的人，他们给自己定了"减掉 20 斤"的目标，还在朋友圈表示"不减 20 斤决不换头像"；可是他们既没有面对美食管住嘴巴的决心，也没有每天跑步的行动！其结果是，头像再也换不下去了。

1928 年，比利时画家勒内·马格利特（René Magritte）创作了一幅令人费解的名画《这不是一只烟斗》（见图 4-1），他的意思是说，这仅仅是关于烟斗的一幅画而已，并非真正的烟斗。再完美的计划，也仅仅是计划。有计划、有组织地去执行才是根本。

图 4-1　这不是一只烟斗

前些年，不规律的生活方式和繁重的工作导致我的健康状况每况愈下，身体不但臃肿发胖还经常感冒生病。2014 年起，我开始每天跑步 8~10 千米并配合饮食调整，经过 4 年的努力，健康回来了，另一个意外的收获是体重减去近 20 斤。

4.1　无关人品，系统使然

2008 年我的一位同事（我们称其为"老猫"）通过竞争成了我们的上司。在此之前，他跟我们几个私交甚笃的同事称兄道弟。自从走上部长之位，老猫成了让所有人都不认识的人，态度严肃且对我们几人更甚。这突如其来的变化，令所有人惊愕！

4.1.1　系统的意志

如图 4-2 所示，将花生、绿豆、铁砂三种颗粒物若干装入一个木桶中，然后将这个木桶固定在一辆卡车上，卡车行驶在崎岖不平的山路上。经过一段时间，木桶中的颗粒物按照各自不同的密度形成了自然的分层。密度最高的铁砂在最底下，密度最小的花生在最上面。

a) 卡车启动前　　　　　b) 卡车行驶一段时间后

图 4-2　跑在崎岖山路上的卡车上的木桶

假设每个颗粒物都是一个粒子，且每个粒子都有自主运动的能量，可以选择自主行动，那么，顺势向自己的最终位置移动的粒子消耗的能量是最小的。反之，反其道而行之的粒子消耗的能量最大，但仍无法到达自己想要的位置。

假设系统中的粒子是一个人，那么作为个体的每个人如何才能实现自己的目标？答案很简单，就是要尽量符合系统的结构要求，根据自己的属性（如粒子的密度）来定义自己的目标（粒子最后所在的位置）。我将这种系统的结构要求定义为系统的意志。

系统的意志决定了粒子做事情的阻力系数，按系统的意志做事是阻力最小的方式。在稳定系统中，系统中的每个粒子都被赋予了有利于系统的属性。有利于系统的属性是指能够让系统更长久、更稳定地存在的属性。

1. 元素会继承系统的意志⊖

在以人为元素的社会系统中，系统意志决定了人的各种潜意识，甚至是价值观。因此，在进行项目的相关方分析时，一定要从这个人所处的结构和自身属性进行分析，也就是对他所处人群的公共特征进行分析。例如，他的学历、在组织结构中的位置、年龄以及在项目中的责权利等。这样就可以更准确地把握他的期望和心理特征，而不被一些细节所干扰。在此基础上，再进行个性化分析，如分析他的经历、处境等。

⊖　高茂源. 项目管理心理学实战 [M]. 北京：机械工业出版社，2014.

每个人的通用属性指处于相同结构位置的人都具有的特征。例如，项目管理者更容易为追求满足底线而烦恼，更容易夸大项目管理工作的作用；项目团队成员倾向于认为需求方从来没有认真研究过自己想要的是什么，以至于在项目进行过程中不断进行需求变更；管理者倾向于怀疑项目组到底是不是真正做出了相应的努力来完成项目要求。基于系统的意志，从结构角度理解了这些基本特征（元素属性），就可以很好地管理项目的相关方。

2. 符合系统意志的元素获益最大

在以人为元素的社会系统中，个体的行为对人类社会这个系统越有利，系统对个体的正反馈也越大。人类社会系统的系统意志就是，让满足整体需求的个体获益最大，让对人类社会有害的个体获益最小。对于那些满足人类社会需要的个体，系统通过扩大其影响，让其存活时间更长和获得收益最大来进行奖励，使其更加快乐、健康，更加积极。附加的奖励就是让其他个体更加喜欢受奖励者，更愿意和他交往。而系统会对那些对人类社会不利的个体进行惩罚，使该个体感觉压抑，更倾向于消极和抱怨。附加的惩罚是，让其他个体更倾向于远离该个体以降低其对系统的影响。

4.1.2 结构决定行为

为了研究人及环境因素对个体的影响，心理学家菲利普·津巴多（Philip George Zimbardo）于1972年设计了一个模拟监狱的实验，实验地点设在斯坦福大学心理系的地下室中。参加者都是男性志愿者。他们中的一半被随机指派为"看守"，实验者发给他们制服和哨子，并训练他们推行一套"监狱"的规则。剩下的另一半扮演"犯人"，穿上品质低劣的囚衣，并被关到牢房中。所有的参加者包括实验者，仅花了一天的时间就完全进入了角色。看守们开始变得十分粗鲁，充满敌意，他们还想出多种对付犯人的酷刑和体罚方法。犯人们垮了下来，要么变得无动于衷，要么开始积极地反抗。实验中的所有人,都深深陷入了自己所扮演的角色无法自拔,不管是虐待者还是受虐者,甚至主持实验的教授也被卷入其中,成了维持监狱秩序的"法官"。

用津巴多的话来说,在那里"现实和错觉之间产生了混淆,角色扮演与自我认同也产生了错位"。尽管实验原先设计要进行两周,但他不得不在第六天后就提前停止。"因为我们所看到的一切令人胆战心惊。大多数人的确变成了'犯人'和'看守',不再能够清楚地区分角色扮演还是真正的自我。"

狱警实验是心理学史上最著名、最有争议性的实验之一,曾经多次被改编成电影。狱警实验告诉我们:角色变了,人也跟着改变。

这里说的角色,是指在社会生活中承担的责任和发挥的作用。实际上,这个所谓的"角色"是非常可怕的。当人置身于某个角色时,本来"应该这样"的事情,就变成了"不这样不行",给人带来很大的精神压力。为了让别人认可自己所担当的角色,人有时会改变自己的原则和价值观,甚至变成另外一种人。可以说,人会积极地采取一些行为使自己更加适合当前的地位或角色。

我在课堂上多次做过一个相同项目,我将这个项目命名为"谁偷了我们的效率"。这个项目是这样的:每组6人,角色A为上级主管,角色B为团队领导,角色C、D、E、F为团队成员。他们的任务是在30分钟内找出6个人手中共有的图形和出现次数最少的图形,过程中只能通过邮件进行沟通(邮件格式如图4-3a所示),不允许说话。但是,各成员只能按照图4-3b所示的箭头进行交流,不得越级。

这是一种常见的分层级的组织结构。遗憾的是,在所有参与小组中能顺利完成工作的比例不足20%!

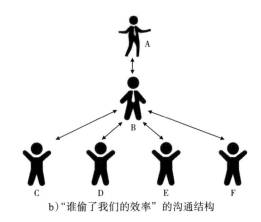

a）用于团队联系的邮件格式　　　　b）"谁偷了我们的效率"的沟通结构

图 4-3　谁偷了我们的效率

　　每次做完这个活动之后我都会安排大家总结，统计多次结果，我惊讶地发现，每个角色都在抱怨，而各角色的抱怨内容几乎每次都一样，尽管课程地点、对象不同。

扮演 A 角色的人总是抱怨：

- 为什么这么简单的事情你们用了这么长时间？
- 能不能提高执行力？
- 你们最好充分理解我的指示，不要自以为是！
- 你们做了什么我根本不知道，不及时向我汇报，最后到交不了差才跟我说！

扮演 B 角色的人总是抱怨：

- A 给的任务很不明确，还在变，又很急，我"压力山大"！
- 下面的人总是抱怨我，"压力山大"！
- 上面的人总是催我，"压力山大"！
- 我很忙，"压力山大"！

扮演 C、D、E、F 角色的人总是抱怨：

- 到底发生了什么？要干啥？
- B自己在干什么自己知道吗？
- 我的意见从来得不到尊重，最后证明，我的意见是正确的！
- 在这样的小组真压抑！
- 能不能把目标搞清楚再干？
- 就看到B一个人在忙，也不想把任务分解给大家！

显然，B就是项目中苦命的项目经理，他很忙、压力大，是上下夹击的"三明治"。

这个项目充分证明了组织的结构对项目成员会产生比较一致的影响，这种影响也会让他们倾向于产生相同的状态。这种状态的出现完全是因为系统的结构性矛盾，此所谓"无关人品，系统使然"。

4.1.3 花瓶之碎，谁之过

1. 被误传的蝴蝶效应

"蝴蝶效应"是人们经常谈论的一个科学典故，说巴西的一只蝴蝶振动翅膀，有可能在几周之后引发在美国得克萨斯州的一场飓风。人们经常用蝴蝶效应形容微小的事情可能带来很大的影响。

遗憾的是，当人们谈论蝴蝶效应的时候，基本上都说错了。

1961年，美国数学家爱德华·诺顿·洛伦茨（Edward Norton Lorenz）在用计算机模拟天气变化的时候，发现一个有意思的现象。我们知道计算机模拟都需要输入参数和输出结果。本来一个输入参数的数值应该是0.506127，在一次模拟中洛伦茨为了省事，就把它四舍五入，用0.506代替。其实我们平时工作中经常这么干，误差还不到万分之二！

可是洛伦茨发现，计算机的输出结果，不是相差万分之二，也不是相差2%，甚至都不是相差20%，而是变成了一个完全不同的天气状况。这就相当于，测量某地大气压数值如果有万分之二的误差，预测出来的天气就从晴天变成下雨了。

实际上，很多复杂的"系统"都不是线性的，很多时候结果会对初始值非常敏感——初始值差一点儿，结果就相差很大。这也是"混沌"这个概念的起源。比如著名的"三体问题"就是一个非线性系统。

洛伦茨有感于非线性系统这个性质实在太不好对付，就打了个夸张的比方，说巴西的蝴蝶振动翅膀，带来了得克萨斯州的一场飓风。

请注意，洛伦茨说的只是一个夸张的比方而已。蝴蝶不会导致飓风——事实上，气象局的科学家们根本就不考虑蝴蝶的事儿。

2. 不怪元素怪结构

现实中，人们经常用蝴蝶效应形容小事导致了大事，但这个认识是错误的！

图4-4大概是人们心目中蝴蝶效应的一个形象写照：从小到大的一堆柱子排在一起，推倒最小的一根柱子就会产生连锁反应，最终把右侧的花瓶砸碎。

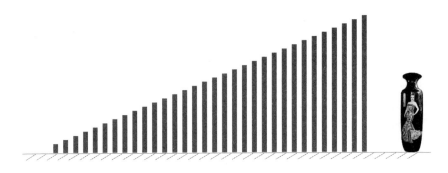

图4-4　花瓶之碎，谁之过

这不就是蝴蝶效应吗？这不就是小骨牌导致了大骨牌的倒下吗？这不就是现实中的机动车连环追尾吗？请问，人们会追究谁的责任？最后一根大的柱子、中间任何一根柱子，还是左面那根最小的柱子？

现实中，最常见的情况是出现在问题现场的人要承担责任。在这里，也就是最后一根大的柱子赔偿花瓶。当然，这根大柱子感觉很无辜，于是依次向前追究，最后终于找到了那根最小的柱子。事实上，机动车连环追尾事件的处理过程的确如此。

还有人会问责花瓶。"君子不立危墙之下，你为什么站在这里？""站在这里就算了，你为什么这么脆弱？穿一个铠甲不行吗？不是说过要提高安全意识吗？"君不见，出现女生被性侵事件后，经常有不负责的人质问女生为什么穿这么少——这是什么逻辑，简直让人绝望！

其实，真正的问题是这些柱子的排列方式，这是一个极其危险的系统。就算最小的柱子不倒，中间任何一根柱子倒下，都会导致糟糕的结果。如果真要追责的话，要问责的不是最小的柱子，而是谁把系统设计成这个样子？

总之，如果把一堆炸药放在一起，只要一个火星就能引起爆炸，那如果真的爆炸了，也不应该埋怨那个火星，而应该反思为什么炸药这么危险的东西不好好管理。火星总会来的，小骨牌总要倒下，蝴蝶总要振动翅膀。应该怪罪的是设计系统结构的人，而不是系统中的元素。

3. 不要"意识"要结构

人们在讨论"安全"和"风险"时，总是爱说要狠抓"安全意识"和"风险意识"，要"警钟长鸣"，这显然是一个大问题——安全意识和风险意识关注的是蝴蝶而不是真正的问题！如果飓风真的是由蝴蝶引起的，那就应该好好教育蝴蝶不要随便振动翅膀,但真正的事故不是蝴蝶引起的!一句话,我们需要的不是什么意识,而是安全的系统结构。

实际上,"天天讲"也不是好的教育方法,心理学研究早就告诉我们重复的信息会被人脑自动忽略,也就是说反复重复的事反而效果更差。

经常与蝴蝶效应共同出现的一句话是"××无小事",这也是一个问题。无小事也就等于无大事。如果一个领导只会笼统地说"这很复杂啊!这很重要啊!千里之堤,毁于蚁穴啊!××无小事",十有八九这个领导什么也不懂。做事要分清轻重缓急,敢于忽略小事才能做好大事。

把系统结构搞好了,我们就可以安心专注于正常的工作。反过来,如果系统结构设计错了,就算整天战战兢兢、如履薄冰,也难保不出事儿。

请记住,凡夫畏果,菩萨畏因,佛畏系统。

· · · · · ·

4.2　建组织:结构决定行为

在决定员工绩效的因素中,有94%以上是他们自己所不能决定的。

——爱德华·戴明

多年来,人们尝试以多种组织结构来实施项目,这其中有三种结构逐渐被广泛应用:职能型、矩阵型和项目型。

4.2.1　职能型组织

典型的职能型组织是一种层级结构(见图4-5),每名雇员都只有一位明确的上级。人员可按专业分组,例如,最高层可分为市场、工程、生产、采购、财务行政和人力资源。各专业还可进一步分成职能部门,例如,将工程专业进一步分为机械工程、电子工程等。在职能型组织中,各个部门相互独立地开展各自的项目工作。

第4章 执行：依计而行，行必结果　149

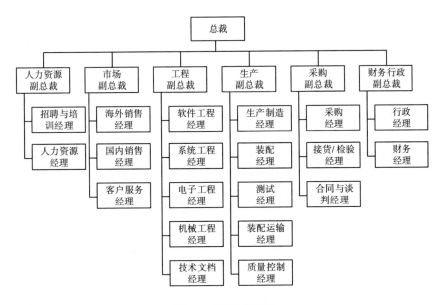

图4-5　职能型组织

在职能型组织中，当需要某些人员或其他资源参与项目时，职能部门经理将临时调动人员或资源去完成任务。在碰到较困难、较紧急的项目任务时，职能部门经理可以集中整个部门的力量来完成这些任务。当这些人员完成项目任务后，他们很自然地继续从事原有的职能工作。在整个项目生命周期内，项目组成员并不脱离所在的部门，他们一直都听从职能部门经理的指挥。

职能型组织的另一个优点是：相同专业的员工在一个部门，对于实现技术进步有帮助。与此同时，部门员工只有一个上司，工作只需要向唯一的上司汇报。

但是，职能型组织的缺点也很明显。在项目工作中，没有一个明确的项目经理，各职能部门均是对分配给自己的项目任务负责，而不是对项目最终成果负责。也就是说，这种方式难以获得项目资源对项目最终成果的承诺。

在项目任务能够清晰划分、稳定划分的情况下，这种形式是可行的，但当项目中的不确定因素较多，很难预先明确责任时，这种方式很容易出现相互推诿、在项目活动流程的下游部门/人员吃亏的情况。所以，职能型组织形式最适合于项目界面和技术上相对独立的简单项目。

在职能型组织中实施跨部门的复杂项目时，一旦部门间出现冲突，处理起来将十分复杂。

图4-5给出了某公司的组织结构，在实施一个跨部门的项目时，电子工程经理与采购经理二人的下属发生了冲突（此冲突可能源自技术观点、管理方式、文化认知差异，甚至可能源自政治或人际关系因素）。

这两个下属之间无法达成一致时，他们就会把问题汇报给各自的部门经理。但是他们向上汇报的信息总是不够完整，甚至有些片面、不真实——下属向上司汇报工作，总是屏蔽对自己不利的信息而只汇报对自己有利的信息。

如果电子工程经理与采购经理二人能合力把问题解决掉当然最好，但他们常常不能达成共识，此时他们只能向上汇报，当然他们也都会站在对自己部门有益的角度思考，于是信息又被过滤一遍。

极端情况下，问题还会上报到总裁。

在经过层层过滤后，高层在信息不对称的情况下做决策，以致做出来的决策是不完美的、与现实脱节的。但是，一旦做出决策就必须传递下去执行，在这种情况下让基层员工按决策执行，他们的心里会很不爽——领导一点儿都不了解情况，怎么做出这么愚蠢的决策！

可见，在职能型组织中，跨部门的协调需要经过信息的多次上下、水平传递，领导只能在信息不对称的条件下做决策。组织中的这种管理方式，表面上各部门和项目都为组织目标承担责任，实际结果却是目标分散的，各部门之间、部门与项目之间常出现相互扯皮、推诿的现象。

当面对这种跨部门的复杂项目时，下列现象在职能型组织中时常出现：

- 组织里的每个人都在忙，忙着掩盖事实真相。
- 下属不满领导决策，总是试图证明领导是错的。
- 只要一跨部门协作就需要开会，协商会议特别多。

可见，当需要各部门协作面对跨职能部门的复杂项目时，职能型组织的效率十分低下。

问题还不仅仅如此，高层得到的信息不健全，时常会做出不佳决策，但很多企业又总是强调"执行力"，也就是基层员工必须按照决策执行。当糟糕的决策被执行，就会产生各种问题，一出问题组织就会问责。但高层几乎不太会问责自己，经常是基层执行者被问责——出现在问题现场的人承担责任是一种常见现状。君不见时常有"临时工"和"实习生"成为"背锅侠"。

员工也不是傻子，这种事经历多了，无论"勇挑重担""奉献精神"等说法如何好听，员工就是不上当。更值得警惕的是，为了避免承担责任，他们有问题就向上汇报——领导你说怎么办我就怎么办，于是成功地把问题交给领导。这样很快就会形成一种风气，基层遇到问题就交给中层，跨部门的问题中层解决不了就交给高层。

这样就形成了一个恶性循环，整个过程如图4-6所示。

这种管理错位导致的结果如下（见图4-7）：

- 高层感觉中层能力不行、素质不够，就替中层思考。
- 中层感觉基层能力不行、素质不够，就替基层思考。
- 基层没事干，也感觉高层领导能力不行，就替高层思考。

因此，公司里经常出现一个现象——基层员工动不动就谈行业形势和战略！

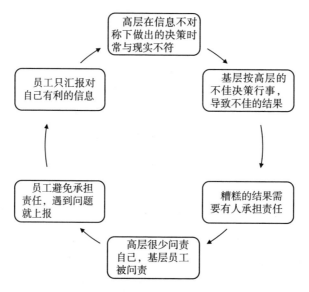

图 4-6　职能型组织结构导致的恶性循环

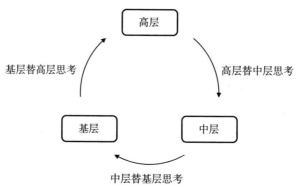

图 4-7　职能型组织结构下的管理错位

4.2.2　矩阵型组织

一种既有人对项目负责，又能有效利用组织资源的项目组织方式是矩阵型组织，如图 4-8 所示。

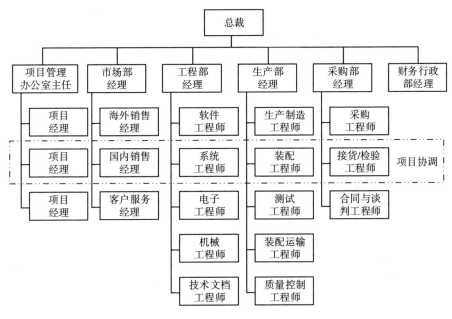

图 4-8 矩阵型组织

矩阵型组织的优点是：

- 把职能分工与组织合作结合起来，从专项任务的全局出发，促进组织职能和专业协作有利于任务的完成。
- 把常设机构和非常设机构结合起来，既发挥了职能机构的作用，保持了常设机构的稳定性，又使行政组织具有适应性和灵活性，与变化的环境相协调。
- 在执行专项任务时，有利于专业知识与组织职权相结合。
- 项目团队成员是临时的，这些团队成员可以在同一时间段承担多个项目，使组织资源能够得到充分利用。非常设机构在特定任务完成后立即撤销，可避免临时机构长期化。

矩阵型组织的缺点也很明显：

在矩阵型组织中，各项目团队与各职能部门关系多头，协调困难；项目经理的权力与责任不相称，如果缺乏有力的支持与合作，工作难以顺利开展。项目团队是非常设机构，其成员工作不稳定，利益易被忽视，故他们往往缺乏归属感和安全感。

在矩阵型组织中，项目团队的成员来自职能部门，项目工作结束后就被送回自己的"老家"，而职能经理站在自己的位置上，往往认为自己部门的工作更优先。"如果项目需要人，我们就给人；不需要人时，我们就要接收他们，那么部门的工作就没法干了"，职能经理时常有这种心态。项目需要的是"贤人"，但部门提供的常是"闲人"。部门和项目常常为了抢夺资源而起冲突。当然，各部门经理也不十分待见项目经理——时常给部门制造麻烦的人！

根据项目经理和职能经理权力的对比，可以将矩阵型组织分为三种类型。

（1）弱矩阵。项目经理的权力小于职能经理的权力，弱矩阵保留了职能型组织的大部分特征，其项目经理的角色更像是协调员或联络员，而非真正的项目经理。

（2）平衡矩阵。项目经理、职能经理二者的权力相当，平衡矩阵虽然承认全职项目经理的必要性，但并未授权其全权管理项目和项目资金。

（3）强矩阵。项目经理的权力大于职能经理的权力，强矩阵具有项目型组织的许多特征，拥有掌握较大职权的全职项目经理和全职项目行政人员。

4.2.3 项目型组织

与职能型组织相反的是项目型组织（见图4-9），项目型组织是以项目组作为独立运行的单位，项目组拥有专用的项目资源，团队成员通常集中办公。在这种组织中，大部分资源都用于项目工作，项目经理拥有很大的自主性和职权。项目型组织中也有被称为"部门"的组织单元，但这些部门要么直接向项目经理报告，要么为各个项目提供支持服务。

项目型组织的优点在于有明确的项目经理对项目结果的实现承担责任，以及可以充分利用项目组的专用资源。

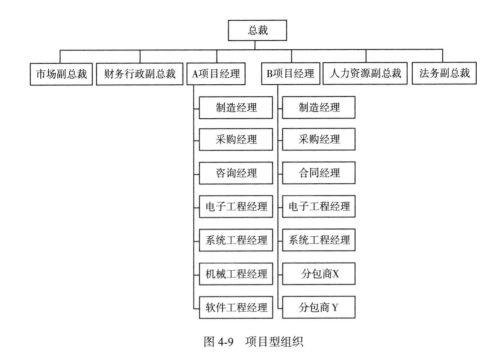

图 4-9　项目型组织

然而，这种方式的缺点也是很明显的：它对企业的资源利用程度不够。项目资源被各项目组独占，当项目需要这些资源的时候固然能及时获得，但当项目不需要这些资源时却很难从项目组释放。当项目遇到技术难题需要调用组织更多力量时，这种形式也颇为不便。

项目型组织对于那些进度或产品性能极为重要、对技术和质量的要求较高而项目开发成本相对不重要、企业资源相对充裕的项目来说，是个较好的选择。

4.2.4　组织结构应与组织发展阶段相适应

从职能型、矩阵型到项目型，三种基本组织形式之间有着明显的差异，每种组织结构都有其固有的汇报关系（或报告关系），也存在不同的矛盾。到底应采用哪种组织形式呢？要回答这个问题，我们需要厘清企业的发展历程，企业在不同的阶段，往往采用不同的组织结构，这有其必然性。实践证明，一个企业的组织结构演化历程大致如图 4-10 所示。

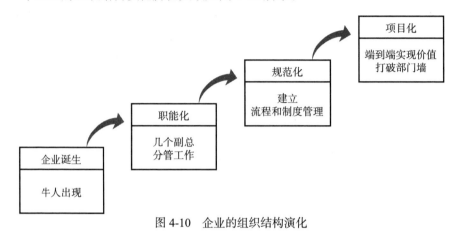

图 4-10　企业的组织结构演化

1. 牛人出现与企业诞生

企业一般是从拥有一个什么都干也什么都能干的牛人开始的。通常，当一个人在某个行业非常牛，自己既能解决客户的问题，又能解决交付和研发／建造的问题，还能做出一个有价值的产品，恰好可以弥补市场上的某个空缺时，这个牛人就会顺其自然地带着一拨追随者创立自己的企业，占领一块市场。

很多企业起步时，非常依赖牛人，这些牛人也确实厉害，公司的事他们全懂，听他们的准没错。这样的团队执行力和敏捷性都很好，也非常适合企业的这个阶段。

但是，靠牛人既有好处，也有缺点。随着企业的成长，规模逐步扩大，靠一个人实在管不过来。此时，大家总是寄希望于在企业内部寻找有与创始人一样特质的人。但残酷的事实是，这种牛人在企业内很难找到，一旦出现，很可能就自己去创业了，因为他自己可以完成一个商业模式的所有环节，不需要依赖企业，也就没必要接受企业的约束。

2. 企业的发展与职能化

随着企业的发展，当企业规模壮大到一定程度时，一个牛人已难以应付，寻找其他牛人又行不通，必然得找几个人来分担工作，于是就在总经理下面设置了几个分管副总。每个副总通常都是某一领域的专家，负责带领自己的职能团队完成既定目标。一个常见的情形是，几个副总分别按市场、研发、生产、财务、人力、行政等分工，于是逐步有了职能型组织的雏形。

在企业发展的早期，这种职能化并不专业和规范，通常还有人治的影子。企业在这种模式下通常可以进一步发展和扩张，但不可避免地存在上限——这些职能型副总管的人越来越多，当他们自己也管不过来的时候，就到了建立流程和制度进行规范化和标准化管理的时候。

3. 职能型组织形成与规范化

规范化管理的典型特征是，每个问题在解决时都有一个相应的制度和流程，不再只依赖于师父带徒弟式的口口相传。通过规范化，使组织逐渐从靠人管理转变为靠流程、制度管理，从依赖于个人的判断转变为依赖于对制度的解读。在这种规范化管理下，组织目标常被分解为分公司或部门的目标，大家按照规范工作，分头实现目标；企业逐步发展壮大，并成长为一个非常典型的职能型组织。

正如我们前面的讨论所说，职能型组织的优缺点非常明显，本位主义和部门墙严重，需要跨部门协同的工作越来越难以开展。外界环境一直在变，组织不断面临新的机遇和挑战，必须不断创新才能适应环境和保持竞争力。然而，创新往往需要把各部门的专家聚在一起，形成临时的跨部门团队，因此部门墙就成了创新最大的障碍。为了解决这个问题，引入项目化管理被提上日程。

4. 项目化

项目化的出现是为了打破职能性的部门墙，这种项目化不能一刀切，采用矩阵型结构更好还是项目型结构更好还不好说，需要用权变的动态管理观点来考虑其组织结构的选择，特别是要充分考虑组织的发展阶段、项目的特点、项目管理者的能力等诸多因素。

无数实践证明，成功的企业从诞生、职能化、规范化到逐步引入项目化，有着类似的历程和发展阶段，这个过程没有捷径。

4.3　带队伍：建设和维护高绩效团队

> 没有完美的个人，只有完美的团队。人无完人，但团队却可以是完美的团队！
>
> ——梅雷迪思·贝尔宾

项目团队由来自不同组织/部门的成员组成，还时常涉及外部的合作方（如咨询商或供应商）。没有人能保证所需的人力资源应有尽有，你必须充分利用团队的力量，达到事半功倍的效果。不管项目团队由多少人员组成，也不管他们是谁，都需要以高效的团队模式运营，才能够既满足工期要求又能提供令客户满意的项目交付成果。

4.3.1　选择合适的团队成员

选择合适的团队成员对建设高效的项目团队而言至关重要，找到合适的人就等于成功了一半。根据对组织价值观的认同情况与所需能力，组织中的人可分为如图4-11所示的四类，对这四类人的使用方法如表4-1所示。

对待第①类和第③类人使用较简单：重用，辞退。然而，对于第②类和第④类人的使用则不是一件令人愉快的事。老职工是第④类人的典型代表，他们忠诚、负责，但渐趋老化，其知识和能力已不适应组织的发展，但如果简单地将其辞退则会寒了众人之心。新招来的"空降兵"是第②类人的代表，将他们挖过来当然要用，但他们未必与组织一条心，更麻烦的是重用这些

"外来者"可能会产生"引来女婿,气走儿子"的结果。对这两类人的使用,也是一门"艺术"!

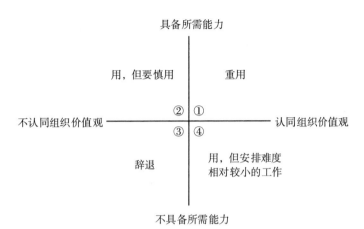

图 4-11 基于价值观 – 能力的员工分类

表 4-1 组织中的四类人及其使用

类 别	特 点	如何使用	代表
第①类	认同组织价值观又具备所需能力的人	重用	组织中的贤人
第②类	不认同组织价值观但具备所需能力的人	慎用	新招来的"空降兵"
第③类	不认同组织价值观又不具备所需能力的人	辞退	—
第④类	认同组织价值观但不具备所需能力的人	让其发挥余热,安排难度相对较小的工作	老职工

对于项目来说,应该只选择第①类人,即对项目有责任感又有完成项目所需能力的人。然而更常见的是,你的选择机会并不多,往往不得不面对和接受组织的事业环境因素。

4.3.2 项目团队的组织方式

除了要知道项目在组织中的地位和公司的项目管理模式外,你还必须了解项目团队自身的组织方式，这对于获得项目成功非常重要。虽然项目团队的组织方式有很多种，但基本上可以归为外科手术式、交响乐队式、爵士乐队式和足球队式四种。㊀

1. 外科手术式项目团队

外科手术团队的典型场景是所有人都围绕着主刀医生，主刀医生就是整个团队的核心。

外科手术式项目团队的优点是关键任务由团队核心负责人亲自动手完成，成功率较高。缺点也是非常明显的，团队核心负责人事必躬亲、较为劳累，也不利于人才培养和团队成员的迅速成长。

外科手术式项目团队适用于以下情况：

- 关键工作必须由资深专业人员亲自操作的项目。与外科手术相类似的项目中，关键工作任务由经过严格训练和高资质的人员完成。
- 一个资深的项目经理带领着一批新手的项目团队。当除项目经理外的绝大多数人都是新手时，项目经理有必要在关键操作上亲自动手。

实践中，到处都能够看到外科手术式项目团队在运作。有时按照这种方式运作实属无奈，但当团队已经可以转变运作方式时，如果项目经理仍不肯放手让团队成员进行关键操作，其结果是他会很累，同时团队成员也不能迅速成长。

大多数固守外科手术式团队运作的项目经理，其潜意识里都认为项目团队成员能力不足、积极性不够、责任心不强，如果放手让他们去做会将事情搞砸。

2. 交响乐队式项目团队

交响乐队在演出时，团队成员都全情投入，陶醉在美妙的乐曲中。

㊀ 王世英. 演练式项目管理——九步成诗法 [M]. 北京：经济科学出版社，2012.

"交响乐队指挥家手中的指挥棒是做什么的?"

"是发指令的,指挥棒告诉乐手什么时候演奏。"很多人会不假思索地回答,然而事实并非完全如此。

指挥家手中的指挥棒,在演奏过程的大部分时间里,主要起的是造型作用,而不是发号指令。明确的指令只有一次,就是开始演奏的时候。在演奏过程中,指挥其实是一个精神领袖,主要任务是把握节奏和与观众互动,也可以说就是摆造型。乐手在演奏过程中,并不怎么去看指挥棒,他们盯着的是眼前的乐谱。乐手对演奏什么在排练阶段已经烂熟于心,无须现场的指令。

使用交响乐队式团队运作的项目经理,他们会假定项目团队成员都是勤奋的、能干的、积极的,团队成员会负责任地将事情做好。在这种情况下,这类项目经理会大胆去使用团队成员,给他们压担子、强化工作授权。项目经理要做的事情主要是指导和鼓励团队成员。项目经理自己较为轻松,项目团队成员可以得到历练、迅速成长。这种团队就是交响乐队式团队。

交响乐队式团队是一种高效的团队组织方式,对组织及团队成员提出了很高的要求,一般的组织可能不具备相应的条件。交响乐队式团队对组织及其成员的要求如下:

- 组织有明确的工作任务分工体系,团队成员对整个组织及其他成员了如指掌。组织成熟的分工与管理体系是团队的乐谱,团队成员依靠乐谱各负其责。在交响乐队式的项目团队中,整套项目管理计划就是项目的乐谱。
- 团队领导有大胆用人的气度,敢于授权;团队成员训练有素、自我指导、勇于承担责任,拥有良好的团队意识,配合默契。

在交响乐队式项目团队中,项目经理是"脱产的""不干活的",非常潇洒。对于超负荷工作的多数企业家而言,如果能够像交响乐队指挥那样潇洒,就达到了自己的目标。但这种境界是经过长期修炼才能达成的。

3. 爵士乐队式项目团队

爵士乐队没有"脱产"的指挥，所有人都做事——参加演奏，这种团队是一个分工协作的团队，不同的人演奏不同的乐器，合奏出美妙的音乐。爵士乐队虽然没有一个"脱产"的指挥，但同样有一个灵魂人物——项目协调人。这个人站的位置通常靠前一点。演奏开始时，一般都是由项目协调人给大家一个暗示，然后大家开始演奏。

在一些规模不大的项目中，项目经理一般不能够完全"脱产"，他要带领大家进行演奏，一马当先。爵士乐队式团队的要求是：

- 团队各成员都是专业的，能够熟练演奏自己的乐器，对乐曲了然于胸。
- 团队各成员熟悉项目情况，不仅能做好自己的工作，还具备总体和系统意识，能够保持与其他成员的协调。

4. 足球队式项目团队

足球队目标明确——自己进球并有效阻止别人进球（或者说，目标是比对手多进一球）。在足球队式项目团队中，成员有相对明确的分工，每场比赛有针对性的战略和战术，但不规定在何时、由谁、在何位置、做什么，一切要随时进行调整，甚至有点"走着瞧"的味道！成员在分工相对明确的前提下，通过积极主动的灵活跑动去配合其他成员的工作。

优秀的足球队式团队需要具备以下条件：

- 团队成员之间有基本分工，但有一些中间地带，要求大家积极和灵活跑动去完成这些工作，团队成员之间需要高度配合和相互支持。
- 团队成员有十分明确且共同的目标，具有互相补位的意识，不计较个人得失。
- 团队成员能够根据场上形势迅速达成一致共识，共同进退。比如，一场比赛到了尾声，如果本方领先一球，前锋也必须回后场参与防守；反之，如果本方落后一球，即便是后卫也应到前场参与进攻。而且，这种共识不需要进行过多讨论，显然，这需要很强的团队意识和判断力。

现在看来，某些足球队踢不好的原因也就很明显了：

- 输球后常问责出现在现场的人（守门员、后卫）。这就容易导致前场人员丢球后不再回追，因为不出现在现场就不用负责。实际上，前场人员水平高的话，足球一直运行在前场，本方球门就不会有危险！
- 带球跑是最好的踢球方式，这样能吸引对方球员，队友才会有更好的机会和位置。但是，带球跑容易被抢断，一旦被抢断自己又要承担责任！怎么办？拿到球就传给队友（甩锅），不管队友位置好不好。

以上也是足球队式项目团队容易出现的问题。

可见，优秀的足球队式团队是所有团队中最理想的、令人梦寐以求的，但显然也是可遇不可求的！

5. 最适合的就是最好的

一个人要发挥其专长，首先必须符合环境的需要。如果脱离了环境的需要，其专长也就失去了价值。同样，采用什么样的项目团队组织形式，要根据项目的特点、规模以及团队成员对项目工作任务的熟悉程度等多个因素进行选择。

不能简单地判定交响乐队式的组织形式就一定比外科手术式的组织形式

好。对于某个项目而言，最适合的组织形式就是最好的形式。

项目团队的组织结构没有一个普遍适用的模式，需要用权变的观点来考虑其结构的选择，特别是要充分考虑与项目目的性、独特性、约束性、规模、所使用技术的特点相契合。同时在结构设计中要注意团队成员的特点，他们的技术特长、成熟度、彼此间的信任和协作程度等因素对团队的影响是显著的。

项目团队的四种组织形式，在一定条件下可以相互转变。外科手术式团队可以转变为爵士乐队式团队，爵士乐队式团队也可以向交响乐队式团队转变。

当一个新的小项目团队刚组建时，一般可以先采取外科手术式组织形式，主要任务由项目经理本人亲自操刀，当团队成员比较熟悉项目时，就可以转变为爵士乐队式团队。

当一个爵士乐队式团队规模不断扩大，到了一定程度时就应该及时转变为交响乐队式团队，这时，项目经理就必须从"不脱产"带领大家做事的爵士乐队协调人，转变为"脱产"的交响乐队指挥，不能再陷入某项具体事务中去。

4.3.3　顺利走过团队的生命期

让每个来到你身边的人都带着微笑离开。

——特蕾莎修女

有关团队建设的过程，著名的布鲁斯·塔克曼（Bruce Tuckman）团队发展阶段模型可以被用来识别团队构建与发展的关键性因素，并对团队的历史发展予以解释。团队发展的五个阶段是形成期、震荡期、规范期、成熟期（表现期）和解散期（休整期），如图 4-12 所示。

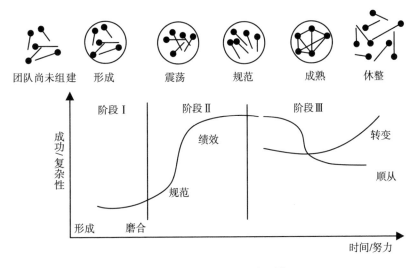

图 4-12 塔克曼团队发展阶段模型

1. 形成期

我们每一个人都有加入新团队的经历和感受。激动、困惑、矜持、观望是团队成员在形成期的主要特点。形成期的团队缺乏清晰的工作目标,工作职责与标准不明确,缺乏顺畅的工作流程,成员间缺乏有效的沟通,个人的角色定位不明确,部分成员还可能出现状态不稳定、忧虑等问题。

形成期的主要工作是明确方向、确定职责、制定规范与标准、进行员工培训。团队负责人一定要向团队说明工作目标、工作范围、质量标准及进度计划,并根据工作目标要求对团队成员进行技能和知识培训。团队负责人要让成员参与探讨工作计划,主动和他们进行平等而真诚的交流,消除团队成员的困惑与忧虑,确保团队成员之间建立起一种互信的工作关系,描绘出成功的美好前景并达成共识,以激励团队成员。

2. 震荡期

经过形成阶段以后,团队获得发展信心,但同时也形成了各种观念激烈竞争、碰撞的局面，出现人际冲突与分化。团队成员面对其他成员的观点、见解时，更想展现自己的个性，对于团队目标、期望、角色及责任的不满和挫折感逐渐表露出来。团队成员间、团队和环境间、新旧观念间会出现矛盾，甚至负责人的权威都面临挑战，团队组建初期确立的原则受到冲击与挑战。作为团队负责人应具有解决冲突和处理问题的能力，创造一个积极向上的工作环境。

震荡期首要的任务是安抚人心。认识并处理各种矛盾和冲突，如某一派或某个人的力量绝对强大，那么作为领导者要适时地化解这些权威和权力，绝对不允许以某个人的权力打压其他人的贡献。同时要鼓励团队成员对有争议的问题发表自己的看法。团队负责人要善于做引导工作，想方设法化解矛盾，而不应对矛盾置之不理或进行权力压制。这一时期，如不能因势利导、防患于未然，团队就会面临被颠覆的危险，或者至少会在团队发展的道路上埋下隐患。

同时，这个阶段要准备建立工作规范。没有工作规范、工作标准约束，就会造成一种不均衡，这种不均衡也是冲突的根源，这就要求领导者在规范管理的过程中以身作则。

3. 规范期

通过震荡期的磨合，团队进入规范期，规则、流程、价值观、行为、方法、工具均已建立，团队成员开始慢慢提升工作技能，慢慢掌握新技术。团队成员之间开始建立起互谅互让互助的关系。成员的目光重新聚焦到工作上来，关注目标与任务，团队成员有意识地解决问题，实现组织和谐。他们开始关心彼此的合作和团队工作的进展，并逐渐适应环境、技术和各种规范的要求。

团队要顺利地度过规范期，最重要的是形成团队的文化和氛围。团队精神、凝聚力、合作意识能不能形成，关键就在这一阶段。这一时期的最大阻碍是团队成员对震荡期存在的问题心存顾虑，害怕引发矛盾而不敢表达自己的见解。

作为团队的负责人，在这一时期的主要工作是通过激励让团队成员放下各种心理上的包袱，提高责任心和相互信任度，令他们将行为标准和工作任务紧密地结合起来。拿破仑说："在管理下属的问题上，荣誉比鞭子重要得多。"这也正符合马斯洛需求层次理论中尊重和自我实现的高层次需求。采用多种手段激励团队成员很重要。

在规范期可以从以下角度进行团队建设：

- 鼓励提建议，让成员在提意见的过程中，感觉到团队发展与自己休戚相关。
- 实行参与制，让每个成员认识到自己是团队的一员。
- 对成员进行工作授权，激发他们的责任心。
- 表扬和奖赏。

必须强调的是，实施激励应该也贯穿于工作过程中，而不应只是在完成时。当然，除激励之外，规章制度的约束和惩罚也是必不可少的辅助手段。

4. 成熟期

度过规范期，团队逐步实现了高绩效，这就进入了团队的成熟期。成熟期的团队呈开放、坦诚、及时沟通的状态，具备多种技能，能协力解决各种问题，用规范化的管理制度与标准工作流程进行沟通、化解冲突、分配资源，团队成员自由而建设性地分享观点与信息，有一种完成任务的使命感和荣誉感。

"领导者要干自己的事，不干别人能干的事"，这是现代领导方法的基本法则。对于成熟期的高绩效团队，负责人应掌舵而不是划桨，团队负责人应集中精力关注进度、成本、质量等事关全局的事，其他工作应适当放权。同时，团队负责人要根据需要，随时更新工作方法与流程，推动经验与技术的交流，提升管理效率，营造高绩效的组织文化，凭借团队智慧做出高效决策，通过成员的集体努力追求团队绩效。

5. 休整期

天下没有不散的筵席,任何团队都有它自己的寿命,特别是对于项目而言,团队完成了项目目标后,就进入了团队发展的最后阶段——休整期。

休整期的团队可能有三种结果:一是解散;二是组建新的团队;三是因团队表现欠佳而被勒令整顿。因项目而成立的临时团队,一般会解散。常规团队在企业发展到一定阶段,可能根据业务需要撤销、调整或重组。

由于在成熟期团队成员形成了良好的默契,因此不同的休整可能会对团队成员心理造成不同的影响,这个时期需要做好团队成员的思想引导,说明调整的必要性及意义,让员工认同组织调整的决定。

布鲁斯·塔克曼认为,在团队建设的五个阶段中,每个阶段的工作绩效和团队精神的水平存在很大差异。进行团队建设,就是要分析团队所处的发展时期,了解其特点及规律并对症下药,采用恰当的领导方式减少团队内耗,降低发展成本,提高团队绩效。

尽管项目和项目团队都有生命周期,但这两个生命周期的长度并不一样。项目生命周期的各个阶段、各个过程都可能由不同的团队来完成,这些团队都会经历五个阶段,而项目从头到尾均由一个成员固定的项目团队完成的情况是很少见的。团队停滞在某个阶段或退回到前一阶段的情况,也并非罕见。如果团队成员曾经共事过,项目团队建设也可跳过某个阶段。

4.4 善协调:项目管理是一个极具挑战性的工作

如果说有成功秘诀的话,它在于拥有收集其他人观点的能力,以及同时从对方的角度和你自己的角度看事情的能力。

——亨利·福特

徒弟：为什么做项目的时候，一旦出现问题就容易引发争吵，引起斗争呢？

师父：因为针对这所有问题的解释都会有一个共同点——都是其他人的错。所以，我们听见的都是相互攻击。

徒弟：那这种现象能解决吗？

师父：难，很难，非常难。你会发现，员工的地位越低，矛头越是指向公司内部，而不是向外，这说明越是底层的员工越能发现公司内部的问题。反之，你就可以明白，越是高层领导，越是容易忽略公司内部的问题。如果领导不认为管理上有问题，那么他们就没有解决这些问题的原动力，进而只会把问题归咎于员工，于是恶性循环就形成了。

实践中，矩阵型结构占到了项目组织的绝大多数（有人说占 90% 以上），故矩阵型组织通常被当作项目组织的同义词。

4.4.1 项目与部门间的冲突

矩阵型组织结构试图在稳定性的职能型组织与临时性的项目型组织之间取得平衡。基于此，矩阵型组织结构的常见矛盾也恰好是职能部门工作和项目工作间的矛盾。项目经理能对来自职能部门的团队成员产生较强的影响力，是矩阵型组织下项目取得成功的关键点。

在矩阵型组织中，项目中来自职能部门的团队成员更倾向于服从职能经理的任务安排。其本质原因是职能经理对团队成员在公司中的绩效考核和职位升迁的影响更大，这几乎是个人无力改变的事实。因此，项目经理应想办法和职能经理达成共识，尽管这比较困难，因为同一个职能部门往往会同时参加公司其他的项目，而且还同时承担着自己部门的任务。

P 公司是一家总部位于苏州的典型的矩阵型组织，TMT 项目是公司的战略项目，夏阳担任该项目的项目经理。项目组的核心成员春晓来自研发部，是关键的自控分系统负责人。该项目到了关键时期，根据计划，要开始为期 5 天的各分系统联调，这是项目的关键工作，各分系统负责人都必须参与。根据项目计划安排，该工作由春晓牵头并组织开展。今天是周二，下周一是客户验收项目的里程碑节点，不得延误。

临近下班，春晓接到研发部部长冬雪的电话，于是便有了春晓和冬雪的如下对话。

冬雪："春晓，你现在能不能马上回部里一下？"

春晓正在与项目组成员讨论系统联调的安排，一下子很难走开，她想向部长说明一下情况："部长，夏阳负责的 TMT 项目是公司的战略项目，我有点走不开……"

可是，没等她讲完，冬雪便将她的话打断了："事情紧急，你赶紧回来一下！"

春晓立刻停下工作，气喘吁吁地赶回部里："部长，什么事？"

冬雪："咱们部门负责的北京××项目出现了一点问题，你明天赶紧去北京处理这个特别任务。"

春晓跟部长汇报了一下自己所在的战略项目的进展，试图说明该项目的重要性。

冬雪说："那你看着办吧（见图 4-13）！"

结果会怎么样？

可想而知……

"看着办！"——你懂的，这是最有杀伤力的话。

春晓有脾气吗？没有，因为她知道对她来说，部长远比项目经理重要。春晓做什么取决于谁是她的主管领导，更直接一点就是谁给她发钱（也包括职位升迁）。可是，在矩阵型组织中项目经理的权力往往比较有限，项目团队成员的绩效考核和薪水发放往往是由职能经理来做的。

于是立马有人会问："如果夏阳和冬雪都给她发钱，怎么办？"

"看谁发的多！"有人会回答。

图 4-13 你看着办吧

"发的一样多呢?"

其实,这是一个伪命题!因为项目是临时的,作为项目经理,夏阳领导春晓也是暂时的,项目结束了,二人的上下级关系就结束了。而作为职能经理,冬雪领导春晓是持久的。所以,不论夏阳发多少钱,春晓都会听冬雪的(除非春晓准备离职)。换句话说,项目的团队成员在关键时刻,会选择"出卖"项目,但绝对不会"出卖"组织!——铁打的组织流水的项目!

只有一块手表,戴手表的人可以知道时间,而有两块或者两块以上的手表,并不能告诉一个人更准确的时间,反而会制造混乱。这就是著名的手表定律。在同一时刻,一个人同时受两个领导指挥,会使人无所适从,这也对项目管理提出了极高的要求。

正如拿破仑所言:"宁要一个平庸的将军带领一支军队,绝不要两个天才率领同一军队。"必须为项目团队设置统一的目标、尺度,进行一元化管理,最忌产生多头管理。在矩阵型组织中,需要项目经理拥有更高的协调能力。

矩阵型组织结构在实际工作中最为常见。这种职能部门人员临时参与项目、项目结束时释放资源的方式,引发了项目中关于人的最常见问题:争夺职能资源。统计发现,项目人力资源管理的问题中 85% 以上来自矩阵型组织结构,而这其中的大多数问题又都与项目经理认为自身权力不足有关。

在矩阵型组织中,常见的问题包括:

- 项目经理如何增强自己的影响力?
- 职能部门经理不配合,怎么办?
- 项目实施过程中职能经理更换了自己职能部门的人员,如何应对?
- 其他职能部门经理推卸责任,怎么办?
- 如何制定项目的绩效考核体系?
- 项目的奖金要如何发放?
- 项目组成员分配过多精力给其自身所在部门工作从而影响了项目,如何应对?
- 未经项目经理同意,职能部门经理给自己部门成员放假,如何处理?
- 如何跟其他项目经理争夺一个关键核心资源?

为更好地应对矩阵型组织下的各种问题,项目经理需要提升自己的领导力。实践中,有几个方面是行之有效的。

1. 明确目标，并让每个人知悉

一个明确的目标可以让每个项目团队成员都有工作的动力。人做任何事都需要一个理由，哪怕这个理由并不一定经得起推敲。

> 实验者到图书馆，请正在排队复印的人帮一个小忙。
> 第一种：对不起，我有5页纸要复印，能不能让我先复印，因为我有急事。
> 第二种：对不起，我有5页纸要复印，能不能让我先复印。
> 第三种：对不起，我有5页纸要复印，能不能让我先复印，因为我就只有几页纸要复印。
> 测试结果是：第一种情况下94%的人同意，第二种情况下58%的人同意，第三种情况下93%的人同意。
> 结果表明，只是加了一个"因为"，同意的概率就大为增加。事实上，人做任何事情都需要一个理由，这是人在社会生活中被规则训练出来的一种心智模式。

项目管理者需要做的就是使项目目标成为每个员工工作的理由。大家并不一定会认真思考这个理由的合理性，只是需要一个理由而已。让项目目标成为工作理由的说法可以是：

- 这个项目很重要，对公司的发展十分关键。
- 通过这个项目我们每个人都会在技能上有所提高。
- 客户急需我们的产品，只有保证进度和质量才能不影响他们的使用。
- 如何达到项目目标对我们团队是一个考验，我们要证明我们的团队是合格的。

这里的一个关键点是，说这些理由时一定不要解释过多。过多的解释会触发听者的逻辑分析本能，而任何理由都不会完美。

2. 设定一个可以短期实现的里程碑

过于长远的目标往往给人造成心理上的压力，有时项目需要人为地制造一个短期里程碑，虽然从业务上讲也许并没有实质性进展，但这对建立项目节奏、保持工作效率的帮助很大。因此，第一个里程碑要简单一些，让成员可以迅速达到。

3. 不要让团队成员闲下来

这听起来有点不人道，但事实就是如此。闲下来的团队成员会把注意力放在其他方面：刷微信、看微博、读即时消息、试验各种新技术（未必与项目相关），甚至还有人会关注其部门内部的人员关系和政治斗争等。这不可避免地对还在紧张工作的人造成影响。要人为地为团队成员找一些事情做，让大家保持忙碌的状态。

4.4.2　项目间的冲突："牛人"争夺战

> 做任何一件事都没有人能够投入100%的时间。
> ——项目管理谚语

资源约束是项目管控中不可忽视的问题，项目管理者都希望项目组成员是一些"牛人"，这些"牛人"确实能对项目的效率产生重要的作用。但在一个企业中，牛人的数量是有限的，他们很难完全服务于某个项目。他们经常被迫在多个项目中充当救火队员或清洁工的角色。

　　K公司有3个项目A、B、C在同时运作，现在遇到一个糟糕的局面：因为之前3个项目经理在做计划时没有互相通气，这3个项目从第二天起都需要公司牛人陈达的帮助才能完成，而且均需要陈达为其工作10天（见图4-14），麻烦的是找不到任何替代资源。⊖

⊖ 丁荣贵．项目管理：项目思维与管理关键[M]．2版．北京：中国电力出版社，2013．有改动。

第4章　执行：依计而行，行必结果　175

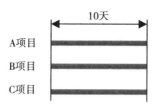

图 4-14　对关键资源的需求

有人会说，怎么能让人不可替代呢？公司的管理出了问题！没错，如果每个人的工作都可以互相替代那是最理想的，但这并不容易实现。而且，解决人员的问题，也不是一时的事。现在问题已经摆在面前，怎么办？

1. 第一种"安排"

如图 4-15 所示，这其实算不上是安排，只能算是 A、B、C 三个项目经理的期望，这将导致牛人陈达每天 24 小时地工作，显然这是不可行也绝不可能的，更是没有人性的安排。

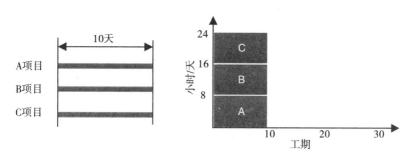

a) A、B、C 各项目的期望计划安排　　　　b) 牛人的工作负荷

图 4-15　第一种"安排"

2. 第二种安排

如果公司设有组织级的项目管理办公室（project management

office，PMO）这种专门机构，PMO 可以依据组织战略基于可"明示"的标准进行优先级排序。假如排序为 A-B-C，则安排如图 4-16 所示。其结果是：A 项目按时完成，B 项目拖期 10 天，C 项目拖期 20 天。

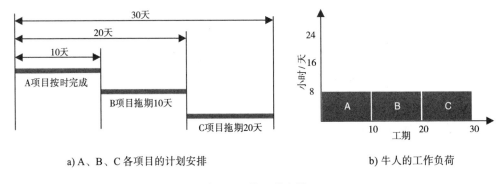

a) A、B、C 各项目的计划安排　　　　　　　　b) 牛人的工作负荷

图 4-16　第二种安排

问题来了，将 PMO 作为常设机构在国内企业尚不普遍，即便常设也往往处于支持性 PMO 层次，时常没有明确的项目优先级评价标准。

最后的结果，往往是由老板来确定优先级顺序。假如老板给出的优先级排序为 A、B、C，试想 B 和 C 的项目经理会做何感想？自己或/和自己的项目"不重要"——这是他们的感受（特别是 C 项目的项目经理），其项目及其团队的状况可想而知。更有甚者，如果此二人将老板的安排"悄悄"通知客户，接下来会发生什么呢？也许老板的电话正在响起。

这种由某个高管确定项目优先级的方式，就是常见的"一把手工程"。"一把手工程"强调了高管的重要性和他们的责任，但也会因为缺乏管理程序而造成"无事不需一把手"的情况。

3. 第三种安排

这3个项目的项目经理均向公司管理层极力呼吁,要优先将牛人安排给其负责的项目使用,互不相让。众所周知,"会哭的孩子有奶吃"。经过"研究",管理层只好安排牛人到这3个项目轮流工作,如图4-17所示。

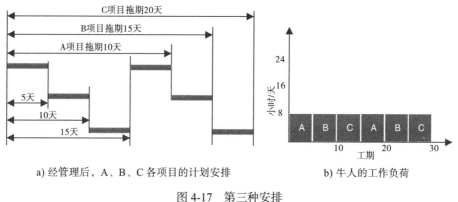

a) 经管理后,A、B、C各项目的计划安排　　b) 牛人的工作负荷

图4-17　第三种安排

(1) 在项目A工作5天。
(2) 在项目B工作5天。
(3) 在项目C工作5天。
(4) 再赶到项目A"灭火"5天,完成项目A的工作。
(5) 再赶到项目B"灭火"5天,完成项目B的工作。
(6) 再赶到项目C"灭火"5天,完成项目C的工作。

经过"管理"后的结果:A项目拖期10天,B项目拖期15天,C项目拖期20天。牛人的时间分散使用,会造成3个项目工期均拖延。

第二种安排和第三种安排的结果对比如表4-2所示,如果按工作优先级排序3个项目还有好有坏,经过领导"管理协调"后3个项目都变坏了——正所谓"不患寡而患不均"!

表 4-2 经过"管理"前后的项目状况

项目	A	B	C
第二种安排	按时完成	延期 10 天	延期 20 天
第三种安排	延期 10 天	延期 15 天	延期 20 天
前后对比	更坏了	更坏了	未变好

请记住,管理总是在"可行"与"合理"之间做选择。第二种安排"合理",但由于容易破坏组织稳定性,常常并不"可行";第三种安排不"合理",但却是"可行"的。

管理者追求的是"可行"而不是"合理",管理者说的话应该是以有效与否来区分,而不是以真假来区分。我们鼓励"先天下之忧而忧,后天下之乐而乐",鼓励"舍己为人",但在乘飞机时安全须知却是"先戴好自己的呼吸面具再帮助他人"。

当然,这都是组织架构和组织级项目管理的缺陷在项目上的反映。如果公司设有有效的 PMO,同时又有稳定的组织战略,该问题的解决就相对容易。

4.4.3 影响项目的治理与人际因素

在项目中,复杂的资源问题、组织治理结构与人际因素对项目的影响不可忽视。

夏阳是 A 项目的项目经理,根据项目安排,A 项目工作计划由甲、乙、丙三个部门共同完成,如图 4-18 所示。㊀

工作在各部门实施的结果如图 4-19 所示。

㊀ 丁荣贵. 项目管理:项目思维与管理关键[M]. 2 版. 北京:中国电力出版社,2013. 有改动。

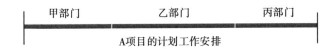

图 4-18　A 项目的计划工作安排

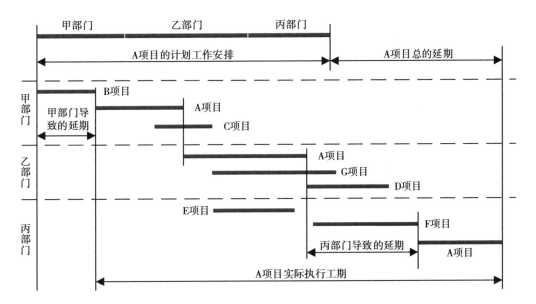

图 4-19　组织因素和政治对项目进度的影响

工作交给甲部门，待 B 项目工作完成后，A 项目工作方才开始。原因可以有以下几个：

- 内部工作优先级排序，资源分配给优先级高的工作。
- 局部效益（资源利用效率）最大化。
- 甲部门经理与夏阳的个人关系一般。
- 其他因素。

甲部门工作完成后，乙部门可以开始工作了。乙部门经理和 A 项目经理关系甚笃，立马开始并全力支持，A 项目在该部门进展顺利。

丙部门经理恰是冬雪（原来的故事还有第二季）。上次为把春晓留下来，夏阳找到公司高层的行为令冬雪不爽，因为这次不愉快的合作经历，丙部门经理将 A 项目在自己部门工作里设为低优先级，还给了一个冠冕堂皇的理由"按照程序办吧"。

事实上，各部门对项目 A 的工作安排理由，可以分为可明示的（可以放在桌面上的）和隐晦的（只可意会不可言传的，往往与组织政治或/和人际因素相关联），具体总如表 4-3 所示。

表 4-3　各部门对项目 A 的工作安排、理由与结果

部门	可明示的安排理由	隐晦的安排理由	结果
甲部门	内部工作优先级排序，先做优先级高的工作 局部效益（资源利用效率）最大化	甲部门认为项目 A 没有什么价值（有形的、无形的）	既没有置于最重要位置，也没有置于最不重要位置
乙部门	气儿顺了，还需要理由吗	"自己人"的工作是必须要支持的 不说了……	马上干、全力支持
丙部门	按程序来吧	丙部门对 A 项目经理有个人成见 哪个工作都是工作，凭什么就要先干你的 组织中的政治因素，你懂的	其他工作完成后，最后干

请注意，各部门安排的结果导致了项目 A 的较长总延期并增加了项目失败的可能性。

前文的三个实例，分别体现了影响项目实施的组织与人际因素：

- 夏阳与冬雪对春晓的工作安排，本质是项目与职能部门的冲突。
- A、B、C 这三个项目对牛人的争夺，本质是项目间的冲突。
- 夏阳负责的 A 项目的结局，本质是组织政治与项目管理者人际关系造成的。

复杂的是，前两者貌似还可以通过绩效考核、组织结构调整等手段，放到桌面上来探讨解决，而项目管理者的人际关系和组织政治的影响是隐晦的，它们在发挥着重要作用的同时却几乎无法明示。可见，选择什么样的项目管理者极为重要。

1. 组织因素和项目管理者的政治敏锐性

良好的组织因素和建设性的组织政治是项目成功的有力保证。谈起项目管理，人们会想到"项目经理负责制"，但实际上项目经理拥有的权限和资源很少，项目取得成功，不仅需要胜任的项目经理去完成项目管理，还需要胜任的高管去对项目进行有效治理。

项目管理者的管理方式受所在组织的限制，除非他们能改变他们周围的一切（几乎是不可能的）。项目管理风格和制度需要结合项目的特点而设定，但这时常会破坏组织的常规。因此，项目经理面对的最基本的谈判对象就是自己的上司。所以，我们都必须保持一定的政治敏感。

在管理学上，"政治敏感"是中性的，而不是负面的。作为项目管理者，你必须要对企业内部的决策机制、管理流程非常熟悉，对各种表面的、潜在的影响决策的因素了如指掌，否则你是很难获取项目成功的。

如果希望别人支持你，你必须先能充分理解对方，这个就是"政治敏感"，也是最为典型的"中国式管理"技能。在中国的企业文化背景下，"政治敏感"就包括对各方利益的深刻理解。

2. 搞好项目 = 搞好人脉 + 搞好关系 + 搞好资源 + 搞好工作

一般来说，与项目的工作效率关系最密切的人往往不是项目组成员，而是来自其他工作领域的人。他们可能是职能经理，也可能是高级管理层、客户或其他项目经理。

在多项目同时运转的现实中，你需要"抢"资源，"抢"资源不代表你不讲理，而是一种"气场"，是对项目的"责任感"。各职能部门没有义务把你的工作置于高优先级，你要努力让职能经理们感受到一种项目必须成功的"气场"。资源掌握在职能部门经理和高层手上，要学会同掌握资源的人打交道，不只是在你需要资源的时候，平时也要始终和他们保持良好的沟通。

项目经理比职能经理面临更多的利益相关方，因而，他们受到的干扰也更大。因此，项目经理的一个重要工作就是做好时间管理。需要说明的是，这里的时间管理不仅是对项目进度的管理，还包括对项目经理自身的时间管理。如果你问项目经理他们在做什么，他们最有可能告诉你他们在进行计划、组织、协调和控制。然而，当你看到他们所做的事情与以上四个词语毫无关系时，也请不要感到奇怪。

对时间不同的使用方式，取决于经理对工作的不同理解，也决定了他们的成效。

我们可以将经理分为三种：一种是一般经理人，大部分的经理人员都属于此种类型；另一种是有效的经理人，工作干得漂亮，任务完成得很好；还有一种是成功的经理人，他们得到的提拔比较快，尽管有时他们的工作完成得好像没有那么完美。当然，成功的经理和有效的经理是有区别的：工作干得漂亮的不见得提拔得最快，提拔得快也不见得工作做得最好。

表4-4给出了不同类型经理人对时间的分配。一般的经理花在传统的管理活动方面的时间占到其总工作时间的32%，沟通方面占到29%，对下属的管理占到20%，社会交往占到19%。

表4-4　不同类型经理人对时间的分配

	传统活动	沟通	人力资源（下属）	社会交往
一般的经理人	32%	29%	20%	19%
有效的经理人	19%	44%	26%	11%
成功的经理人	13%	28%	11%	48%

对于有效的经理人，他们在沟通方面花费的时间平均占到44%，

在管理下属方面要用去 26% 的时间。在项目中，项目经理要不断地和项目组成员、职能部门经理以及高层人员进行沟通，确保项目得到足够的支持。

成功的经理人花在传统管理活动上的时间只有 13%，而在沟通方面的时间占到了 28%，特别是将近一半的时间（48%）用在了社会交往方面，仅仅有 11% 的时间花在管理下属上。

一个成功的项目管理者必须协调好各方面的关系：应该理解项目的运行过程以及如何与不同的人打交道，还应该有较高的组织和协调能力。然而，很多的项目管理者由于具有技术背景，不愿意去跟团队以外的人交往，干活儿多，反而不一定会得到提拔。

这里，如果用一个公式来表示如何做好项目的话，那就是：搞好项目＝搞好人脉＋搞好关系＋搞好资源＋搞好工作。注意这里面是有顺序的，先搞好人脉，再搞好关系，接着搞好资源，最后才是搞好工作。遗憾的是，很多人却是反着的：工作遇到了问题才想起自己缺资源，资源不足了才发现自己缺关系，关系搞不定了才发现自己没人脉！试问，平时不烧香，佛会在关键的时候帮你吗？

Minimum Project Management

第 5 章

监控：审时度势，沉着应变

当你要对你所说的话进行测量并将它们以数据的形式表达出来时，说明你清楚了一些事情；但是如果你不能以数据的形式将其表达出来，说明你对它的了解还很少。

——开尔文

在开始一个新项目之前，没有人能预见到项目执行过程中的所有情况。尽管确定了明确的项目目标，并制订了尽可能周密的项目计划，仍需要对项目计划的执行情况进行严密的监控，以尽可能地保证项目顺利执行，最大限度地减少计划的变更，使项目达到预期的进度、成本、质量等目标。

控制是全部管理职能（计划、组织、领导和控制）中的一个重要职能。

5.1 采数据：用数据而不是用感觉管理项目

无法评估，就无法管理。

——琼·玛格丽塔

研发人员马凯在写一个数据库对话工具时，要把一种数据库格式转换成另一种。他认为其中的数据没问题，可实际并非如此。字段格式定义错误和对需求的理解不足，导致故障过多和变更频繁。项目的实际工作量大大超出马凯的估算。

不确定性会加剧人们的恐惧感，这是在 VUCA 时代人们普遍处于焦虑状态的原因。开车等红灯时，如果信号灯是数字显示的，人们的心态就会平和不少，这就是信息确定、透明的好处。

用数据而不是用感觉管理项目，这可以让信息透明，实际上，信息不畅人就容易往坏处想，这是人性。在现实中，管理者尽量不要说"你好好干，我不会亏待你"这样的话，因为员工和你想的不一样；也尽量不要采用"不要相互打听工资收入"这样的策略，因为人们越好奇越要打听，打听不到往坏处想的情况会多于往好处想的情况。

很多人靠感觉做项目，自然问题就很多。一方面，他们过于乐观地低估工作量；另一方面，他们在做计划时总是预测不到工作会受制于其他人、其他工作；更重要的是，他们还时常对自己已经完成的工作给出过高的评估结果。以致经常出现的一个情况是，当有团队成员以为自己完成了 90% 的任务时，实际上还有很多工作尚未完成，这就是"90% 完成效应"。

你应该设法避免"90% 完成效应"，为此应该做好以下两点。

（1）给团队成员定义更细致的工作目标和计划。时常提问："要完成这项任务，需要多久？这周要处理的细分任务都有哪些？"

（2）要让团队成员把自己的工作进度用数据展示出来，每一次展示都是对工作的澄清，有助于识别项目中隐含的问题。

为管好项目，需要收集的常见数据有（包括但不限于）：

- 技术绩效测量结果；
- 进度活动的实际开始日期和完成日期；
- 已完成的任务数量；

- 可交付成果状态；
- 进度进展情况；
- 变更请求的数量；
- 缺陷的数量；
- 实际发生的成本；
- 实际持续时间。

实践中，有很多手段可以帮助我们管理项目，本书只讨论几个最常用的工具。

5.1.1 用直方图展示和理解数据

直方图（histogram）是一种统计报告图，由一系列高度不等的纵向条纹或线段表示数据分布的情况。一般用横轴表示数据类型，纵轴表示分布情况。

直方图可以解析数据的规则，能够比较直观地展示项目特性的分布状态，让人一目了然，便于判断其总体情况。直方图的常见作用有以下三点：

- 显示某个特性波动的状态。
- 较直观地传递有关特性的状态信息。
- 在研究波动状况之后，可以掌握过程状态，从而确定应在什么地方集中力量进行工作改进。

1. 确定组数和组宽

设计直方图最重要的工作是确定条形的数量，即组数。直方图并不把每个数据按处理单元作为独立条形显示出来，而是将其分组显示。这可能有点棘手，如果分组太多，很多条形会很低且高度相近，这会给分析带来很大困难。如果分组太少，很多条形会很高且高度相近，这也会让分析变得困难。

在实践中，分组一般按组宽相等的原则确定。迄今为止，尚无准确的计算公式可用于合理确定组数，而只能根据经验数据或经验公式来确定。一般情况下，合适的分组数量通常是取数据总量的平方根，也可以参考表 5-1。

表 5-1　组数选择参考表

数据数	<50	50～100	100～250	>250
适当分组数	5～7	6～10	7～12	10～25

可以依据分组数来确定组宽，读者可以参考下面的实例。

2. 绘制直方图

直方图的绘制步骤如下：

（1）选择要分析的对象，典型的有时间、成本、质量、变更、故障、重量、速度、尺寸等。

（2）收集数据。

（3）确定组数和组宽。

（4）绘制直方图。

3. 直方图的观察与分析

从表面上看，直方图表现了所取数值的分布，但其实质是反映了数据所代表的项目实施过程的分布，即实施过程的状态。根据直方图的这一特点，可以通过观察和分析直方图，对项目实施过程的稳定性加以判断。

通过观察图形的分布状态，可以判断其属于正常型还是异常型。若为异常型，则应进一步判别属于哪种异常，以便分析原因，采取处理措施。

（1）正常型分布状态。正常型直方图一般是左右对称的山峰形状，如图 5-1a 所示。该图的中部有一峰值，两侧的分布大体对称，且越偏离峰值数值越小，符合正态分布。该种直方图表明这批数据所代表的实施过程中仅存在随机误差。因此，从稳定正常的项目过程中得到的数据所作的直方图，是一种正常型直方图。

（2）异常型分布状态。与正常型分布状态相比，带有某种缺陷的直方图称为异常型直方图。该种直方图表明这批数据所代表的项目过程异常。常见的异常型直方图有以下几种：

- 偏峰型。直方图的顶峰偏向一侧（见图 5-1b）。计数值或计量值仅对一侧加以控制或对一侧控制严而对另一侧控制松时，经常出现这种图形。
- 双峰型。一个直方图出现两个顶峰（见图 5-1c）。这往往是由于两种不同的分布混在一起所造成的，也就是说，虽然测试统计的是同一项目的数据，但数据来源差距较大。
- 平峰型。在整个分布范围内，数据的大小差距不大，形成平峰型直方图（见图 5-1d）。这往往是由项目过程中某些缓慢变化的因素造成的。
- 孤岛型。在远离主分布中心处出现孤立的小直方（见图 5-1e）。这说明项目实施过程在某一段时间内受到异常因素的影响，使项目条件突然发生较大变化。
- 锯齿型。这往往是由于分组不当所致，如数据少、分组多时就可能出现这种类型（见图 5-1f）。

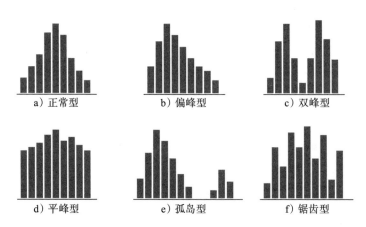

图 5-1 各种形状的直方图

4. 直方图实例

高层认为公司的××项目实施周期太长，为提高竞争力，高层要求 PMO 统计过去 5 年中所有已实施完毕的项目（从立项到收尾）的实施时间。

（1）收集数据。经过一番努力，PMO 收集齐了数据，然后把这些数据按顺序整理为表 5-2，其中显示了项目实施时间的周数和相应的项目数。

表 5-2 项目实施周期的频次分布

周数	项目数	周数	项目数	周数	项目数	周数	项目数	周数	项目数
26	1	36	0	46	1	56	0	66	0
27	0	37	0	47	0	57	1	67	1
28	0	38	1	48	2	58	0	68	0
29	0	39	0	49	2	59	1	69	0
30	0	40	1	50	1	60	0	70	1
31	0	41	2	51	0	61	1	71	0
32	1	42	0	52	2	62	0	72	0
33	0	43	1	53	0	63	2	73	0
34	0	44	0	54	0	64	0	74	0
35	0	45	0	55	0	65	0	75	1

（2）计算组数、组宽。项目的总数是 25 个（数据总量），所以合适的分组数就是 25 的平方根，即组数为 5。

最小的项目实施周期是 26 周，最大的项目实施周期是 75 周，26 周到 75 周之间的距离（含两个端点）是 50 周，所以组宽为 10 周（50 周除以组数 5）。

（3）绘制直方图。绘制结果如图 5-2 所示，这种结果很形象，也更容易理解。可以看出，项目的实施周期近似呈现正态分布，看起来像是一条钟形的曲线。在公司内，项目的实施周期落在 46~55 周内的频率最高，共有 9 个项目。频率次之的分别是 36~45 周（共有 6

个项目）和 56~65 周（共有 5 个项目）。频次最低的分别是 66~75 周（共有 3 个项目）和 26~35 周（共有 2 个项目）。

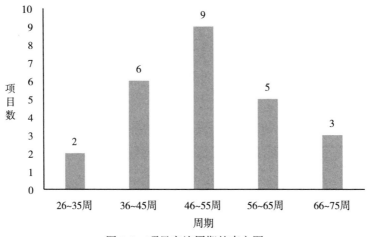

图 5-2　项目实施周期的直方图

分析直方图，这些数据也可能暗示着不同项目性质或合同额导致了项目周期的差异。为了弄清楚这些差异，可能还需要分析项目周期和相关参数的关系。

5.1.2　用散点图寻找数据之间的关系

散点图又称相关图，散点图可识别出两个变量之间可能存在的关系。理解数据之间的关系对于理解整体数据来说至关重要。

创建散点图应遵循以下几个步骤：

（1）定义理论关系。变量之间的关系并不总是很明显。关系也很容易假设，第一步是识别出要分析的两个变量。

（2）收集样本数据。必须要基于充足的数据来做分析，如果数据太少，就可能因数据之间的耦合关系而得出错误结论。

（3）在直角坐标系中绘制散点图。

（4）分析数据。在绘制出的数据点中寻找规律。

图 5-2 直观地显示了每个项目的周期都处于 26~75 周，但各项目的周期却不尽相同。公司高层、PMO 经理都猜测项目周期与某些因素存在关系，比如项目的合同额、项目的启动月份、项目团队人数等。

为了验证这些猜测，PMO 经理把每个项目的合同额、项目的启动时间信息补充进来，分别绘制了对应的散点图。其中，图 5-3 显示了项目周期与合同额之间的关系，图 5-4 显示了项目周期与启动月份之间的关系。

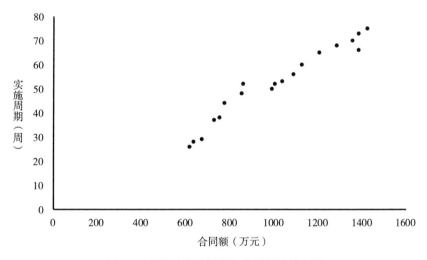

图 5-3　项目的实施周期与合同额的散点图

在散点图中，所有数据点的分布越靠近某条斜线，两个变量之间的关系就越密切；所有数据点的分布越分散，两个变量之间的关系就越弱。

图 5-3 显示，项目的实施周期与合同额之间存在很强的相关性，也就是项目的实施周期随着合同额的增长而延长。观察图 5-4 可以发现，项目的实施周期与项目启动月份体现不出任何规律性。

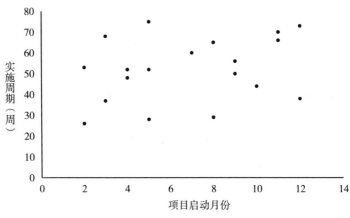

图 5-4　项目的实施周期与启动月份的散点图

5.1.3　用帕累托图定位需要关注的重点

帕累托法则（也称 80/20 法则），是由意大利经济学家帕累托提出的。他通过研究发现，80% 的财富控制在 20% 的人手中。而且这一法则似乎在很多方面同样适用：80% 的结果是由 20% 的原因导致的。换句话说，影响结果的要素有两种类型：

（1）多数，它们只能造成次要的影响。

（2）少数，它们造成主要的、重大的影响。

帕累托图是基于帕累托法则绘制的，其有助于在很多潜在机会中识别出最大改进机会，或者在全部的问题原因中识别出影响最大的少量原因（关键原因）。

在帕累托图中应该显示三个重要信息：

（1）数据由左至右按降序排列的条形。

（2）各要素按百分比比例累计的曲线。

（3）占比 80% 的水平线。

在帕累托图中，80% 水平线与累计曲线交叉点的左侧要素就是需要重点解决的问题。

PMO 发现公司里的项目总结报告存在很多问题，为改进总结报告质量，需要找到改进重点。为此，PMO 决定绘制帕累托图。

1. 收集数据

对存在问题的报告进行统计，收集的数据如表 5-3 所示。

表 5-3　项目总结报告存在的问题

问题	数量（个）
未按期提交报告	3
写错日期	1
引用资料标注不规范	2
用错报告格式	47
选错项目类型/子类型	31
关键词错误/不完整	5
选错会签专家	4
没及时更新	3
图表不规范	2
用错单位	1
报告附件错误	1

2. 按降序排列数据，计算占比和累计百分比

对存在问题的报告进行统计，收集的数据如表 5-4 所示。

表 5-4　存在问题的降序排列及其占比、累计百分比

问题	数量（个）	占比（%）	累计百分比（%）
用错报告格式	47	47	47
选错项目类型/子类型	31	31	78
关键词错误/不完整	5	5	83
选错会签专家	4	4	87
未按期提交报告	3	3	90
没及时更新	3	3	93
引用资料标注不规范	2	2	95

（续）

问题	数量（个）	占比（%）	累计百分比（%）
图表不规范	2	2	97
写错日期	1	1	98
用错单位	1	1	99
报告附件错误	1	1	100

3. 绘制帕累托图

在帕累托图的右侧是累计百分比坐标轴，与左侧纵坐标轴相对应，累计百分比曲线置于条形数据的上方。从左至右将每个条形数据占全部数据总量的百分比逐步累加，把所有这些点连成一条曲线。在图中，还应该增加一条80%水平线。图5-5是完整的项目总结报告存在问题的帕累托图。

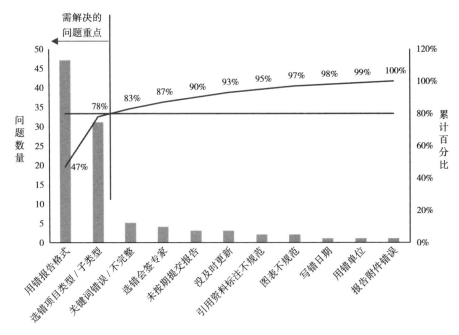

图 5-5　项目总结报告存在问题的帕累托图

4. 解读帕累托图

从帕累托图中可以解读出两条重要信息：

（1）排在最左边的条形显示出最大的改进机会，它代表了导致最多缺陷或错误的原因。

（2）帕累托图识别出了"关键的少数原因"，也就是那些导致大多数缺陷或错误的少数原因——80%水平线与累计曲线交叉点的左侧要素。

关于帕累托图，还有一点也很重要。因为帕累托图通常基于问题数量而绘制，所以后续措施都是为了减少问题数量。但有时问题的数量并不像影响那么重要，这时也许更应该关注影响重大的问题。

统计发现，对于野外的通信基站建设项目，每1万个工时中，就会有20起由于地面湿滑而造成的事故发生，这些事故会造成轻微的擦伤。同时，每100起事故中，会有1起严重事故（如截肢）发生。显然，这1起严重事故是不可忽视的工作重点。

总之，当问题的成本远比问题的数量更重要时，绘制帕累托图时就要基于问题的成本，而不是数量。

5.1.4　用控制图实现过程管控

在一个水平的木箱上方，有一只盛满沙子的漏斗以每秒 v 米的速度匀速往返运动。一段时间后，漏到木箱内的沙子如图 5-6a 所示，堆积面并非严格的水平直线。之所以如此，是因为很多难以明确的因素（如沙子的黏度、颗粒均匀度以及空气阻力等）使沙子不能完全一致地落入木箱中。事实上，沙子越细、越均匀，漏斗速度越匀速，沙子越呈现水平直线。这些无数的、细微的、原因难明的、不可控的因素称为随机因素，由随机因素造成的偏差称为"共同因偏差"。⊖

⊖ 丁荣贵. 项目管理：项目思维与管理关键[M]. 2版. 北京：中国电力出版社，2013.

当漏斗每次路过 A 点时，用一个小锤敲打一下漏斗，沙子的堆积面出现了明显的差异，如图 5-6b 所示。这种能够找出原因的、可控的、使系统产生较明显差异的因素称为特殊因素，由特殊因素造成的偏差叫作"特殊因偏差"。

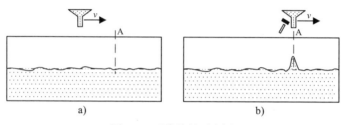

图 5-6 系统偏差示意图

共同因偏差存在于整个过程中；分开来看对偏差的产生影响较小，但合起来对偏差的产生有系统级影响。

随机因素引起的共同因偏差是一种波动，在一个稳定过程中是由各种未知因素引起的，其导致的结果是围绕平均值随机分布的一种波动。共同因偏差可以用来测量过程的潜在能力，或者把该过程的特殊因素清除后过程的性能将是什么样。因此，可以用它来测量过程的技术水平。共同因偏差常被称为噪声，这种偏差是无法控制的。当一过程仅受随机因素影响，而关键指标的平均值和偏差都基本保持稳定时，称为受控制状态。

特殊因偏差是由于特定因素（比如环境条件）的改变导致的结果。这些偏差的因素是可以直接加以确定的，也是可以消除的，它是过程控制时需要消除或改进的因素。特殊因偏差并不总是在过程中出现，只是偶尔出现；特殊因偏差来自一般过程之外；对总体偏差有或大或小的影响，但比任何单一的共同因素造成的影响都要大。

任何一个动态系统均存在共同因偏差，也可能存在特殊因偏差。

1. 用控制图倾听"过程的声音"

1931 年,物理学家休哈特出版了《产品制造质量的经济控制》一书,概述了统计过程控制的原理。控制图(control chart)由此诞生,用以对过程的关键特性进行测定、记录、评估、监测,进而评估过程是否处于受控状态(见图 5-7),控制图已经成为统计质量管理最重要的手段和工具。

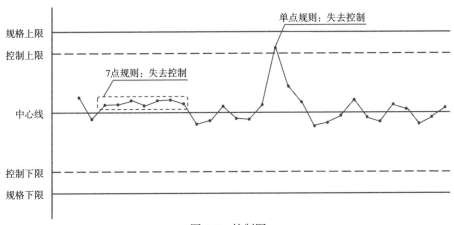

图 5-7　控制图

在控制图中,控制线是判断过程是否失控的上下界限(图中的控制上限和控制下限)。超过控制线表明过程已失控,控制线是项目管理团队制定的。规格线是判断产品或成果是否符合要求的界限,超过规格线表明产品不合格,规格线是合同(用户)确定的。一般情况下,控制线在规格线之内。

在控制图中,一般绘制 3 条平行于横轴的直线:中心线、控制上限和控制下限。其中,中心线是所控制的统计量的平均值,控制上/下限通常设定在 ±3 标准差的位置。

控制图是随时间的推移用于监督、控制和改进过程的强大工具。控制图能够显示出过程的绩效,因此也被称为"过程的声音"。数据能说话,作为"过程的声音",控制图能够恰到好处地发出声音,提供有用的信息。通过观察控制图上过程特性值的分布状况，可以分析和判断过程中是否发生了异常（过程是否受控），一旦发现异常就要及时采取必要的措施加以消除，使项目过程恢复至稳定状态。

控制图对于分析那些旨在不断追求稳定结果的重复性过程很有用。完成了控制图之后，就要对数据进行分析。根据控制图中的控制限，就可以知道可预期的结果是什么。控制限是统计计算得出的，代表一个过程的正常绩效区间[⊖]。

控制图可以揭示过程中偏差的本质，指出什么情况是正常的，什么情况是不正常的。解读控制图并不复杂，显示过程失控的数据点都是特殊因素导致的特殊偏差，需要对此展开调查。通常情况下，判断过程是否失控的标准有如下两个：

（1）单点规则：任何一个数据点超出控制界限，表示过程已经失控。

（2）7点规则：连续7个点落在均值上方或下方，表示过程已经失控。

控制图用来确定一个过程是否稳定，或者是否具有可预测的绩效。控制图可用于监测各种类型的输出变量。在批量生产中，控制图通常用来追踪重复性活动；在项目管理中，我们经常用控制图来监测成本与进度偏差、质量指标、变更频率等，以帮助确定项目过程是否受控。

具体而言，控制图可用于：

- 希望对过程输出的变化范围进行预测时。
- 判断一个过程是否稳定（处于受控状态）。
- 分析过程变异来源是随机的还是非随机的。
- 完成一个过程改进项目时想要防止特殊问题的出现，或对过程进行基础性的改变。
- 希望控制当前过程，问题出现能觉察并对其采取补救措施时。

⊖ 罗斯.项目质量管理：从入门到精通（第2版）[M].边登峰，李一，汪小金，译.北京：中国电力出版社，2016.

总之，控制图是：

- 实时图表化反馈过程的工具。
- 按时间序列展示过程特性/表现的工具。
- 用来区分信号与噪声的工具。
- 判断过程是否稳定（可预测）的工具。

2. 控制图实例

H 公司的管理层对客户最近的投诉焦头烂额，这些投诉皆因产品的系统报表打印故障引起，由此导致了客户的损失和不满。

H 公司高层希望能充分评估这些故障的数据、发展趋势，以便确定究竟有多少此类故障没有得到纠正，并期望 PMO 制定对此类投诉和问题的考核激励制度。

该故障涉及 27 个省市的 138 个项目，面对如此规模的项目组，H 公司的 PMO 经理庞濛感觉很棘手——统计这么多项目组的数据几无可能，各项目上的火还来不及救，哪里有这么多人干这事！

很显然，从所有项目上收集所有数据既费时又费力，现有条件也无法支持这种方法。

在此情况下，庞濛找到了我，我告诉他没有必要收集所有数据，样本数据能够满足需要即可。根据我的建议，庞濛随机选择了 6 个项目部和一个为期 5 天（1 周）的时间段，然后又从每个项目部每天随机抽取了 100 次打印样本，记录每个项目部在 100 次打印中报错的次数，具体数据如表 5-5 所示。

表 5-5　6 个项目部为期 5 天的 100 个样本的打印报错次数

	周一	周二	周三	周四	周五	总和	平均
项目 A	2	7	7	11	12	39	7.8
项目 B	8	10	10	7	11	46	9.2

（续）

	周一	周二	周三	周四	周五	总和	平均
项目 C	6	9	7	11	7	40	8
项目 D	7	9	8	14	8	46	9.2
项目 E	18	4	5	7	8	42	8.4
项目 F	7	9	12	8	9	45	9
总和	48	48	49	58	55	258	51.6
平均	8	8	8.2	9.7	9.2	43	8.6

基于上述样本按照以下步骤绘制控制图。

第一步：画出样本数据的折线图。图 5-8 所示的折线图相当于把表 5-5 理解为 30 个项目为 1 天的测试数据。

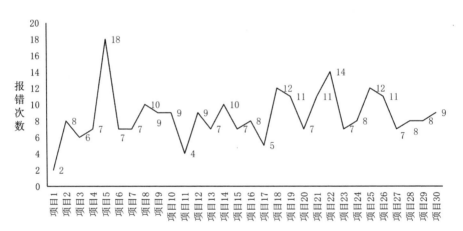

图 5-8　系统报表打印故障的折线图

实际上，也可以把表 5-5 理解为 1 个项目 30 天的测试数据，从而绘制图 5-9 所示的折线图。

第二步：对数据进行计算。表 5-6 中的总故障数、总样本点及每个样本点的缺陷平均数（均值），都直接来自表 5-5。各数值的计算方法如下。

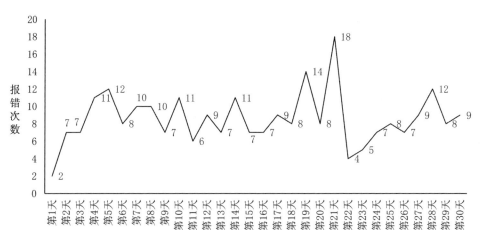

图 5-9 系统报表打印故障折线图的另一个版本

表 5-6 系统报表打印故障的数据计算

数据名称	数值
总故障数	258
总样本点	30
每个样本点的缺陷平均数（均值）	8.6
样本规模（每个样本点）	100
总样本数	3 000
故障比例	0.086

$$总样本数 = 样本规模 \times 总样本点$$

$$故障比例 = \frac{总故障数}{总样本数}$$

因此，总样本数 =100×30=3 000，故障比例 =258/3 000=0.086。

第三步：添加均值线（见图 5-10）。

第四步：添加控制线。在故障数控制图中，控制上（下）限的计算公式为：

$$控制上（下）限 = 平均数 \pm 3\sqrt{平均数 \times (1 - 故障比例)}$$

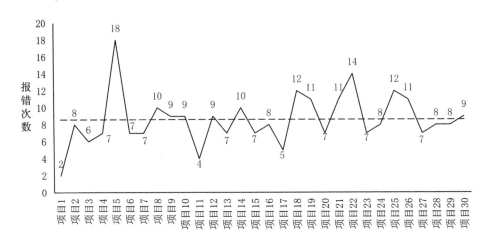

图 5-10　添加均值线后的折线图

因此，控制上限 $=8.6+3×2.93×0.914≈16.63$，控制下限 $=8.6-3×2.93×0.914≈0.57$。

把控制上限和控制下限添加到图中，就得到了控制图（见图 5-11）。

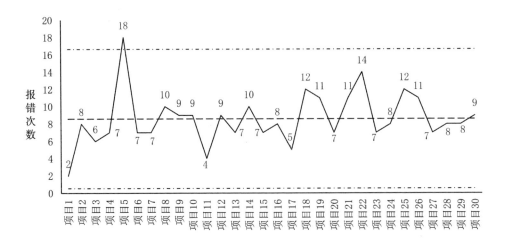

图 5-11　系统报表打印故障的控制图

显然，100 份样本中的任何一个项目在一个工作日都可能出现 0.57～16.63 次故障。故障数的区间不会发生变化，除非过程发生了变化。任何重复性过程都会有偏差。其结果不可能完全相同，而是会出现波动。控制线就是波动的上限和下限，让人们能够合理预计一个过程的绩效。

本例中，项目 E 在周一出现了 18 个故障，就是一个特殊因素（打印纸张受潮，进纸困难）导致的，因此应该对这 18 个故障展开调查，澄清原因并迅速消除这些特殊因素。同样，连续 7 个点落在均值上方或下方时，也应认为过程受到特殊因素的影响，已经失控。一旦发现异常就要及时采取必要的措施加以消除，使过程恢复稳定状态。

如果把表 5-5 理解为 1 个项目 30 天的测试数据，绘制的控制图如图 5-12 所示。

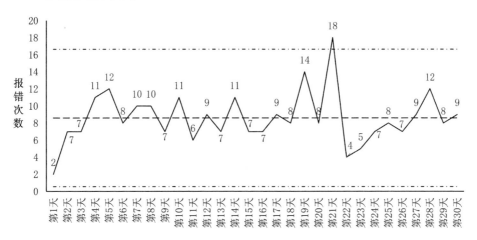

图 5-12　系统报表打印故障控制图的另一个版本

另外，也可以采用另一种方法来计算控制上（下）限。根据工程数学对随机事件概率的研究，一个遵从正态分布的随机序列，其平均值 $\overline{N}$（又称期望）和标准差 σ（又称均方差）分别为：

$$\begin{cases} \overline{N} = \dfrac{N_1 + N_2 + \cdots + N_i}{i} \\ \sigma = \sqrt{\dfrac{\sum_{i=1}^{i}(N_i - \overline{N})^2}{i}} \end{cases}$$

需要说明的是，用这种方法计算出的结果可能更严谨，但方法也更复杂。

3. 红珠实验与系统绩效的稳定性

红珠实验是著名质量学家戴明设计的两个实验之一（另一个是漏斗实验），实验模拟给客户提供产品以满足顾客需求，顾客需要的是白珠，不接受红珠（有缺陷的产品）。此实验说明了尽管程序是一样的严格，但还是会不可避免地出现各种变异，即质量缺陷问题。

（1）实验工具/材料。4 000粒木珠，直径约3毫米，其中800粒为红色，3 200粒为白色。一个有50个凹槽的勺子，每5个凹洞1排，共10排，每个凹槽恰好能装下一粒珠子，一次可盛起50粒木珠（代表工作量）。一个长方形容器，大小恰好能够让一把勺子在容器内捞珠子（见图5-13）。

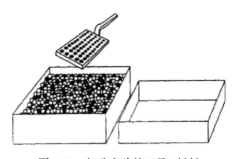

图5-13 红珠实验的工具/材料

（2）实验人员组成。6名操作员，2名检验员，1名检验负责人，1名记录员，1名主持人（扮演高层管理者）。他们的具体职责如下。

- 操作员：每次从 4 000 粒珠子中捞取 50 粒。
- 检验员：对操作员捞出的红色珠子数量计数并记录。
- 记录员：如果两位检验员的结果相同，检验负责人就把这个结果报给记录员，记录员记录数据。
- 主持人：代表管理层的介入和管理控制，主持人可以使用任何管理方法和手段。

（3）实验步骤。

- 混合进料，将珠子搅匀倒入长方形容器内。
- 操作员用勺子捞取珠子，每个凹槽内必须有珠子。
- 操作员将结果交给一名检验员，检验员检验成果并登记结果，然后再将结果交给另一名检验员检验并登记。
- 检验负责人比较两名检验员的记录，并公布最终结果。
- 上述基本步骤只代表了一个操作员一天的工作过程。依次换下一名操作员操作一次，所有 6 名操作员轮换完成记 1 轮。

实验中挑选了 6 名操作员，上述的操作步骤重复 5 轮（模拟一周 5 天的工作）。

（4）实验过程中的管理措施。主持人可以使用传统管理的任何方法和手段实施管理控制，如：

- 宣布每位操作员每天的红珠不得超过 1 粒，并评选最佳员工（缺陷数量最少的人）。
- 宣布"零缺陷日"，批评、处罚绩效糟糕员工（缺陷数量很多的人）。
- 张贴"质量是生命""客户至上""以人为本"等质量标语，以激励操作员取得更好的绩效。

工作几天以后，主持人宣布对绩效不佳的员工予以扣发薪资甚至解雇，这让其他参与者感到很开心。

（5）实验结果的数据分析。一次红珠实验的数据如表 5-7 所示。

表 5-7　一次红珠实验的数据

姓名	周一	周二	周三	周四	周五	总和	平均
员工 A	11	10	9	10	12	52	
员工 B	8	6	8	9	10	41	
员工 C	17	5	8	5	9	44	
员工 D	9	16	7	11	9	52	
员工 E	11	11	19	8	7	56	
员工 F	15	11	12	9	13	60	
总和	71	59	63	52	60	305	
平均							10.17

根据实验数据可知：

总样本数 =50×30=1 500，缺陷比例 =305/1 500≈0.2。

一次红珠实验的计算数据如表 5-8 所示。

表 5-8　一次红珠实验的计算数据

数据名称	数值
总缺陷数（红珠）	305
总样本点	30
每个样本点的缺陷平均数（均值）	10.17
样本规模（每个样本点）	50
总样本数	1 500
缺陷比例	0.203

因此，控制上限 ≈ 17.8，控制下限 ≈ 2.5。

绘制的控制图如图 5-14 所示。

（6）红珠实验深刻揭示了系统绩效。系统的绩效和输出是稳定和可预测的。在系统维持不变的情况下，系统的输出水平及其变异是可预测的。虽然系统中的很多元素是相互作用的，但在红珠实验中，只有系统本身的结构真正对结果起到了决定性作用，即 80% 白珠：20% 红珠的系统组成。如果操作员正常操作，在每次 50 粒珠子的取样中，捞到红珠的概率大约是 20%（10 粒红珠）。实验结果的平均数为 10.17，与上述推测相吻合。随着样本数目的增加，捞到的红珠平均数会越来越接近 10。那些看似会影响结果的其他因素，其实都是无关的，它们包括以下几种。

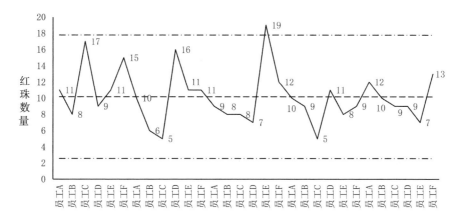

图 5-14　一次红珠实验的控制图

- 检查（即便过量的检查）对系统绩效没有影响。
- 缺陷数量要求对系统绩效没有影响。
- 质量标语和口号对系统绩效没有影响。
- 激励或奖惩措施对系统绩效没有影响。
- 管理措施对系统绩效没有影响。

奖惩个体的考核评价体系不是问题解决之道。所有的变异，包含工人之间产出红珠数量的差异，以及每位工人每日产出红珠数量的差异，均完全来自过程本身。没有任何证据显示哪一位工人比其他工人更高明。在绩效考核或员工评价等制度中，将人员、团队、部门、分公司的表现进行优劣排序和评比是一种错误的做法，这对员工的斗志是一种打击。员工的表现完全与努力与否无关。换言之，在系统得不到改进的状况下，针对个体的考核评价不是解决问题之道。

改进系统而非问责个体。在实验中，唯一能够影响系统绩效的因素是红珠在全部珠子中所占的比例。这个实验告诉我们：要解决系统本身的问题，不要简单地责备某一个人。事实上，员工的绩效绝大部分是由系统决定的，只有极少部分由个人努力决定。

红、白珠的混合比例基本就决定了实验结果。虽然人的疏忽或个人行为也能在一定程度上影响实验结果，但实验结果主要取决于所采用的实验材料，即人无法控制的系统原因。

5.2 控质量：质量是要命的事

不做该做之事，你总能找到借口。

——约翰·麦克斯韦尔

徒弟：要项目质量管理人员做什么？

师父：项目质量管理人员只是帮助项目团队解决问题的。

徒弟：项目质量管理人员在项目中扮演什么角色？

师父：项目质量管理人员其实就是项目路上的交通警察。他们不会制造红绿灯，也不修建马路，更不会在马路上画斑马线。他们的职责是：引导、监督大家遵守交通规则，阻止闯红灯的行为，将违反交通规则的行为找出来并及时制止，必要时对不守法行为进行处罚。

质量管理的范畴很大，涉及组织和项目的诸多方面。一般情况下，项目的质量管理过程，你可以参考图 5-15。需要特别说明的是，我们在此时讨论项目质量管理的话题，并不表示这项工作到此时方才开始，实际上它贯穿于项目的全过程中。

第5章 监控：审时度势，沉着应变 209

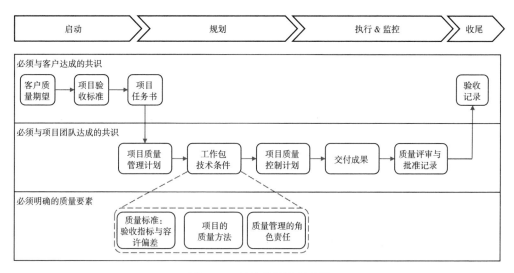

图 5-15　项目质量管理过程

质量对项目的重要性不言而喻，我把质量管理水平定义为 5 个等级（见图 5-16）。

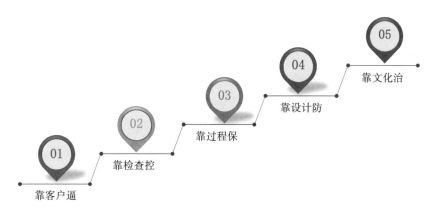

图 5-16　5 种质量管理水平

（1）靠客户逼：代价最大的方法是让客户发现缺陷。这种方法可能会导致担保问题、召回、商誉受损和返工成本。

（2）靠检查控：控制质量过程包括检测和纠正缺陷，再将可交付成果发送给客户。该过程会带来相关成本，主要是评估成本和内部失败成本。

（3）靠过程保：通过质量保证检查来纠正过程本身，而不仅是特殊缺陷。

（4）靠设计防：将质量融入项目和产品的规划和设计中。

（5）靠文化治：在整个组织内创建一种关注并致力实现过程和产品质量的文化。

非常遗憾的是，大多数组织还未达到第3级，更谈不上"设计防"和"文化治"。在项目中，质量管理往往处于不被看重、受人责难、工作难开展、成效不明显的尴尬境地，这是国内许多企业质量工作的一个缩影。在项目中，确保质量管理过程的高效（效率、效果）既是重点也是难点。

5.2.1 项目质量管理的尴尬

客户可以要求好的质量，组织可以承诺实现好的质量，但项目团队才是真正对质量负责的部门。质量不达标会给项目团队和组织带来直接和长期的灾难性后果。

既然质量对于项目成功很重要，那质量问题早就应该得到解决了。事实并非如此。项目一直为含混不清的质量目标和晦涩难懂的质量检测方法所困扰，所有这些都导致项目的结果不能令人满意甚至更为糟糕。

从产品或服务交付的角度来看，质量在很大程度上已经是一个被解决的问题。经过过去100多年的发展和精炼，质量工具和技术已经成为科学而非艺术。把这些已被验证的工具和技术直接应用于项目管理看似简单，但恰恰就是问题所在。

很多企业一方面花钱请人帮助他们通过ISO 9000进行质量检测，另一方面又不信任它。还有很多企业在外审前编造文档、编造证据，这已成为一个审查者与被审查者之间心照不宣的事实！

质量管理的价值已得到人们的认可，可是质量管理过程的重要性却时常被忽视！

1. 质量管理部门成了质量检验部门

项目质量的重要性，恐怕没有人会否定，很多企业甚至处处宣称"质量就是生命"，但质量管理却并没有受到足够的重视，与"生命"更是相距十万八千里。在很多企业里，名义上的质量管理部门，实际上是质量检验部，甚至只是产品质量的检验部，像是一个附属组织，有时还有比这更尴尬的形容——"鸡肋部门"。

2. 质量管理人员常成为众矢之的

因为质量管理人员的阻拦影响了项目进度，项目组成员和市场人员常恨得咬牙切齿。采购物资检验后退货，得罪了某些采购人员，他们对质量管理人员恨之入骨。对质量问题紧追不放，让研发人员觉得质量管理人员是一拨让人头痛的家伙。大家的苦汇集到一起，找老板去告状、投诉，质量管理人员的日子就更不好过了。

3. 出不出质量问题是个问题

很多时候，质量管理人员苦于对业务（尤其是对研发业务）不了解，无法深入业务活动中控制和保证质量，很多地方都插不上手，感到无能为力。

项目出了质量问题，大家都认为是质量管理部门的工作没有做好。项目质量没问题了，大家又感觉质量管理者整天没做什么事儿。

在大家看来，项目质量控制得好，是因为研发部门遵循了设计规范，加强了测试和技术评审；是因为生产人员改进了工艺，加强了过程控制，似乎与质量管理部门的工作并没有什么关系。

对于质量管理部门来说，最好是产品时不时出现一些质量问题，这样能为自己加强质量检验工作和开展质量控制活动找到充分的理由，也能证明自己的存在和价值。所以，这是一个悖论。

4. 质量认证越来越像形式主义

企业还需要用到质量管理部门的地方就剩 CMMI、ISO 9000 等质量标准体系的推行了。这确实是公司级的一件大事，质量管理部门也会额外卖力，毕竟质量保证体系对产品质量的重要性是不言而喻的，推行体系是提升质量部门地位和影响力的大好机会，而且获证后的成就感和为企业带来的价值也很直接。

然而，在绝大多数情况下，辛辛苦苦花了一两年甚至更长时间推行体系，项目质量却并没有因此出现明显提升，拿到证书无疑是一项成绩，但质量部门的工作也落得了一个形式主义的评价。

全面质量管理（TQM）引入国内已经有三四十年了，但一直雷声大雨点小。CMMI、ISO 9000 等国际质量标准在国内一实施就走样，变成形式化的一套东西。质量管理部门的尴尬恰恰是国内许多企业在质量管理方面的缩影，说明许多企业没有把质量管理放在应有的位置，有的企业的质量管理部还从属于公司某个部门。

5.2.2 项目需要什么样的质量管理部

质量管理是企业的生命线，企业理应建立一个组织级的质量管理部，统抓企业的产品质量和过程质量。作为企业关键的职能部门，质量管理部应该直接由企业最高领导负责，其职能可以定义为：开展有效的质量控制活动，建立健全质量保证体系，树立优秀的质量文化，以确保企业的产品质量和过程质量。

质量管理部在加强自身建设和提升能力的同时，尤其需要注意与领导层和项目组的沟通，一方面获得领导层的支持，另一方面赢得项目组的信任，在质量目标和措施上与项目组达成共识。

需要强调的是，质量管理部千万不要成为高高在上的部门，必须把工作中心下移，深入各项业务工作中，具体的做法是：向研发、制造、采购等与项目质量直接相关的部门派驻质量管理人员。目标、政策、流程、制度、人员任用等问题归质量管理部统一管理，日常工作由项目经理安排和指挥。这样既使质量管理体系得到有效落实，项目质量得到有效监控，又使质量管理人员直接深入和服务于项目业务。

在质量管理部的设置上，需要兼顾质量控制和质量保证两方面的职能。质量控制不应局限于检验和检查上，大量的质量控制活动（如测试、技术评审、交叉检查等）是由业务部门实施的，质量管理人员要对这些活动的组织和有效性负责。

质量保证既是事前的预防和事后的总结提升，又是对项目质量形成全过程中所涉及的人员、过程、方法、工具等要素的全面管控，必须对其进行系统设计和完整部署并确保其能够有效运行。

1. 不要被头衔愚弄

张总、王总、刘总……头衔泛滥到一夜之间大家似乎都成了"总"，这一方面满足了人们的虚荣心，另一方面也是某种程度上的语言贿赂。国内很多银行的支行中有一个现象颇具代表性，即很多顶着"副行长"帽子的人干着销售人员该干的工作！

含混不清的职位名称，时常让人迷惑。

QA（quality assurance）指质量保证，是审计质量要求和质量控制测量结果，确保采用合理的质量标准和操作性定义的过程。QA 的重点在于流程度量和过程改进。

尽管有很多测试小组都被叫作 QA，但实际上它们只是测试组。必须说明的是，这不只是一个用词不当的问题！

流程改进是管理活动，应该由一个 QA 经理负责流程度量并管理过程改进。现实中，很多挂着 QA 经理头衔的人只管理测试，如同顶着一顶"副行长"帽子的销售人员！含混不清的职位名称，时常让人误以为已经覆盖了相关活动，比如过程改进和质量体系。然而事实并非如此，这样的职位名称用"徒有虚名"形容再恰当不过。

QA 与测试人员的关键区别在于：QA 团队人员能够进行过程改进。名副其实的 QA 小组或 QA 经理具备以下特质。

（1）有权有钱，能够对团队成员提供必要的培训。

（2）有权处理客户的投诉，推动客户投诉的处理。

（3）有能力制订过程改进计划，并根据过程改进计划进行组织结构调整、人员配置以实施过程改进。

（4）有能力、有权力通过多个项目来度量过程改进是否有效。

QA 经理也许并不直接完成这些工作，但是他们有能力安排相关人员和工作。QA 是很重要的角色，国内的情况是公司常愿意提供拥有这些头衔的职位，而不愿意赋予这些名称应有的权力。这造成一种假象——让大家认为 QA 不过如此！当然，测试是另外一回事，不得不说测试是一种值得自豪、有创意的职业。优秀的测试人员就像优秀的研发人员一样稀有，而且，成功的项目离不开他们。

2. 矩阵组织下的QA部门

在最常见的矩阵型组织中，QA 人员由组织级质量管理部门指派到各个项目组和业务部门，在管理上向 QA 经理报告，业务上向项目经理和职能部门经理报告。矩阵组织下的 QA 人员只有直接参与项目工作，了解过程运行情况，才更容易发现过程改进的"短板"，从而成为实施过程改进的重要推动力量。这样，QA 部门就可以担负起组织级质量体系的优化，以及过程资产库和度量数据库的建立、维护和使用的责任。

糟糕的是，很多企业选择一些新人和"闲人"负责 QA 工作，以为 QA 工作很容易，就是例行公事！还有人调侃，连质量工作都不会做，就真的是"百无一用"了。其实，QA 工作对人的要求非常高，熟悉质量体系仅仅是基本条件，更需要很高的综合素质、业务能力和项目经验。如果没有实际的项目经验和业务能力，选择一些新人和"闲人"来担任 QA，即便他们把整个过程体系背下来，仍然很难成为真正合格的 QA 人员。

3. 合格项目QA的3种角色：警察、教师和医生

以研发项目的 QA 为例，一个合格的 QA 人员在项目中会扮演 3 种角色：警察、教师、医生。QA 典型的职责包括过程指导、过程评审、产品审计、过程改进、过程度量。

（1）扮演警察的角色，QA 人员以业务流程为依据，需要及时发现和报告项目中的问题，有选择性地参加项目的技术评审，定期对项目的交付成果和过程进行审计和评审。

（2）扮演教师的角色，QA 人员辅助项目团队制订项目计划，包括根据质量体系中的标准过程裁剪以得到项目定义的过程，帮助项目进行估算，设订质量目标；对项目成员进行过程和规范的培训以及在过程中进行指导等。

（3）扮演医生的角色，QA 人员可以承担收集、统计、分析度量数据的工作，对项目过程进行诊断，帮助分析原因，开处方。

> 2019 年，上海市徐汇区一个年轻女子在人行道上闯红灯被值岗的交警罚款 20 元，结果此女子竟公然大叫："我又不是开车，闯红灯怎么了？"一种既不合理也不合法的事，因为没有被严格并有效管控竟被当成一种习以为常的事！

这跟我们项目质量管理中的一个常见场景如出一辙。如果有个项目成员为了自己方便而违规实施，当你提醒或考核绩效时，他马上来一句"我们一直都是这样做的"，或者来一句"你行你来做"。如果你只是象征性地提醒或问一下而没了下文，在无形中就降低了管理水平，项目质量岂会有保障？

5.2.3　决心比技巧更重要

多年的项目经验告诉我，项目质量管理工作没有想象中的那么难，只是我们把它想得太复杂了——为什么老是一味追求新的质量方法，而不去坚持落实既有的方法？项目管理之路，经过几十年的发展与完善，目前用的不都是好方法吗？

1. 出了问题你负得了责吗

制度是来遵守的，不是用来迁就某个人的。我非常不赞同"大公司法治，小公司人治"的说法，难道大公司不是从小公司做起来的吗？

有一些人，在马路上总自以为是，你是否考虑过如果发生了交通事故，影响的可不只是你一个人这么简单。在项目中，当因没按标准实施而产生了质量问题而又懒得或不愿意改善时，某些人常说"我签字，出了什么问题我负责"——我必须说的是，这不是你的权责，也不需要你来签字负责，即使有再大的争议，也需经过相关人员综合评审而做决定。当真正造成巨大损失时，除了老板，怕是任何人都负不起那个责。也许你得到的只是一个处罚，但公司的重大损失谁来买单？

> 深圳市一家做系统集成的公司，一个项目事故导致被客户索赔 1 000 多万元，虽然老板要处罚负责人十几万元，但该大客户的订单量锐减了七成！对这家仅有 2 家大客户的公司来说，意味着什么？

在项目过程中，时常有人不按规矩执行，而出了质量问题也总有那么几个人心存侥幸以为能逃过处罚。我们经常能见到，十字路口有一些人见缝插针式地抢过马路，视红灯而不见，总还为自己找一个冠冕堂皇的借口"我有急事，过了一万次都没事，别人也都这么过的"。

面对这些问题，项目报告中时常这样描述"加强过程管控，要求团队成员自检、互检，严格按程序要求实施，加强培训"等，1 次、2 次、5 次、10 次……有时连自己都麻木了，不是吗？

2. 把原则坚持到底

> 人们都知道每天慢跑 50 分钟不仅有助于减肥，更有益于身体健康。但是，大多数人并不这么做，反而会花很多的钱去买些减肥药物（所谓捷径）。人们一次次对减肥药物不满意，一次次受到减肥药物副作用的伤害，一次次花钱去换新的减肥药，反而把慢跑遗忘了。

同样，我们一次次对现行的项目管理办法失望，一次次承受着管理失败造成的损失，一次次求助新管理方法，而忘记了我们早已知道的有效方法。很多公司推行项目管理体系，开始搞得风风火火，三五个月后就成了"例行公事"，一次又一次地走马观花——成本投入了，也浪费了。

项目质量管理真的就那么难吗？我们的项目质量管理是否偏离了宗旨？追求管理时尚不一定能提升管理水平，很多的公司在做 CMMI、ISO 9000 时的目的其实也就只有一个：应付客户。

"全员参与、过程方法、持续改进"在一声又一声如雷般的响亮口号下，也正在一些人身上、心里渐渐麻木。而这些究竟提升了多少管理水平，其实我们心里都明白。这个时候，我们已不再需要更多的高明理论，只需要用心把已推行的简单方法，认真地坚持落实下去。

就目前来讲，大多数公司还远远达不到全员质量管理的境界，但是，就算 99% 的人没有长期坚持对质量标准的认可和维持，那么项目质量管理人员也必须坚持到最后，并且绝不能抱有"反正大家都这样，我再努力也改变不了什么"的随波逐流的思想。

减肥最根本的方法就是少吃多动。这本身没多少技巧，需要决心。管理项目质量就如减肥，决心比技巧更重要。

• • • • • • • •

质量管理之路，有起点、无终点。我始终相信：项目质量管理人，应该是项目路上的交警，用尽一切办法引导大家遵守交通规则才是天职。而这条路是否走得顺畅，关键就是看能否把原则坚持到底。

D 公司投入几百万元推行集成产品开发（integrated product development, IPD），顾问公司让 D 公司老板当 IPD 推进组长，顾问公司的项目经理做副组长。刚开始推行时，前半年不但没有成效，反而还影响了生产，频频出现问题还导致了人员流失，公司上下 90% 以上的人对 IPD 失去了信心。但是既然花如此大的成本推行，就得做下去。

此时，顾问公司当初所打的预防针起到了作用：很多公司之所以推行不成功，就是因为做一段时间后失去信心，难以坚持下去……最终，老板坚持下来了，IPD也渐渐步入了正轨。

5.3 勤监控：让项目走在正轨上

由于项目在前期的计划工作中面临许多的不确定性，在实施过程中又常常面临多种因素的干扰，因此，在项目按计划实施的过程中，项目的进展必然会偏离预期轨道。所谓项目监控，是指根据项目进展的情况，对比原计划（或既定目标），找出偏差、分析成因、研究纠偏对策，并实施纠偏措施的全过程。

监控项目需要定期或不定期发布项目的状态报告，简单的状态报告可能仅显示诸如"完成百分比"的绩效信息，或每个领域（如范围、进度、成本和质量）的状态指示图。详细的描述报告中可能包括：

- 对过去绩效的分析
- 当前的风险和问题状态
- 在本报告期完成的工作
- 在下一个报告期将要完成的工作
- 本期批准的变更的汇总
- 偏差分析的结果
- 预测的项目完成情况（包括时间和成本）
- 必须审查和讨论的其他相关信息

5.3.1 过程控制方法论

1. PDCA循环

由休哈特提出并经戴明完善的PDCA循环（见图5-17）是项目监控的基础。PDCA是英语单词Plan、Do、Check和Action的首字母的缩写，PDCA循环就是按照这样的顺序进行管理，并循环不止地进行下去的科学程序。

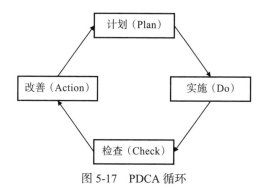

图5-17 PDCA循环

- P（Plan）：计划。调查分析、确认问题，分析问题影响，找出问题的各种原因，拟定对策并制订计划。
- D（Do）：实施。实施计划，执行具体任务。
- C（Check）：检查。根据实施情况，对比原计划（或既定目标），找出偏差。
- A（Action）：改善。分析偏差成因、研究纠偏对策，评估改善。

以上4个过程不是运行一次就结束，而是周而复始地进行，一个循环完了，解决一些问题，未解决的问题进入下一个循环，螺旋式上升。

2. 解决问题的"万能公式"

实践中，我总结了一个解决问题的万能公式（见图5-18），这个公式的口诀是：行动之前要计划，计划之前要分析，分析之前要信息。

图 5-18　万能公式

在上大学之前，很多人完全不清楚自己选择的专业是干什么的，更不知道这个专业在现实中的工作是怎样干的。这些人，完全是在信息不充分的情况下直接采取了行动。如果工作中，喜欢自己选择的专业，那还是很幸运的；如果不喜欢，就只能换行业、跳槽，从此开始了折腾。这就是拿着自己唯一的一生试错！

根据万能公式，选择学校和专业之前，应该收集各种信息，比如个人的特长、兴趣和学校/专业的特点等，在此基础上做相应的分析，然后根据分析结果（比如达成目标的差距等）做好下一步行动的计划，最后才是行动。

非常遗憾的是，很多人在工作中没有信息、不分析，也不做计划就直接采取行动，结果一做就错，然后回过头来再不断修正。这不仅付出了成本代价，更重要的是浪费了不可逆转的时间。

更遗憾的是，很多人选专业、选工作的所谓标准是："哪个专业容易找工作，什么专业钱挣得多！"个人的目标与专长，完全淹没在专业带来的物质利益中。看得见的好处，阻挡了人们去完整地思考工作的价值、人性的尊严以及生命的意义。

5.3.2 项目监督控制最佳实践

在项目中,看到别人在加班熬夜,就能断定这个项目很忙,工作量很大吗?未必!

我的很多企业学员私下里聊天反映,很多的加班现象都是项目管理不当造成的。管理者们工作的计划性很差,摸着石头过河,还强加给项目团队一个不切实际的工作计划,问题是:你可以哄骗一个傻子来接受一个不合理的期限,但你不能逼迫他满足该期限的要求。项目团队成员们眼看着原定目标与计划不可行,可谁都不敢出面得罪老板,把问题暴露出来,就这么拖着,挺着——大家不是按可行的方案去做,而是通过做来证明这种方案的不可行。因为如果你直接说不可行,领导不接受,还可能会给你贴上一个消极的标签!

在这种情况下,人们越是对项目没底,就越想通过加班来减少心中的那份不自信、担心、顾虑。除此之外,管理者与团队成员平时沟通少,讨论问题、分享交流的机会少,对团队成员关心得太少,只知道埋头做事,结果导致团队成员意见很大,纷纷想离职。

1. 将里程碑完成率作为项目绩效考核的标准

激烈的竞争让很多人总是强调结果,"以结果为导向"是对的,但"有条件要上,没有条件创造条件也要上"的提法本身就有很大的问题。并不是说结果不重要,问题是结果要靠过程来保证,没有好的过程就很难有好的结果。对于项目来讲,里程碑就是最有效的过程监控手段。我把组织项目监控的水平定义为如图 5-19 所示的 4 个成熟度层次。对于组织而言,应该努力提升到"有好过程,持续产生好的结果"的第四层次。

实践中,验收节点往往是每个人(尤其是客户和高层)关注的重要节点,对于项目团队而言,是没有回旋空间的硬性节点,而里程碑节点(特别是内部控制的里程碑节点)有时是有弹性的,不属于火烧眉毛的类型。但是忽视项目的内部里程碑,则是一个压力积累、风险做实的过程。

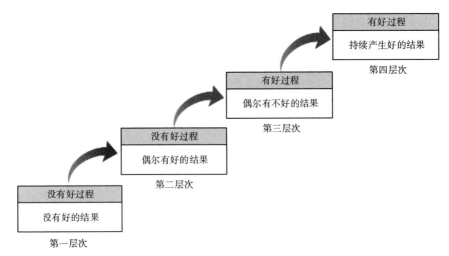

图 5-19 组织项目监控的成熟度水平

作为项目管理者,你应该做到以下几点。

(1)在计划过程中,合理规划里程碑节点,使其有可行性,有验收价值。

(2)在执行过程中,围绕每一个里程碑安排工作,找到项目的节奏。

(3)在管理过程中,将里程碑的压力传递给项目中的每一个人。

我要强调的是,当其他人不重视里程碑节点(特别是内部里程碑节点)的时候,你必须重视,而且要尽可能发挥自己的影响力,让别人像你一样重视。作为组织,将里程碑完成率作为项目绩效考核的标准是一个好办法。

请记住:眼睛盯住细节的,是工程师;眼睛盯住结果的,是老板;眼睛盯住过程的,是项目管理者。

2. 5分钟站立会议

5分钟站立会议(5 minutes stand-up meeting)是实践中项目管控的好办法。会议时,项目团队成员在固定时间(如每天上午8:30—8:35)、固定地点,每天站着围在一起、轮流主持、相互通报,每人回答以下3个问题。

(1)昨天我做了什么?

（2）现在我遇到了什么困难？

（3）今天我计划做什么？

5分钟站立会议既可以推动项目进展、跟踪项目问题，往往也可以提升团队对项目的责任感，起到团队建设的作用。

3. 任务墙

关于任务墙的详细探讨，请参考本书 3.2.3 节。

4. 在项目团队中引入行动跟踪计划

可以在项目团队中引入行动跟踪计划，管理各项活动进度和预期结果。有效的行动跟踪计划可以提高团队绩效，减少混乱、疏忽，避免重复分配任务，能更方便地检查个人及团队活动进度。一个行动跟踪计划的实例如表 5-9 所示。

表 5-9 一个行动跟踪计划的实例

团队		质量保证	日期	06/15/2017
参与人员		Jack、John、Kathy、Jane		
序号	事项	负责人	截止日期	工作状态	交付内容
1	检查设计部门的操作程序是否更新	Jack	06/30/2017	已完成	由设计主管检查设计文件并签字
2	完成从2017年1月4日至今的供应商评级	John	06/30/2017	进行中	可用于采购供应商评级文件
3	检查测试仪器是否完成校准	Jane	06/30/2017	进行中	完成并更新仪器、仪表的列表
4	协助硬件工程师完成硬件调试		07/15/2017	待分配	
5	完成半年度项目质量审计管理审查	Kathy	06/17/2017	已完成	可备案的质量审计文件和项目质量改进意见

使用中，需要注意分配活动任务时，切忌留下无人负责的"灰色区域"。要根据实际情况变化，每天监控并更新该记录。在编制活动列表之后，若要确定更加准确的截止日期和相应的优先级，可考虑使用优先矩阵。

5.3.3 要想避免混乱，必须在沟通上下功夫

对项目管理而言，沟通的重要性不言而喻⊖，来自跨专业背景的项目团队成员更容易出现沟通障碍。而任何沟通障碍问题都将给项目带来危害（见图5-20）。

顾客需求如此描述

项目经理如此理解

设计师如此设计

开发者如此开发

商业顾问如此描述

文档如此编写

项目安装如此简单

项目投资如此巨大

项目支持如此肤浅

原来，这才是客户想要的

图5-20　沟通问题给项目带来的灾难

在某种程度上，项目的成败取决于项目利益相关方之间沟通的有效性。项目经理是组织专家做事而不是自己亲自做事的人，他们是项目中沟通的核心，应该花75%~90%的时间用于沟通。

（1）向上沟通要有"胆"。跟上级（组织高层、客户领导等）沟通，要克服惧怕心理，多出选择题、少出问答题，做到主动、及时，永远不要让他们从别人那里得知你该汇报的信息。

（2）平级沟通要有"肺"。流程与制度是框架，人际关系是润滑剂，与职

⊖ 关于项目的沟通主题的详细探讨，请参考"项目管理实践三法"之《管法：从硬功夫到软实力》(中国电力出版社，2018.12)。

能部门和其他项目管理者沟通要平心静气、互惠互利。

（3）向下沟通要有"心"。项目团队成员是实现业务的人，当你成为项目管理者以后，你的成功都是基于团队的，你必须懂得倾听团队成员的声音。

5.4　管变更：让变更可管理、可控制

今天的问题来自昨天的解。

——彼得·圣吉

徒弟：变更会影响成功吗？

师父：肯定会。如果你允许变更随意发生，那么它变化的速度将超过你的想象；客户会告诉你所问的任何问题，但仅限于此，没有问到的那些问题往往是更关键的因素。

变更是导致项目失败的主要原因，也是项目管理的最大难点之一（很多人认为没有"之一"）。

5.4.1　唯一不变的就是变化

我的学生曾画过一组漫画（见图5-21），名字是《一个NB项目的上线过程》，发布在微信公众号"项壮（qiān）"中，在项目管理朋友圈流传甚广，并引起了不小的波澜。看来，"你的快乐是建立在他人的痛苦之上的"这句话还真有些道理。对该漫画感兴趣的读者可以去公众号中了解全部内容。

我在网上搜索了一下，类似的段子还有不少，很多人看完后的态度只能用两个字——"呵呵"来描述。当然，这两个字的含义很多，包括无奈、痛苦、讽刺、漠不关心、好笑，等等。

为什么现实中的项目会如此奇葩，几乎可以写一部《二十年之项目现形记》了。

图 5-21　一个 NB 项目的上线过程

 扩展阅读： 读者可在微信公众号"项牮(qiān)"中继续浏览精彩案例《一个 NB 项目引发的思考：唯一不变的就是变化》《频繁变更是项目管理的最大难点》。

1999 年，比尔·盖茨预言："数字信息速度的增加，使企业在未来 10 年中的变化，将超过过去 50 年变化的总和。"尽管比尔·盖茨意识到变化的加剧，但应对仍然不够。10 年过去了，微软没有意识到平板电脑、手机等移动终端正逐渐代替 PC、笔记本电脑，导致苹果公司出尽风头。微软在移动终端的操作系统方面已大幅落后于 iOS、Android 系统。

10 年来，柯达、诺基亚、摩托罗拉、黑莓、夏普、松下、LG、悍马等明星企业纷纷衰落，而华为、谷歌等企业则迅速崛起。"江山代有才人出，各领风骚数百年"的场景已改为"商场代有人才出，各领风骚能几年"。

在这个 VUCA 的时代，层出不穷的新思想、新理论、新方法、新案例使人目不暇接，它们不但没有让我们更安定、更清晰，反而使我们更焦虑。变化是 VUCA 的根源，当今世界，唯一不变的就是变化，而且变化的速度越来越快。为同商业环境保持一致，社会中不断出现新的问题、新的机会、新的威胁或新的法律，所以项目变更在所难免。项目的任务、期望及组织的最终目标，都应根据业务变化而变更。

实际上，项目实施过程中进行变更并不总是坏事，很多时候还是一件好事。首先，客户通常都不能确定其所希望的解决方案具有何种功能和特性。其次，就算客户十分清楚终极目标，商业环境亦会随着时间不断变化，因此项目的需求也会发生变化。

对于公司内部的软件开发过程，额外的功能能够让你的产品比你的竞争对手更胜一筹。但是，如果你发布软件的时间推迟一两个月，那么这个优势就会丧失。通过控制你开发过程的费用并按时发布软件，你的项目就会取得成功，而不需要损失软件制作过程中的灵活性。

总而言之，不论你喜欢不喜欢，项目的变化总是在那里！变更不可避免，现在我们唯一能做的就是如何面对和管理变更。

5.4.2 让变更受控

在 2.1.1 节中，我们曾经探讨过项目生命周期中的变更管控，结论是：站在实施方（乙方）的角度，项目过程就是"绑架客户上咱们贼船的过程"，而站在委托方（甲方）的角度，项目过程就是"逐步移交主动权的过程"。

实际上，发生变更不是问题，问题是许多变更处于"非管理状态"（见图 5-22）。在变更时，需要界定以下几个问题：

- 变更发生时要确定你能做些什么以及不能做些什么。
- 规定一个大家都同意的办法，以便提出变更并评估其对项目基准的影响。
- 说明批准或者不批准变更所需的时间、费用。

图 5-22 警惕变更的"非管理状态"

尤其重要的是，要明确以下工作：评审变更会引起哪些连锁的变更，以及如何对这些变更进行管理；变更效果达到后要不要更改管理标准等。

某世界500强公司面试项目经理的题目：某生产线的自动包装外观在线视觉检测系统研制到了一半，突然客户觉得应该有一个新功能，但客户不想增加任何成本，请问该如何解决这个问题？

这就是项目过程中的典型情况——变更！

对于变更的控制管理过程，我建议按照如图5-23所示的程序进行，我将其命名为"变更管理的'九阴真经'"。

第一步，当有人提出变更时，首先要评估信息的准确性，确认项目变更事实。

也许人们并非真的需要这个新功能，只是一时兴起而已。如果是这种情况，估计无论怎样变更都不会得到好的结果。这种变更就是所谓的"用正确方法解决一个错误问题"。因此，此时最应该做的是了解其真正的需要，而非变更管理。切记，定义问题比解决问题难。

第二步，提供变更申请的书面记录。

原则上讲，谁提出变更就应由谁提出书面申请。不得不面对的一个现实是，在一个不成熟的商业环境中，我们的客户一般都位于相对强势的位置——不愿意甚至不提供书面申请！怎么办？既然客户不愿意提供，那我们来写好了。当我们完成了书面文件以后，呈给客户："领导，这是我根据您的意思所起草的文件，请审阅。如果我的理解是正确的，就请您给我确认下；如果我的理解有问题，就请您批评指正，然后我修改后再向您汇报。"

一般而言，当我们这样跟客户沟通时，客户是会认可并确认的——毕竟客户也想把项目做好。

有没有客户会"打死也不确认（签字）"？对于这个问题，我不敢说就一定没有，只能说，在我本人从事项目工作的20余年中还没有遇到。

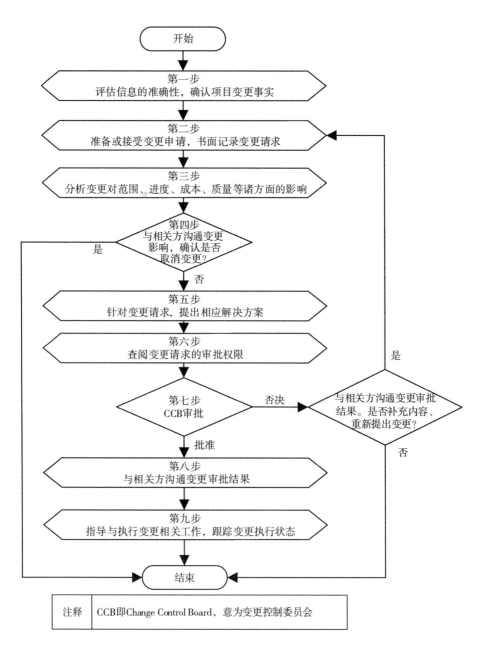

图 5-23 变更管理的"九阴真经"

第三步，分析变更对范围、进度、成本、质量等诸方面的影响。

项目的十大知识领域是一个相互联系的系统，一个方面的改变，会对各方面造成影响。请不要忽视变更对时间安排和质量的影响。在我国，成本意识已经深入人心，注重成本已经无须强调。

第四步，沟通变更影响，确认是否取消变更。

在对项目问题讨论和探索的过程中，谁先找到最佳的结论并不重要，重要的是寻找最佳结论的过程。如果你能给那些试图说服你的人一个信号，表明在这个探索过程中你是他们的伙伴，探索过程对双方都有益，也许他们就会把你的批判性问题看作是双方都不可缺少的工具。

> 对于这个面试题，我们可以尝试采用以下沟通策略：
> "如果增加这个新功能，原来10个月的研发时间，需要再增加10个月。"
> "没问题，延长10个月我们认可。"
> "研发时间只是一方面。麻烦的是，原来500万元的费用不够了，需要再增加300万元。"
> "可以的，增加预算300万元。"
> "费用还不是最关键的——如果系统引入新功能，新的器件和功能模块的引入，系统的电磁兼容性问题需要验证，恐怕会导致系统整体性能和质量的恶化。"
> "个别指标恶化，我们可以接受。"
> "更麻烦的是，这种新功能我们的团队没有做过，也没有这个能力。因此，需要寻找新的研发人员。"
> "哦！"
> "即便找到研发人员，毕竟是第一次研制，风险是存在的——也不能保证能成功。"
> "这个……"

> 假如，真这样沟通，结果会怎样？不出意外，客户会说："还是不要做了吧！"当然，我心里会想："我本来就不想做，只是我不能说！"

第五步，针对变更请求，提出相应解决方案。

变更很可能需要额外的费用、资源和时间，因此，应建立由来自不同领域的人员组成的变更控制委员会，以批准或否决变更。这个委员会的组成人员必须有相应的职位和权限，有能力在管理上做出承诺。

我必须提醒你，在没有解决方案之前，请不要向高层汇报。否则，他们会问："我要你干什么！"公司往往有多个项目在同时进行，要命的是，每个项目都不理想，问题很普遍，如果每个人都直接把问题交给管理层，估计他们会崩溃。当然，他们在崩溃之前，会把你先弄崩溃！倒霉的还是你自己。

所以，最佳的方式应该是给出至少 3 种解决方案且应该这样汇报："领导！最好这样做，这是上策；如果不行，就这样做，这是中策；实在不行，就这样做，这是下策。"

总之，让管理层做选择题，不要让他们做问答题。

第六步，查阅审批权限，选择合适人员对变更进行审批。

请务必要记住变更的权限问题，没有合法授权的人来签字批准会造成令人不快的矛盾。

第七步，召开变更控制会议，批准或否决变更。

如果需要，及时召开变更控制会议对变更做出决策。

第八步，根据对变更请求的审批状态，与相关人员进行沟通。

项目管理者需要根据审批结果进行沟通，在本节案例中，其结果不外乎如表 5-10 所示的几种情况。

第九步，指导与执行变更相关工作，跟踪变更执行状态。

保证变更的正确执行，保证相应的变更都被登记、评估、批准、跟踪和正确实施，从而确保所规定的功能要求都能实现。在变更执行过程中，要注意将变更执行结果及时通知相关人员，同时做好执行结果的实时跟踪。

表 5-10　变更审批结果的沟通

CCB 审批结果	相关人员接受否	项目经理的处理方式
CCB 批准并接受了一种变更方案	客户认可	（1）记录变更并将结果归档 （2）与相关人员（含项目团队）沟通变更 （3）执行变更
	客户不认可	（1）记录问题 （2）安排双方领导见面并沟通问题，问题升级
CCB 否决了变更	客户同意	（1）记录变更结果并将结果归档 （2）结束变更
	客户不认可	（1）记录问题 （2）安排双方领导见面并沟通问题，问题升级

5.4.3　对变更的管控是项目管理水平的体现

关于变更管理的书籍多如牛毛，各类变更管理表格、模板充斥坊间，变更流程也常被讨论，但实际工作却往往没有那么美好，结果也常是令人不满意的。下面的内容，全部来自我的实践，很多都是惨痛失败后的教训。

1. 认识变更中的矛盾

变更不可避免，处理不当常会导致冲突。冲突带来的好的方面是可以发现项目中的不足，进行及时调整，进一步优化项目的资源配置。但是，如果处理不好就会导致矛盾。这种矛盾可能来源于甲乙双方、项目组内部或者部门之间㊀。

（1）甲乙双方的矛盾主要涉及是否变更，变更的范围，由变更引发的时间、质量、成本上的变化，等等。

（2）项目组内部的矛盾则来源于项目组成员对变更所增加的工作量或者否定自己已完成工作的强烈抵触情绪。

（3）部门之间的矛盾往往来源于公司管理层对项目底线的坚持，以及市场、营销、售后等部门的工作调整。

㊀　高茂源. 项目管理心理学实战 [M]. 北京：机械工业出版社，2014.

应该说，项目变更所引发的矛盾涉及方方面面，项目管理者要保持高度警觉。

某通信运营商的流量统计与分析项目中，甲方负责人希望了解项目进展，让乙方项目经理组织主要项目组成员汇报工作。项目组已经对前期不断的变更忍无可忍，带着一种强烈的抵触情绪参加了这个会议。

甲方负责人对某些业务有些疑问，希望项目组成员予以解释，项目组成员误认为这又是一个变更，极力辩解，而且明显情绪化。这引发对方情绪反应，继而导致了激烈争论。话在出口之前你是它的主人，一旦出口你就成了它的奴隶！此时，争论已不单纯是关于业务的合理性问题，而是演变成基于双方情绪的争论。表面上的道理其实都不过是在为自己内心的情绪服务而已，最终演变成更大的矛盾。

该负责人回去之后向更高层的领导进行了汇报，阐述项目的缺陷如果不能得到修正一定会影响最后的业务使用。这场矛盾上升到公司层面，双方的高层领导出面才得以平息。

变更对项目内部的影响是显而易见的。一个工程师经过辛苦努力取得的成果，被告知要重新设计和调整时，内心的挫折感不可避免。这对士气的打击是巨大的。团队成员一方面将此归因于项目管理的失误，另一方面把矛头指向"不讲理""不懂"的客户。

2. 警惕范围蔓延

T公司为一家客户开发基于Web的三年期数据处理中心项目。鉴于双方过去良好的合作关系，T公司迫不及待地展开工作，没有项目计划而只有一个简单进度表。项目启动时，项目组有许多很有天赋的Java程序员，而他们所有的指导来源于他们并非项目管理专家的上司。

这听起来像是一场噩梦,它确实是一场噩梦而且现在还是这样。

随着项目的继续进行,这家公司自身已经无法为它的员工发工资了,这对投资者来说像一个无底洞,而且在它的管理层来看还只是刚刚开始。由于在开始工作的时候没有签订正式的项目合同,这个项目的范围不断地改变,甚至每天都在改变,而所有的工作,从开发到销售和质量保证都因为不断改变的项目范围所带来的繁重工作而停滞。

项目过程中,由于各种各样的原因,人们会加入细小的计划外工作,这使得范围悄悄改变,这就是范围蔓延——不受控制的范围改变。人们并不一定能意识到这种变化对项目的致命性破坏,直到有一天这些变化由量变引起质变,严重时会彻底摧毁项目。

项目范围蔓延产生的原因主要有两种:一种来自客户,另一种来自项目组自身。

在项目过程中,客户会提出一些小的、略微增加一些工作量就能实现的想法。这些想法虽然与项目成果的特征和特性无太大关系,但满足客户的想法会使他们更愉快、更满意。然而,这些细小的变化积累起来就会造成工期的拖延、费用的超支,而到了那时不仅是高层对项目不满意,客户同样会对项目不满意。客户不会因为你所做的额外工作而抵消对整个项目延期的不满。更有甚者,尽管项目的延期可能是由于客户造成的,但如果对这些变更不加以记录和确认,还可能会造成一些法律纠纷。

与你的承诺有关的条件可能会被忘记,但你的承诺本身却不会被忘记。

作为项目管理者,你不得不面临的残酷现实是大多数客户总是对项目的结果不满,为什么?因为人的欲望是无穷的,不管你的项目增加多少功能,用户总是会提出更多的需求。我必须提醒你:不管产品特性多么耀眼,过一段时间人们就会将其视为正常的功能。这就是人性!所以,在做项目的过程中，不要追求多，而要追求少而精，反正无论做多少，客户都总是觉得不够的。

为避免客户造成的范围蔓延，记住这一条原则是十分有用的："决不让步，除非交换"。变化是客户的权利，但任何变更都需要通过正规的变更控制程序来完成，必须在项目工期、费用或质量等方面做出相应的、正规的变更。

来自项目组自身原因造成的范围蔓延同样值得注意，因为这种情况的发生是没有人买单的，所造成的损失只能由项目组或其所在组织承担。试图通过变更而增加合同额的"钓鱼工程"只对不成熟的客户有用，对于成熟的客户这种做法只会自取灭亡。

项目组自身造成的范围蔓延较为隐蔽，它一般是由于项目人员的技术心态造成的。技术人员想从技术中获得成就感的渴望促使他们自觉或不自觉地按照兴趣去创造一些没有必要的、不合理的、仅满足自身情感需要的产品。

项目在执行过程中，团队内部或外部总会时不时冒出各种各样的想法。遇到这种情况，你一定要谨慎对待，确认新想法是否有助于项目目标的实现。否则，放任自流的常见结果就是范围蔓延，增加了成本，推迟了进度，却做了和项目目标无关的事。

3. "烦琐"的"九阴真经"

日常生活中，消费者拿到所购买商品后发现一个不影响使用的小瑕疵后，会感到心里不舒服，然后要求更换。如果商家拒绝更换，常会引发买卖双方的争执。如果太容易更换，对商家是一种损失。因此，商家往往同意更换，但要完成更换就必须履行复杂的程序：首先要填写申请单，之后需上报主管，还需经过某个专业部门复核，最后才能给出更换的批准。简言之，可更换但很烦，还要等一段时间。实际情况是，烦琐的程序让大部分人选择放弃更换。

变更是不可避免的，当变更发生时，一定有要正式的变更机制，冷静应对。从心理学上讲，图 5-23 所示的"九阴真经"的意义就是"烦琐"——你可以变更，但要经过一些程序、填一些单子，当然还得等上一段时间。"九阴真经"人为地增加了变更的摩擦系数，让变更变得困难，客观上降低了变更的频率。我相信，读到这里你也慢慢理解了公司的很多复杂程序的合理性。

4. 给客户提供多个选项

David 和 Tony 是用户的两个不同部门的经理，二人对一项关键需求的实现方案争执不下，David 主张采用方案 A，Tony 主张采用方案 B。最后，客户公司的副总经理拍板选择了方案 B。

4 个月后，客户发现方案 A 对解决其现场的另一个业务问题十分有益，提出了正式的变更请求，希望将方案 B 改回方案 A！

这里，方案 B 被选择，但方案 A 却埋下了变更的"祸根"。解决这类变更的手段是让项目具有更大的灵活性。

有一种在软件系统中常用的方法叫系统变量设计（system variables design），其核心思想是在设计时把可能的变化作为可选项来处理。

如图 5-24 所示是 Microsoft Office Word 的选项功能面板，系统默认的、用户可能的需求配置都集中在此。此选项面板提供了用户十大类上百种功能配置，一定程度上覆盖了用户可能发生的需求变化。从某种意义上说，软件的选项功能是其对用户业务了解程度的标志。对于上述案例中的方案 A 可以考虑使用此方法。

现在的 Web 系统正越来越多地把用户可以个性定制功能作为其主要卖点。遗憾的是，Web 系统对深入业务规则上的订制尚不成熟，大部分还是集中在用户界面上。所以，业内人士要想了解一个 Web 系统对业务的适应性，常常直接去看这个系统的配置管理部分。

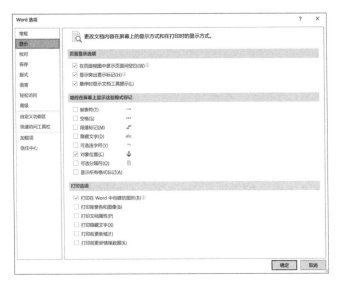

图 5-24　Microsoft Office Word 的选项功能面板

系统变量设计在技术实现上常表现为一个配置文件或者是数据库里的一个表格。在前端，用户可以通过界面自行修改；在后端，技术人员可以根据需要改变配置文件，使系统在不修改代码的情况下适应客户业务。

5. 谨慎对待第一次

老张是某大型集成电路（integrated circuit，IC）制造公司的车间主任，他们为很多客户同时生产多种规格、型号的 IC 产品，制造流程超过 50 个步骤。

由于一些量产问题，A 公司某笔订单发生了交货延迟，于是 A 公司向市场部催货，市场部李经理给老张打来电话想了解生产的情况，并希望采取措施尽快出货。老张知道，在该公司同时生产上百个不同规格的 IC 产品，而且 A 公司也有许多不同批次订单的情况下，要找到该笔延迟交货的订单并不容易，更别说改变计划有可能造成生产线混乱。但是，他也知道 A 公司是重要客户，李经理亲自来电话已经说明了问题。

于是，他就指派了专人跟踪A公司的订单，并调整生产计划，加快进度。经过一番折腾，A公司的订单终于交货了。

但是，好景不长，A公司的订单出货不久，B公司又来催货，希望马上拿到货。于是，故事又重新上演了一遍……结果，催货的公司越来越多，而且迅速增加。该公司生产线则被不断中断、调整，导致更多的交货迟延和更多客户的抱怨。

现实中的行为环环相扣，任何一个部门或成员的一个举措，都可能在不同时间、不同地点产生影响。过去为了解决一个问题而采取的措施往往会产生副作用，从而使得在另外一个时间或另外一个地点产生另一项问题。正如大师彼得·圣吉所言：今天的问题来自昨天的解。

有时，客户提出的变更看起来十分不合理，但客户却坚持要进行。客户清楚乙方很讨厌自己总是变更。但是，他们一开始对项目了解不够，随着对项目了解的逐步加深，他们才会慢慢发现存在的问题。很多情况下，他们可以忍受原有方案，但他们更清楚只要对乙方进行施压，乙方就会妥协。这让他们有了争取的动力。

换言之，客户喜欢变更是因为你喜欢接受客户的变更请求。这简直是一个悖论，因为没有一个项目管理者喜欢变更。当客户提出变更，假如你顶不住压力同意了变更，这在事实上会给客户一个信号：变更是可以被接受的，只要对项目团队施压就行。

家长带着上幼儿园的孩子逛商场，自动贩卖机里花花绿绿的糖果让孩子简直无法拒绝。孩子闹着要糖果，家长不理睬。家长禁不住孩子的软磨硬泡，败下阵来。家长第二次面对孩子同样的请求时，会经历比第一次更残酷的"斗争"，于是又败下阵来……

如果家长一开始就选择拒绝，将会有不同的结果。

过分溺爱孩子的父母，最后会导致孩子无法适应环境而出现了问题。溺爱孩子的父母面对出现的问题，还会说："我们如此小心地保护孩子，孩子还是出了问题，可见对孩子的照顾有多不够啊！"他们可能永远都不知道，就是自己的行为才导致了孩子的问题。

客户的变更和上面的情景完全相似，关键是你要"谨慎对待第一次"。能否用一个正式的理由拒绝第一次变更至关重要。需要说明的是，这个正式的理由必须是在项目开始前就制订好的规矩。一个临时搬出来的规定往往会被视为一种强词夺理，极可能会激怒对方。

关于变更的具体规矩可以采用"九阴真经"来处理，也可以根据情况适当简化。无论是什么规矩，关键是要先有。规矩先行。那些被客户的"无理要求"弄得焦头烂额的项目管理者，首先要想一想是否立过这样的规矩。

为了维护与客户的关系，我们这么尽力满足他们都不能令其满意，如果以教条的流程来约束他们，关系会不会恶化？你如果想改变在变更中的被动局面，必须改变一下过去那种小心维护客户关系（简直是讨好）的行为，营造一切按照规矩行事的文化。

6. 利用框架效应

在经历了股市的大牛和快熊之后，很多人都说，能不赚不赔已经不错了，但即便能打个平手，你是否觉得还是不那么满意？尽管别人安慰说"不亏就是赚"，但是果真如此吗？

如果一个人的喜悦程度完全是按金钱来衡量的话，那么在赚了一笔钱又亏回去的时候应该感觉回到了原点，不高兴也不沮丧，喜悦和伤心互相抵消，就像浮云一样随风而逝。但事实上，人们在先赚后亏的时候往往比丢了钱还沮丧。"不为天长地久，只为曾经拥有"恐怕不如"曾经沧海难为水，除却巫山不是云"更为写实。

也许你会说，那是因为在这个过程中自己付出了巨大的努力，况且还有时间成本和机会成本，存个银行买个理财产品也能赚钱，甚至说不定还能中个彩票什么的。那我们就来做一个实验，如果把付出的努力和花费的时间尽量压缩到最小，把收益放大，会怎样呢？假设某一天你花2元钱买了一张彩票，然后在开奖后上网对号发觉自己中了1 000万元。正当你欣喜若狂的时候，突然发现这组中奖号是上一期的，也就是说，在你买彩票之前这组中奖号码已经过期了，瞬间1 000万元没了，这时你是开心还是不开心呢？你是不是觉得自己瞬间损失了一套豪宅、10辆名车呢？

1981年，阿莫斯·特维斯基（Amos Tversky）和丹尼尔·卡尼曼（Daniel Kahneman）对公众面对一种罕见疾病的态度做了研究。该疾病发作将导致600人死亡，有两种治疗方案可供选择，要求被试选择其中一种。他们对两组人进行了测试。

第一组，152人。对于这组人叙述以下情景。

（1）如果采用A方案，200人将生还。

（2）如果采用B方案，有1/3的机会600人将生还，而有2/3的机会将无人生还。

第二组，155人。对这组人叙述同样的情景，同时将解决方案改为C方案和D方案。

（1）如果采用C方案，400人将死去。

（2）如果采用D方案，有1/3的机会将无人死去，而有2/3的机会600人将死去。

实验结果如表5-11所示。

表5-11 两种不同表述下人们的不同选择

被试组别	方案	选择人数比例
第一组	A方案	72%
	B方案	28%
第二组	C方案	22%
	D方案	78%

实际上，A和C、B和D的方案完全一样，只是换一种描述而已，

但仅这小小的语言形式的改变，就使得人们的认知参照点发生了改变，由情景一的"收益"心态变为情景二的"损失"心态。

选择不同的参照点，人们对待风险的态度是不同的。面临收益时人们会小心翼翼，选择风险规避；面临损失时人们甘愿冒风险，选择倾向风险偏好。因此，在第一种情况下表现为风险规避，第二种情况下则倾向于风险偏好。这里的收益和损失完全是以认知参照点为依据的，参照点不一样，人们决策的方式也不一样。这就是框架效应（framing effect），通过不同的描述方式，改变人的心理参照点，从而影响人的选择。

你发现市场上出现了一项新技术专利，如果花些钱购买这项专利，可以提高项目团队正在开发的新产品的性能，但是要说服高层进行这项投资，怎么办？

很多人的做法通常是，给领导汇报这项技术的优势和作用，把重点放在购买专利的好处上。事实上，更为有效的方法是，警告领导如果竞争对手购买了可能会把公司的这项产品挤出市场，会导致多少损失。实际上，以损失为导向进行沟通往往更有效。总之，忠告不如警告！

面临变更时，变更提出者的参照点往往是不变更自己会遭受损失，因此他们会选择风险较大的方式。与此相反，拒绝变更者的参照点往往是变更对自己的既得利益的损失，因此他们会选择风险较小的方式。角度不同，产生矛盾不可避免。

为化解所处角度导致的矛盾，你可以利用框架效应来重述这个问题："如果不进行变更，我们可以在规定时间内得到一个稳定的可运转系统；如果进行变更，我们有很大的概率不能按时得到这个系统，而且质量也无法保证。不如让我们先把已经确定可以实现的功能实现了，之后再来尝试增加新的功能。"

请记住，忠告不如警告，以损失为导向的沟通将更加有效。

Minimum Project Management

第 6 章

收尾：慎终如始，好戏杀青

> 经验是最坏的老师。它经常先考试，然后再给出指导。
>
> ——奥斯卡·王尔德

徒弟：年终总结或者面试的时候，该如何来评价自己呢？

师父：实话实说。

徒弟：那就写"我能做什么"，这样就可以展示我拥有的能力了。

师父：如果是年终总结，你的年终奖就没了；如果是面试，你就不会被录取了。每个人都喜欢用"我能做什么"来评价自己，但别人只会用"你做过什么"来评价你！在写总结时一定要注意写明你做过什么，取得过哪些业绩。你如果想找到一份好工作，另一个重点是，在过去的工作经历中，你收获了哪些经验教训。优秀人才普遍擅长总结，建议你用项目管理思维进行结构化的总结，不仅"高大上"，而且显得逻辑清晰，格局大。

徒弟：关于面试，我还要做点什么呢？

师父：面试就是讲故事，通过讲述自己的过去来推销自己，放平心态、把故事讲好，面试就成功了一半。当你用独特而丰富的语言给面试官表述自己的优点时，那必定是一个精彩的故事，而你自己，也成了用自己魅力来影响他人的人！

开头简单、结局不易，项目亦如此。在快速变化的商业环境下，项目收尾的好坏，不仅影响组织利润，也影响人们对项目的评价，甚至会成为获取新商业机会的关键。

6.1 做好项目收尾，不留后遗症

项目管理是对工作的一种严谨的思维方式，适用于所有的项目，无论其内容、规模或复杂性如何。

——詹姆斯·刘易斯

作为项目生命周期的最后一个重要过程，一旦满足了项目目标，且顾客能够对交付成果进行验收，就进入了项目收尾过程。尽管项目收尾是项目生命周期的最后部分，但并不意味着项目收尾的各项活动就要拖延到此时才开始进行。

6.1.1 收尾好才是真的好

在自助餐厅里，同事随口的一句话让冯菁不禁停了下来。"你应该不会还在那个相关肺炎的控制改进项目上工作吧？"冯菁勉强笑笑："快完工了。"实际上，这个项目徘徊在"快完工"阶段已经6个月了！

冯菁开始反思是什么造成了现在这个状况。她发现对于项目"完工"的确切定义并没有一个明确的说法，虽然项目的工作重心是明确的——确定医院为降低肺炎感染率所应采取的步骤措施。冯菁曾认为，只要团队将变更建议书交到发起项目的高层主管手中，项目就结束了，而有些人则认为，需要等到高层主管核准了所建议的变更，项目才算完成。同时，医院的一些高管希望冯菁的团队能够同时实施这些变更。

在项目发起人最终核准了其中一小部分建议内容后，冯菁和她的团队沮丧地得知，他们接下来需要制订一个培训计划来告知医院员工新的规则和流程。而此时，一些成员已经正式或非正式地离开了团队。团队规模的缩减，导致余下成员从人数到技术广度上都不足以承担现在所需的工作。同时，冯菁还在项目后期获知，她需要提交一套项目材料，其中的一些材料她和她的团队要么从来就没编纂过，要么编纂过却没有保存（如项目早期的一些报告）。冯菁知道她和她的团队本来完全有能力把这些事情做好，而且如果真这么做了的话，项目应该已经结束了。

项目是临时性的，但项目成果却往往是长期的。项目收尾必须做好，不留后遗症，以免造成长期的不利影响。作为项目管理者必须在开始新项目之前，请相关人员验收项目、接收项目成果并确认本项目已经圆满完成。同时，应该把项目文件存档，这样可以为未来类似项目的定义和规划提供必要的信息。

另外，还有两件事必须要做好。首先，通过庆祝所取得的成就，认可并奖励团队成员做出的贡献，以加强成员间的关系。其次，开展项目后评估，把良好做法标准化，并改进不足，为后续项目改进提升做积累。

1. 项目收尾的维度

项目收尾阶段的团队工作取决于项目本身的性质以及组织的要求。表6-1所总结的收尾工作的一些通用维度能适用于大多数项目，即使它们在形式上可能有所差异。

表 6-1 项目收尾工作的维度

序号	描述维度	内容
1	客户维度	（1）最终获得客户认可 （2）评估客户满意度
2	管理维度	（1）完成项目财务文件 （2）完成项目文档
3	人力资源维度	（1）评估团队成员绩效 （2）奖励和认可项目贡献者 （3）支持团队成员转移到下一个任务中
4	组织维度	（1）识别和获取经验总结 （2）评估项目结果并报告给组织 （3）与团队庆祝

2. 外包工作收尾

如果项目中的部分工作是外包的，应该核实外包人员已圆满完成所有工作，并且已经交付所有可交付成果、文件、报告以及其他成果。这需要查看合同（含过程变更），确保所有各方都已经履行了全部义务。

如发现问题，就必须与外包商讨论，努力争取完成相关工作，满足合同所规定的要求。如果合同中的某些工作实在无法完成，就应该分析有关后果并提出惩罚措施，如罚款或扣款。如果外包商的实际绩效没有达到合同中的其他要求，也要分析该如何处理。必要时，可把问题报告给有权解决者和法务专家，请他们帮助解决所有未解决的问题。

同时，还应审查付款情况，并按合同规定支付最终款项，完成组织所要求的所有文件和报告，关闭项目账目。在完成最终付款后，及时终止合同或与项目有关的部分。

最后，还应评价供应商的整体绩效。如果某个合同是提前终止的，就必须详细记录相关情况，特别是因绩效问题而提前终止的合同，应该把绩效评价文件及其他相关文件存档。

3. 恰当地进行团队庆祝

项目实现了目标，就应该给予认可。对项目的认可是建立在早期确定的项目成功标准基础之上的。认可的形式可以是正式的，也可以是非正式的，这取决于以前所制定的标准。

作为项目管理者，激励和感谢是加强其自身影响力的最好方法。项目管理者应该对每个团队成员在项目期间所提供的帮助和支持，以及所做出的努力表示衷心的感谢。尽可能当面表示感谢。对于远程团队成员，至少要亲自打个电话。要找出每个人的一个特别之处予以正面评价，以使感谢更生动有力，也可以用书面方式表示感谢。对于任何不直接向你汇报的人，要把感谢信抄送给他们的职能经理。

当然，对于那些在项目中表现不佳的成员也要给予恰当评价，只有这样，工作表现良好的人才不会觉得自己的付出是没有价值的，而表现尚有距离的人也会知道将来如何改进工作。

以后，你或许还会与团队中的某些成员一起工作。现在如何分离，会影响将来如何合作。即便你不再与他们合作，表示感谢也是很好的做法。感谢从来不会带来伤害，它只会带来帮助。

作为项目管理者，你还有一个任务：安排某种活动来庆祝项目结束。如果项目非常成功，并且你已获准举办聚会或带团队外出聚餐，那就应该按团队喜欢的方式去组织。如果你没有经费支持，至少要举行一个小型聚会，愉快地结束项目。即使项目结果看起来没那么漂亮，也至少应该找出一些引以为豪的成就。庆祝活动不需要有多讲究，一定要设法让每个人都尽可能参加聚会。

4. 解散项目团队

项目团队成员在项目完成时会有复杂的心情。当项目临近结束时，他们的情绪可能变得不稳定，工作效率也可能会下降。如果项目团队成员面临新的机会，他们的工作表现可能会有所回升，但是如果项目成员未来去向不明，那他们的工作效率一定会下降。

因此，你有责任提前做好沟通工作，处理好团队成员这种情感上的反应，使大家保持正常的工作状态，同时做好他们后续工作的安排。

6.1.2 提高成功的概率

项目完成的情况受到内部和外部因素的影响。

1. 项目团队以外的因素

（1）成熟的客户。客户从总体上可以分为两大类：幼稚（目光短浅）客户和成熟（见多识广）客户。幼稚客户一般喜欢强调买方和卖方的关系，并且某种程度上会在两个组织间营造出一种敌对关系。相反，成熟客户能够意识到他们在决定项目能否成功中的作用，这种作用与项目执行组织的作用是一样的。

因此，成熟客户会详细说明所预期的成果并将其包括在最初的工作定义中。除此之外，他们还会提出一些比较难以回答的问题，并详细了解乙方的工作情况，但是这并不是要使乙方难堪，而是为了确保所有重要事项都得到正确的处理，对任何所需变更都将理智地进行协商。

（2）较高的优先级。优先级高的项目比优先级低的项目不可避免地会有更好的结果，这是因为前者在对资源的竞争中占有明显优势。高层显然希望所有的项目都成功，但是低优先级项目的优势确实相对较少。

（3）明确稳定的目标。目标明确、稳定是项目成功的必要条件。在很多项目中，目标确实发生了变化，虽不是每天都有变化，但时常变化会导致团队无所适从。因此，将项目目标写下来能够帮助每个人在心中树立牢固的印象。只有在必要时才修改目标，这也是成功的条件之一。

2. 项目团队的内部因素

（1）一个好的项目管理者。项目通常需要不同专业、不同背景的团队成员组成队伍，这对项目经理显然是一个挑战，因此，一位合格的、有领导力的项目管理者至关重要。

（2）难度适当的工作包。复杂、难度大的工作包不应该安排给初级人员，他们会不知所措。同样，简单的工作包不应该安排给高级和资深人员，对他们来说太没有挑战性了。

> 你招聘了一名新编辑，他上岗的第一天，你应教会他如何发布一条资讯，必须细化到资讯的题目是什么，图片应该如何处理，标点符号的规范是什么。这位编辑工作一到两年以后，他的能力已经足以策划一些专业内容，这个时候你只需要告诉他，你最近工作的目标是什么就可以了。
>
> 一个大型公司，董事会只需要告诉总经理"下一季的任务指标是什么，收入水准是多少"。

工作安排的技巧只有一个，就是"最小化可执行"，其意思就是"你的团队成员究竟有什么样的能力，能做什么样的工作"，要确保你下发指令中的每一个细节都是团队成员力所能及的。当你发现他无法达到时，你就必须学会将这个环节进行细节分解，一直分解到他力所能及。当你的下属能力提升的时候，你布置任务时不必再分解得如此细致。

当你能熟练运用"最小化可执行"原则去发布工作指令的时候，你将能够切实保障指令的完整执行，同时也不会被团队成员笑话"婆婆妈妈"。

（3）有条理地计划。计划不如变化快，由于项目几乎从不会严格按照原计划进行，因此重新计划是项目管理的一项持续的要求。对计划的有效管控，可以保证项目在正确的方向上前行，为项目成功提供基础。

6.1.3　编写项目收尾报告

在项目收尾前，项目管理者应该撰写一份正式文档——项目收尾报告。现实中，撰写文档是很多人非常不喜欢的工作。需要强调的是，很多个人层面看似没有意义的工作，在组织层面非常有价值。很多文档工作是在为组织积累过程资产，你应学会按照组织的架构流程进行工作。

需要说明的是，不管喜欢还是不喜欢，写文档是一种必须掌握的核心技能。而且，文档也是体现你价值的重要方式和机会。

从实践角度，项目收尾报告至少应该包含以下部分。

第一部分，描述原项目（招标时）的基本方面，即范围、进度、成本、质量等。

第二部分，说明在范围、进度、成本、质量等方面与原计划的偏差。

第三部分，分析项目生命周期中的客户关系。

第四部分，总结风险管理，提供项目过程中发生的主要威胁和机会的列表，并说明是如何应对的，以及应对的实际结果。

第五部分，经验教训，包含事情的经过和采取的措施，并指出这些经验教训的受益者会有哪些。

应该以客观、透明的方式跟踪项目的历史记录，你必须营造轻松、合作的氛围，以便消除负面影响。

6.2 过验收：项目不能做成烂尾楼

在项目全过程中始终进行有效管控很重要，而成功地结束项目也许更重要。衡量项目是否成功的一个重要方面就是客户对于项目成果的验收情况。通过获得客户认可的签收可以说明，完成的项目符合客户要求。

6.2.1 理解客户"真实的"问题是顺利验收的关键

我曾介绍过满足客户需求的一些方法，也指出过使用含糊性词语造成的麻烦。例如，客户对于"适当的"这个词语的理解和工程师就会有所不同。在项目一开始就确认清晰的、简单的标准，并且直到项目收尾都保持一致，这对项目的重要性不言而喻。

我一再强调，项目管理的一个重要责任在于管理好期望值，这一点不管是对内部客户还是外部客户都是适用的。

在整个项目生命周期中，都应卓有成效地完成客户提出的要求。必须确保拥有一套确实有效的要求，这里的"确实"是指客户的真实需要，也就是可以明确不同要求之间的边界条件，以便能够设计出满足客户要求的方案。如果真正做到了这一点，项目成果将能从真正意义上解决使用者希望解决的问题。

但是，在绝大多数的项目当中，那些急于"先干起来"的项目会随时改变对项目的要求。比比皆是的"三边"项目就是如此，按照客户原来的要求生产出产品，但最终却没有符合顾客的需求，原因就是他们的问题没有真正得到解决。这种情况下通常所犯的错误就是客户明确指定了产品设计，却没有用"可理解的业务"描述对产品的要求，事实上这是一种微观管理项目的方式。

还记得福特的那匹"跑得更快的马"吗？我曾说过，遇到问题不要仅仅解决问题本身，还要去解决问题所在环境。有效要求是一种以"可理解的业务"表达客户需求的要求，这种方案能够解决"真实的"问题。当实施验收时，一定要确保交付成果的状态满足客户对产品的要求。也许，最初客户就是进行了产品设计而没有描述"可理解的业务"，此时就必须对这些要求做修改。

6.2.2 验收后的工作

可交付成果移交后，项目控制力大大减小。对于已经交付的产品在离开生产场所之后的责任归属，也是一个在项目开始时就应考虑的问题。

继续服务和支持可以收费，也可以是一种义务。不管怎样，必须明确由谁来支付费用，何时付费。不建议将这个问题留在项目完成后才来商讨。

应该将继续服务和支持视为一种机会，而不仅仅是一种义务。如果这些包括在项目里，员工将与客户一起工作，并且提供继续服务和支持。该过程中，他们会和客户一起通过非正式的机会发掘想法，并且倾听客户所面临的真正问题。这样的接触会为未来的商业机会奠定基础。

如果项目在一个或几个方面不符合要求，应该进行书面记录，并通过以下方式进行处理。

（1）扩展项目，以完成必需的额外工作。

（2）重新协商项目范围，使之符合已交付的成果。

（3）获得有条件的接受，并承诺在未来某个日期解决问题。

即使还有尚未解决的缺陷，也要获得对已经完成的成果的书面确认。应该在下一期项目状态报告中概述验收测试的结果，并且把验收测试的结果归档。

6.3　得总结：最大的浪费是经验教训的浪费

我们从历史中吸取的唯一教训是人们从未吸取教训。

——黑格尔

我的一位朋友是某研究所的总工程师，近两年该所发展迅速、项目任务饱满。但是，他向我诉说了"幸福的苦恼"：项目普遍拖期严重，他们还自嘲道"没有我们完不成的项目，但也没有我们能按时完成的项目"。受他之邀，我帮他们诊断。

他安排了项目经理、各部门经理、工程师和主要代表同我一起访谈。

项目经理："工程师完成系统调试的时间太迟。"

工程师："元器件到位的时间太迟，调试周期被压缩。"

采购经理："工程师对元器件采购的申请提出时间太迟，设计周期太长，采购时间不够。"

工程师："设计周期已经没有办法压缩，使用的技术是新技术，需要验证。市场部门签订的合同周期为什么这么短？"

市场经理："我们的合同周期算长的了，竞争对手比我们短得多。"

近两个小时的访谈无果而终，大家都有问题，也都没有问题。这个过程可以用图6-1来表示。

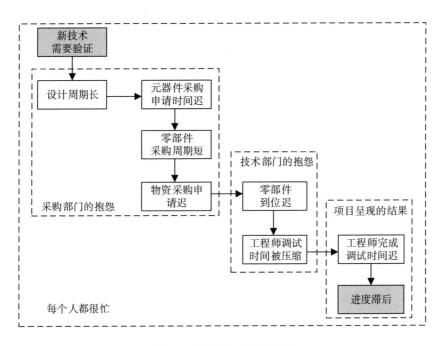

图6-1 进度是怎么被延迟的

根据我的建议，他们对所谓的"新技术"做了调查，并将各项目采用技术进行统计，分析汇总的结果发现，那些所谓的"新技术"有大部分在另外的项目组使用过，只是没有在组织内分享！以致同一个错误，在组织内的不同项目上复现。

人类最迫切的愿望莫过于改变过去和预知未来，以目前的科技水平改变过去是不可能的，但预知未来却并非梦想。众所周知，总结经验教训的目的是了解哪些工作做得好，哪些工作需要改进；在自己和他人的错误中学习、不重复犯错是成功的捷径。然而，这个过程经常被忽视。

6.3.1 从无知之错到无能之错

常听到有人抱怨"相同的问题一直在发生"，我要说的是：问题出现一次，是可以理解的；同样的问题出现两次，是很不幸的；同样的问题出现三次，就是不可理喻的。类似的道理也适用于机会：机会错过一次，是可以理解的；机会错过两次，是很不幸的；机会错过三次，就是不可理喻的。

调查发现，项目中相同的问题总是重复出现，相同的机会总是被一次又一次地错失。

当然，因为项目存在不确定性，某个问题管理之后还是发生了，或某个机会还是失去了，这也是可以理解的。如果再次发生同样的事情，那也可能仅仅是"运气差"，不一定就是管理不善。但是，如果第三次发生相同的问题或错失相同的机会，那就肯定是管理出现了问题。

1. 无知之错和无能之错

人类的错误可以分为两大类：无知之错和无能之错。

无知之错也被称为"必然的谬误"，也就是人们所做的事情完全超出了自己的能力范围，从而导致的错误。人类并非全知全能，即便是得到先进科技的支持，我们的能力也是有限的。关于世界和宇宙，其中很大一部分是我们无法理解也无法掌控的。因为没有掌握全部知识，无知之错不可避免。现在如此，将来也是如此。所以，有些超高难度的项目我们还不知道该怎么实现，有些自然灾害（如地震）我们还无法精准预测。同样，面对发生的新冠肺炎疫情，我们需要不断认识这个疾病，其预防和救治过程中也必然会存在无知之错。

无能之错是指人们并非因为没有掌握相关知识，而是没有正确使用这些知识而导致的错误。在不少领域，人类已经具备很多知识，能够一定程度地控制事件的发展。一些项目错误众所周知，只是因为很多知识没有被正确使用、总结的经验教训（甚至没有做总结）没有切实落实，才导致同一错误重复发生。

在人类历史的绝大部分时间里，我们的生活主要被"无知之错"所主宰，给人类带来巨大痛苦的疾病即是明证。就大多数疾病而言，我们以前并不知道病因是什么，也不知道该如何治疗。但就在过去的几十年时间里，我们积累了大量知识，以至于我们现在不能只应对"无知之错"的挑战，还要投入大量精力来应对"无能之错"的挑战。

2. 不可原谅的"无能之错"

现在，我们经常犯的错误为"无能之错"，也就是我们没能持续地、正确地运用我们所掌握的知识和所积累的经验教训。对项目而言，在众多项目管理方法的选项中选择最有效的手段非常困难。即使对经验丰富的专家来说，也不是一件容易的事情。不仅如此，每种方法都存在很多隐患，可能会引发众多麻烦。

"无知之错"可以原谅，"无能之错"不可原谅。如果解决某类问题的最佳方法还没有找到，那么只要尽力了，无论结果如何，我们都能接受。如果明明知道该怎么做，却没有做到，那么这类错误很难让人接受。

然而，研究发现，原来倾向于"无知之错"的天平现在越来越倾向于"无能之错"了。

6.3.2 经验教训的悲剧

徒弟：为什么做项目的时候，一定要写文档？

师父：因为文档总是要写的，领导也许永远想不起来你做了哪些事，但他一定会想起你写过的文档。

徒弟：那为什么大家写文档的时候都非常痛苦呢？

师父：因为很多人更看重的是形式，而不关注过程，领导或者客户的很多要求是根本做不到的。写文档是件烦心事儿，痛苦的不是写文档本身，而是明知道写的是毫无意义的内容还在写；更痛苦的是连写个这样的文档都这么慢，还要尝试让它看上去内容合理、格式漂亮；当然最让人痛不欲生的是，自己居然连这样的文档都写不出来。

在经验主义盛行的当下，在项目这个行当中，如果过度相信经验，效果并不好。还有一个不容忽视又自相矛盾的问题是，我们"做得多而总结得少"。相关数据积累得不多，缺乏分析与总结，以致同一个错误反复发生。一方面强调经验之法力，另一方面又不做总结与提炼。这绝对有些滑稽！

1. 相同的问题一直在发生，不总结

在一次项目管理前沿会议上，主题发言人向 400 多位听众发问："你们当中多少人在项目结束时做过经验教训总结？"

有 10～12 人举手。

他接着问了一个更尖锐的问题："你们当中有多少人被要求向管理层说明，如何在下一个项目中避免再犯上一个项目犯过的相同错误？"

只有 2 人举手。

项目尽管有其独特性，但在同一组织内部同类项目间的问题却十分相似，记录、总结这些问题、形成自己的经验教训检查表（数据库）极具价值。只有将这些经验和教训在后续项目中应用，才能减少不可饶恕的无能之错、避免重复性问题的发生。很多人口头上强调经验的重要性，事实上他们在项目开始前很少仔细研读过往项目的文档——这便失去了学习其他项目经验和教训的绝佳机会。

不知道历史的人注定会犯相同的错误。相同的错误总是不断重现，这简直就是一个悲剧。

如果我们在第一次遇到问题时就学会了如何处理问题，形成自己的经验教训总结，就为避免事情的重复发生奠定了基础。如果个人、群体和组织都有良好的"问题记忆"，那么先前的不好经历或许就不会再次发生。

2. 关注眼前，不真正认可总结的重要性

人们总是享受眼前快乐而漠视远期痛苦，这就是人性。

（1）很"忙"以至于没有时间总结。还没完成手头工作时就急着做下一个工作（他们已经有了下一个工作，这是一个"忙"的社会）。项目中的人们常常优先考虑工作中的主要活动——那些可以看得到的，对利润和/或进度较为明显重要的方面，经验教训总结常被放到次要位置，因为这是帮助"以后"工作的事！

尽管"磨刀不误砍柴工"这句俗语人人皆知，但具体到一个项目，"磨刀"则很可能会暂时误了"砍柴"。虽然老总们希望员工采用正规方法，但是他们却不太会允许暂时的"误工"。如果这种误工可能使自己的绩效不足甚至受到惩罚，人们就不会去"磨刀"，而宁愿将"钝刀"交给别人让他们受罪。

（2）没有经费支持。对项目进行总结就要召开经验总结会，这需要大家来参加，但是一般来说，人们都"痛恨"开会、写报告。管理工作、编写文档，需要成本，更需要时间，如果组织是向客户收取项目经费的，则尤为如此。客户可能拒绝支付项目总结的费用，而组织也不愿意从管理费中开支总结费用，在成本有限的情况下，项目后评估常被视为可有可无的奢侈品。

现实中，经验教训总结工作常成为一项主观上的活动，而且还时常被认为没什么作用，以致总是缩减到最少甚至力图避免。

（3）"贤人"们不屑于经验教训文档的撰写。经验教训总结工作差的另外一个原因在于经验教训文档的撰写者。重要的项目团队成员在组织中属于"贤人"，一个项目未完，往往就被分配到另一个重要项目上。简而言之，"贤人"不是用来编写文档的。为了解决这个问题，职能经理们使用另外一些"闲人"编写文档。换句话说，编写者水平可能有限。

解决这个问题要考虑需要编写的文档类型以及文档的预期读者。一般的规则是，写文档需要团队协作，这样就需要"贤人"们放下身段，花点儿时间，向文档编写者提供技术细节并予以指导。当然，文档形成后还必须让"贤人"们审阅。

3. 经验教训总结质量低劣

我们的某些传统文化、非物质文化遗产逐步濒危，很大一部分原因就是依赖口口相传的方式和学习者的悟性来传承，文档资料远不够翔实。

（1）喜欢口口相传，不喜欢形成文字记录。不重视文档好像已经成为我们的一种习惯，毕竟我们喜欢做、讨厌写。

（2）总结不实在，总是需要"悟"。

> 中餐馆开遍全球，其经营模式简直是中资企业的典型：企业的命运很大程度上依靠大厨的手艺，换句话说，企业的命运很大程度上寄托在能人身上而不是企业自身；而能人又靠的是个人的悟性、经验、直觉或秘方（这常是所谓正宗与非正宗的区别）。有意思的是，与中国人相比，美国人似乎更强调个人英雄主义，但在企业经营中，反而是中资企业更依赖个人。

很多总结就像某些菜谱——"盐少许，味精适量，中火"，让人看得一头雾水。在这一点上，我们应该向西方人学习，他们的菜谱写得非常清楚，按照说明文件一步步做下来就行。一个中学生就可以按照文件的描述，把麦当劳汉堡在全球做成一个味儿。如果按照我们的某些文件来，不要说小学毕业，就是读完硕士、博士也不管用。你想把那个"少许"弄明白，要不断地试错，需要进行很长时间的摸索，还得有"悟性"。

事实上，如果文件撰写得实在，后人可以轻松达到前人的水平。当然，如果后人智商稍微高一点，就可以在前人基础上再向前迈一小步，实现一点点突破，从而实现持续不断的积累。这也是现代自然科学逐渐进步的过程。

> 某项目的外包商使用了新技术，该技术未经过充分验证，存在技术失效的不确定性。在项目的经验教训库中，问题描述为"外包商使用的新技术存在风险"，应对措施是"强化与外包商的沟通，关注新技术的发展和应用"。

这属于典型的"花架子"式的经验教训总结，说的全是"正确的废话"，你想看明白就需要很高的悟性，完全没有可操作性。像"强化沟通""关注新技术"这样的经验根本无法衡量，更无法落实。

很多项目都有经验教训总结，但不够务实，往往沦为应付领导们检查的"花架子"。这不仅没有意义，还给人造成"给员工增加无谓工作"的印象。

一份冗长、未合理编排、满是相关专业术语又缺乏充分解释的文件很难对未来的项目有参考价值。一定不要把文档做得复杂、晦涩。要善于使用图表、插图等可视化工具（见图6-2），以最短时间、最小篇幅，把复杂内容简化，迅速让人了解真实情况。

图6-2　文档务必要简洁、可视化

为了使总结的经验教训发挥作用，经验教训文档中的描述，必须实实在在、可落实、可度量。每一个问题描述和应对手段，必须是具体的、可以落实的工作项。

在上例中，可以将问题描述改为"由于外包商使用了新的电路板组件焊接技术，所以存在电路断路的风险，造成低温下的控制系统失效"，相应的应对措施可以是"使用双点双线焊接；电路板组件完成调试后，按照新的环境条件进行高低温环境试验"。

表 6-2 对糟糕的经验教训总结与有效的经验教训总结做了比较。

表 6-2 糟糕的经验教训总结与有效的经验教训总结

糟糕的经验教训总结		有效的经验教训总结	
问题描述	应对措施	问题描述	应对措施
外包商使用的新技术存在风险	强化与外包商的沟通，关注新技术的发展和应用	由于外包商使用了新的电路板组件焊接技术，所以存在电路断路的风险，造成低温下的控制系统失效	使用双点双线焊接电路板组件完成调试后，按照新的环境条件进行高低温环境试验

4. 没有好的机制，导致总结不完整（留一手）

在某些情况下，大家好像缺乏帮助后人的利他精神。很多时候，会觉得自己掌握的某种知识一旦免费教给别人自己就吃亏了，不是有一种说法叫"教会徒弟，饿死师父"吗？

很多组织意识到了知识掌握在少数人手中有较大风险，天真地希望每个员工都可以被替代，于是要求大家把知识分享出来，写成文档。后来，组织发现仅仅要求是行不通的，于是开始引入考核——强迫大家做总结、写文档。

但是，如果没有机制保证，这简直是一厢情愿。如果员工们感觉到了不安全，即便考核也只能产生一些连自己都不愿意再看一眼的垃圾。一方面，写的文件充满了"正确的废话"；另一方面，把大部分内容都说了，但最关键的一点儿不告诉你——留一手。

留一手也是有文化背景的，武侠小说中记录盖世武功的秘籍总是少一页！

在意识到危险时，人往往会选择自我防护，这是人性。要求员工是圣人不光是奢望，更是不负责任的。"猫抓老鼠，老鼠戏猫"是普遍的管理现象，可笑的是，管理者和被管理者都是天生的演员，都觉得自己演技高明。

事实上，这个问题并不难解决。

做完一件事以后，如果你把做的方法和步骤写出来，你就得到一个权利，后面谁要用谁就要付钱给你——专利。

参考专利制度，我们在实践中设计了一套行之有效的经验教训管理方法——内部专利。文档被其他人查阅一次就付一次费用给撰写人；同时，如果总结的方法被使用后，的确防范了问题的再次发生，由此降低的成本也给撰写人分成。在我所供职的研究院，有人撰写了非常有价值的文档，因为被人查阅的次数多、对问题解决的贡献大，仅此一项就拿到了不菲的现金奖励。

在引入这套方法后，每个人对待经验教训文档的态度完全不同了。以前，为了保证文档质量，一篇文档需要经过拟制、审核、会签、批准的层层把关，增加了很多工作量，还是无法保证质量。现在，每个人撰写完文档后主动找人审核、组织评审以保证质量，同时还自己认真在文档系统中精心撰写关键词，力争让更多人看到、借鉴。

内部专利方法在我给不同公司的咨询中屡试不爽，后来我自己形成了一种思维定式——只要有公司来咨询经验教训方面的问题，脑海中第一个解决方案便是：内部专利！

许多组织都缺乏必要的知识管理基础设施，这些组织也就无法记住已完成项目的经验教训，从而无法利用过去的经验教训。如果不从根本上建立经验教训总结的制度体系和基础设施，不犯重复错误简直是痴人说梦。

5. 成功经验说得多，失败教训说得少

（1）不愿意面对某些方面需要改进的事实。在"不留任何俘虏，不惜一切代价成功"的文化中，承认我们还可以做得更好，简直是不可想象的。如果已关闭的项目运转良好，往往没有人想要浪费时间对其进行审查；如果项目运转情况很糟糕，也没有人想要重蹈覆辙。

近年来"抓凶手"的风气日盛。也许，一来是不敢面对糟糕的事实，二来也是为了不让任何人难堪——特别是有人把其称为"揭伤疤"。然而，无论一项工作已做得如何好，总有可以改进的余地。我们应当以这种态度来做经验教训总结。很显然，责备、"抓凶手"或惩处之风只会导致没有人愿意对工作进行"诚实"的评价。

另一个值得警惕的现象是,从人性角度而言,人们总结自己做得不好的方面似乎可以接受,但是被他人指出自己的不足时却总会引起对抗。

(2)自我服务偏见。事实上,人们总是自我感觉良好。在加工和自己有关的信息时,会出现一种潜在的偏见。人们常常从好的方面来看待自己,当取得一些成绩时,容易归因于自己;而出现坏的结果,就会怨天尤人,归因于外在因素,还时常说是一个意外。也就是说,人们总是把成绩归于自己,把问题推给外界,这就是自我服务偏见。

在项目总结时,我们也不可避免地存在自我服务偏见,以致成功经验总结得多、失败教训总结得少。这就导致我们的项目总结非常不完整,更缺乏客观性。

"二战"期间,盟军对德国本土展开空袭。盟军飞机遭到了德国地面防空炮火的猛烈攻击,大量飞机被击伤、击落,损失惨重。

为降低飞机被击落的概率,有必要对机身的关键部位进行相应的加固。工作人员在对参战返回的飞机做了全面的检查后发现,几乎所有飞机的机腹部分都弹痕累累,而机翼却几乎没有被炮火击中的痕迹。军方决定对飞机的机腹部分进行加固,以此应对敌方密集的枪弹。

哥伦比亚大学的统计学教授亚伯拉罕·沃德(Abraham Wald)却给出完全不同的建议:真正需要加固的是机翼,而不是机腹!

沃德教授是对的。飞机的机腹中弹,对飞行的影响不大,但是如果机翼被击中,安全返航的概率几乎为零!那些能接受检查的飞机,只不过是因为幸运,躲过了机翼中弹的灭顶之灾罢了。最终,军方采纳了沃德教授的建议,对参战飞机的机翼部分做了合理加固。果然,被击落的飞机数量大大减少了。

成功需要很多因素共同发挥作用，而失败只要一个条件就可以重现。因此，学习别人怎样成功几乎不可行（成功人士的经验也存在自我服务偏见），倒是应该学习如何避免重复别人的失败。我们是普通人，避免不了这些生理上与生俱来的自然"缺陷"。

为减少自我服务偏见的影响，请时刻记住：取得成绩的时候，多想想外部因素；遇到问题时，多找找自身责任。一句话，在经验教训总结时，多说教训、少谈经验。

6.3.3 避免吃二遍苦、受二茬罪

我们不应该忘记任何经验，即使是最痛苦的经验。

——达格·哈马舍尔德

1. 不知道历史的人注定会犯相同的错误

项目经验教训总结不足会造成两个严重的后果。

项目经验教训总结不足的第一个后果是，必须花时间和精力去应对重复发生的相同问题。如果知道当前情形与以前曾经面对的情形具有相似性，组织或项目也许能够采取实际行动，从而避免常见问题或利用常见机会。项目经验教训总结无效的结果是，组织或项目不得不做别人做过的事、犯别人犯过的错，陷入"吃二遍苦、受二茬罪"的恶性循环。

IT 行业中的一个常见情形是，一个软件工程师在完成某个功能模块的开发后，另一个软件工程师在遇到同样的功能需求时会重新开发一个同样的功能模块。

项目经验教训总结不足的第二个后果是，在反复遭遇同样的问题之后，人们开始怀疑项目管理的价值，认为经验教训总结纯属浪费时间和精力。既然有证据显示这个过程是无效的，那还不如把资源用在问题发生后的应急和补救上。

2. 以项目后评估为契机，用结构化方法确保经验教训总结的有效性

缺失项目后评估这个环节导致组织和项目团队经常忘记先前的问题经历。因此，在组织层面上，可以把项目后评估和经验教训总结作为项目必须开展的工作。

如果组织通常不做经验教训总结，那就需要采取更广泛的行动，在所有项目上都建立项目后评估制度。当然，项目后评估的做法应该因项目的类型和规模不同而有所不同。对复杂的大型项目，需要开展全面的项目后评估；对简单的小型项目，则只需要开展简单的项目后评估。

从实践效果的角度来说，建议使用图 6-3 所示的结构化过程保证经验教训总结的质量。

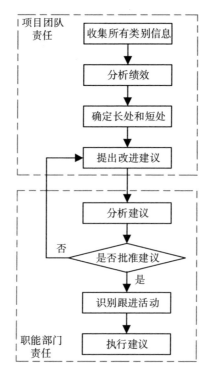

图 6-3　结构化经验教训总结的过程

3. 注重过程和程序上的经验总结

虽然每一个项目的结果是不一样的，但不同项目的启动、计划和交付的过程与程序是类似的。这就意味着有关决策和假设、合作方法、风险识别、团队结构、沟通、会议程序、相关方管理、冲突管理等方面的经验更有价值。

实际上，在大多数行业，管理经验的适用面远远大于技术经验，后者可能仅适用于很小一部分极其类似的项目。同样，新项目团队要特别注意考虑他们可能遇到的程序方面的事务和问题（例如，彼此沟通的最佳方式是什么、向上级主管报告进展的频率如何、哪些类型的问题需要向上级反映），并有意识地请教其他处理过类似问题的团队。

4. 使用递增式方法

要在项目结束之前完成文档通常比较困难，这有两个原因。

（1）很多技术专家都不擅长写作或者不愿意写。

（2）在很多情况下，对项目了解比较透彻的人早已经被安排到其他的工作中，不在这个项目团队中工作了。

实践中，我总结了一种方法。首先，准备一份包含所有最终文档的提纲，并将此提纲放在每个团队成员的工作任务书里。然后，在项目过程中，当每一项关键任务完成时，都要求相应团队成员提供与任务相关的几句、几段或几页文档，然后将这些片段插入提纲内适当的位置。我把这种方法称为"递增式文档"。

"递增式文档"操作起来相对不那么"痛苦"，为最终文档的完成提供了好方法。

6.4 去归档：让经验教训真发挥作用

最危险的常用语就是"我们一直是这样做的"。

——葛丽丝·霍普

2017年11月28日，俄罗斯航天局在东方港航天发射场将19颗卫星发射升空，而后这些卫星与地面失去了联系，发射失败。俄罗斯航天局通报，编程人员本该输入东方港航天发射场的坐标，但却输成了拜科努尔航天中心的坐标。看似微不足道的失误，让发射升空的19颗卫星有去无回，大量经费就这样"打了水漂"。

这是俄罗斯航天局第一次使用位于远东阿穆尔州的东方港航天发射场，此前他们一直使用位于哈萨克斯坦的拜科努尔航天中心。

俄罗斯航天局的发射坐标总是位于拜科努尔航天中心（对以往发射而言这是事实），因此编程人员认为对其进行检查纯属浪费时间。

在很多复杂的过程中，某些步骤看起来并不总是那么重要。我经常听到有人说"以前从来就没出过这类问题"，等真的产生了严重后果他们可能就不会这样说了。

虽然许多组织都开展了经验教训的总结工作，但遗憾的是，很少有团队真正将之前团队所总结的经验付诸实践。

6.4.1 让经验教训发挥作用不是一件容易的事

W公司的研发总监慕华这两天的日子不好过，他的下属陈轩石又给他捅了娄子：陈轩石设计的电路板上火线和零线的间距在一个隐蔽位置没有达到标准，导致整机有着火风险。事实上，一个客户在使用设备时冒了烟，幸亏安保人员及时发现并做了处理。故障原因清楚，证据确凿，开发部门对此负主要责任。

由此导致大批产品的召回，损失巨大。公司忙着协调资源善后，还没有精力问责。

"是脑子进水了，还是哪根筋搭错了？"慕华心里暗骂。

"给我仔细查查，到底哪里出了问题？是人员素质差，还是团队配合有问题？是我们的机制有缺陷，还是公司项目流程有漏洞？"公司领导目光如炬，好像已经看到了问题所在一样。

考虑到已造成损失，慕华的后背一阵阵发凉……

W公司是一家在行业享有良好声誉的公司，管理程序相当完善。从技术角度，这个问题很低级，可以说就是"脑残"。更重要的是，该类问题前年在另一个产品上也发生过，怎么没有引起重视呢？好在，当时的案例资料有存档。

陈轩石是一个老员工，在公司兢兢业业工作了10余年，在多个项目上都有出色表现，说他能力不足、素质不够，打死也没人相信。

"一有问题就知道找开发部，质量部、评审委员会等部门都干啥的？"慕华早就对公司在项目上的责任分工有意见。想到此，他好像已经忘记产品设计的失误，倒开始为自己开脱了。

看起来，W公司经验教训案例库做得还是不错的，每个案例都经过认真的拟制、审核、会签、批准方能入库，绝大多数案例的文件有4～5页（A4纸），7、8页的也不少见，可以说资料完整、分析精到、数据翔实——一看就是下了功夫的。事实上，经验教训总结是W公司每个项目团队面临的考核指标，提交不合格文档的人会面临薪水上的处罚。

回到公司，慕华立即召集团队成员开会。问起经验教训案例库的事儿，令他大吃一惊。

1. 大家并没有认真对待经验教训总结

在现场的几位工程师就一个案例的观点竟然激辩起来，其中一名工程师根本不认同案例中的观点，大家自始至终都未达成一致。有人更是指责写总结的同事是"菜鸟"，问题没弄明白、滥竽充数，只是应付考核而已……

不过，共识大家倒是有一个：处理项目问题已经忙得焦头烂额，还要写这种文档！这简直是"吃二遍苦、受二茬罪"！

2. 案例复杂、不容易记忆和使用

经验教训库中的问题描述缺乏逻辑性和系统性，多而杂，让人想记也记不住，记忆、使用非常不方便。

3. 失败案例总结没有人认真研究和学习

团队成员中的大多数人只对自己写过的案例熟悉，对于别人的案例基本上没有人在意。

4. 多数案例的指导意义不大

很多案例都是些鸡毛蒜皮的事，没有什么价值，根本不具备指导意义。

6.4.2 扎紧无能之错的篱笆

我是在 W 公司正在准备对责任人进行问责的时候介入的。在我的建议下，他们对经验教训管理工作做了改进。

1. 健全公司经验教训管理机制

建立内部专利制度。采用正向激励，让提供经验教训的人拿到实实在在的好处。这是最关键的措施。

（1）追加案例前查重。在新项目实施和相关评审环节，项目团队必须提交经验教训检查表，确保案例库中的经验教训及其应对措施得以落实。

（2）将经验教训使用作为质量控制（quality control，QC）的检查项。作为项目质量工作的一项内容，QC 部门将按照经验教训总结表对方案进行检查。

2. 优化现有案例库

（1）案例库瘦身。对案例进行清理、瘦身，把滥竽充数的请出

去。精简后，硬件方面的案例数不到原来的一半，软件方面的案例数减到不足原数量的1/3。

（2）简化案例描述。用最简单几句话描述案例及其应对措施。这个工作整整花费了2个多月时间。

（3）对案例按逻辑分类。将案例按照"安全保证""生产工艺""原理设计""元器件性能"等几个大类进行逻辑分组，并做成Excel表格（见表6-3）以方便使用。这也是让现有案例库发挥作用很重要的一步。

表6-3 经验教训Excel表（部分）

序号	案例属性	关键词	案例分类	现象描述	现象分析	应对措施	详细分析文件	整理人	备注	本项目排查
1	硬件	PCB、短路、电容、打火	安全保证	高压电容高压脚有放电的迹象，PCB烧黑。在高温高压下尤其明显	高压电解电容走线不合适，电解电容同侧走线导致爬电距离只有2毫米，有打火隐患	高压电解电容同侧不允许走线	×××控制板电解电容失效分析报告	安婷	无	本项目已对高压电容进行了排查，无此问题
……										

新的经验教训体系发布后，情况开始发生改变，重复犯错的情况少了，项目的实施周期提升到了行业的先进水准，而员工频繁加班的现象却大大减少。

更有趣的是，在一次接待一个重要客户的活动中，W公司的总经理把这个新的经验教训体系展示给对方的老总，对方很快就签订了正式合同，并且没有太计较合同总价，同时还表达了对W公司的信任。

不重复犯错的基础，是拥有一个机制良好的经验教训系统，其核心是内部专利方法。保证经验教训发挥作用的不是聪明才智，而是一个看似刻板但却实实在在的方法。

第三部分

成为卓有成效的项目管理者

Minimum
Project
Management

卓有成效是一种习惯,

是不断刻意训练出来的。

Minimum Project Management

第 7 章

好的项目管理者为何如此稀缺

选错了人，且试图把他们培养成为他们所不擅长的人，这就是一个悲剧！

——作者语录

一个项目经理死后，和上帝喝茶，上帝认为他太能说了，会打扰天堂的幽静，于是就把他打入了地狱。

刚过了一个星期，阎王就满头大汗找上门来说："上帝呀，赶紧把他弄走吧。"

上帝问："怎么回事？"

阎王说："地狱的小鬼们都被他激活了，天天开5分钟站立会，翻任务墙，谈WBS，画甘特图，做团队建设，搞满意度调查。我说话都没人听，他还要我改组织架构，做变更流程、目标设定，地下工作者也要加强沟通，识别风险，让所有人满意。"

上帝大怒："让他上天堂，看我怎么收拾他！"

一个月后，阎王遇见上帝，问："上帝，那个搞项目管理的人被您收拾得怎么样了？"

上帝停住脚步，回答说："你犯了三个错误，第一，你应该先说这个月的交付成果！第二，这个世界根本就没有上帝，只有客户才是上帝！第三，我没有时间和你闲谈，我要去更新项目计划。"

导致项目团队工作不理想的原因很多，其中一项重要的原因就是团队管理者不称职。不称职的项目管理者是项目的杀手，而且是职业杀手。

下面将介绍一种我思考并实践了多年的工具。这个工具虽然解释和理解起来比较容易，但修炼过程可能是漫长且不易的。

7.1　智商 - 情商矩阵

每个人都是一个智商（intelligence quotient，IQ）和情商（emotional quotient，EQ）的综合体，通过 IQ、EQ 的高低组合，便形成了一个矩阵（见图 7-1），我把这个矩阵称为智商 – 情商矩阵（IE 矩阵）。

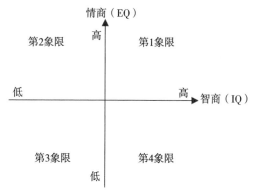

图 7-1　智商 – 情商矩阵（IE 矩阵）

在这里，我需要特别强调，矩阵只用于表述问题，请不要对号入座！

在 IE 矩阵中，处在不同象限的人，有着不同的特点。

（1）第 1 象限的人（智商高、情商高）很少见，属于异类（借用马尔科姆·格拉德威尔（Malcolm Gladwell）的说法），适合成为一个团队的精神领袖。他们有一种卓越的领导力，也就是说不清、道不明的神奇的人格魅力：他不给你发钱，也不能决定你是否升迁，但是你却愿意给他干活儿；有时候，不仅愿意给他干活，你还愿意把钱给他！在我的课上，我说了这些特点，有人脱口而出——传销！我必须提醒你，说出传销只能说明这个人没有信仰。

（2）第2象限的人（智商低、情商高）很容易成为领导。你可能会奇怪，难道领导们智商低？其实，领导智商低不低不好说，但管的事多就很难深入，这就容易导致一个结果，下属说的事越细越深入，领导们就越听不明白，于是他们看起来有点傻乎乎的。但组织需要协调和整合不同专业的人在一起完成工作，这就要求情商必须高。事实上，第2象限的人追求合作而非共识，为了达成合作他们时常自嘲，这是一个显著的特征。

（3）第3象限的人（智商低、情商低）最典型的表现是特别快乐，实际上他们也的确追求简单的快乐。一个人懂得越少，就越简单，也更快乐；反之，知道得越多，人越复杂，也往往更容易焦虑。

（4）第4象限的人（智商高、情商低）大多数是专业人才，他们对自己分内的工作非常在行。但是，他们往往过于关注局部而非整体，只见树木、不见森林；特别是他们喜欢跟人讲理、期望共识，却时常藐视人情世故，黑白分明、追求绝对的对错。所以，第4象限的人更适合专业工作，不适合跨专业协调的管理工作。

对IE矩阵，我总结为一首打油诗：

第1象限人稀少，

第2象限出领导，

第3象限快乐多，

第4象限被人管。

表7-1对IE矩阵做了解释。

表 7-1　智商—情商矩阵（IE 矩阵）释义

类别	智商—情商组合	适合工作	特点	打油诗
第 1 象限	智商高、情商高	团队的精神领袖	精神领袖	第 1 象限人稀少
第 2 象限	智商低、情商高	跨专业工作团队的领导（管理者）	追求合作而非共识、喜欢自嘲	第 2 象限出领导
第 3 象限	智商低、情商低	重复性工作	追求简单的快乐	第 3 象限快乐多
第 4 象限	智商高、情商低	技术专家，专业性工作	喜欢跟人讲理、期望共识	第 4 象限被人管

7.1.1　成长路径

人刚出生时，不可能有高智商，也谈不上高情商，起点都在第 3 象限。似乎我们每个普通人都不例外（见图 7-2）。

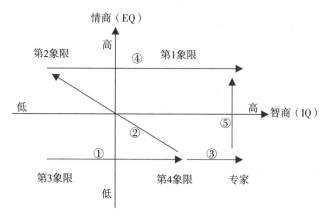

图 7-2　成长路径

1. 成为专业工作的承担者

随着不断长大，我们开始受教育，但学到的东西基本上属于知识范畴，于是我们的智商不断提高。终于，我们中的很多人上了大学（见图 7-2 的路线①），这是我们成长的第一个阶段。但是，这些人对专业工作非常在行，对与不同人的协调和管理却不够擅长，于是表现得有点儿"二"。

实际上，走到第 4 象限的人算是幸运的，还有很多人根本就没有走完这条路，以致一直待在第 3 象限。他们没有很好的专业教育背景，就只能做一些简单的重复工作。

2. 成为复杂工作的管理者

一旦到了第 4 象限，所做的工作就具备了一个属性：在某个领域里做出一点儿跟之前不一样的东西，也就是要实现或多或少的创新，这就需要跨专业的协作。可是，每个人专业不同、背景不同、家庭环境不同、成长经历不同，这就导致很多人总感觉自己被误解——时常会觉得别人"不懂我"。

跨专业协作越来越不容易，如何管好这样的团队呢？我们需要学点儿管理学、沟通学、领导力、心理学、逻辑学、哲学……还要继续修炼点儿领导力，也就是要提升自己的情商（见图 7-2 的路线②），进而走到第 2 象限。

有人可能有疑问，从第 4 象限到第 2 象限，智商反而低了？其实，当不同专业、背景、家庭环境和成长经历的人在一起协作时，让所有人达成共识几无可能，所以，最应该追求合作而非共识。为了达成合作，第 2 象限的人时常自嘲，这是他们的显著特征。

遗憾的是，在第 4 象限的人，最喜欢和别人讲理，讲不通了还喜欢跟人拍桌子。他们根本就不去想一想，拍完桌子工作还要不要干，结果这样一种行为让后面的工作更难干了！一旦提高了情商就不同了：因为每个人有不同的专业和背景，大家都不一定能理解对方，但这没关系，我们是在一起做事的，只要能合作就行，这叫难得糊涂。

3. 成为专家

走到第 4 象限的人智商都很高，这一点不容置疑。他们中的很多人会把大量的时间花在技术学习和研究上，在一条路上越跑越远（见图 7-2 的路线③），终于成了专家。

需要说明的是，一旦成为专家，你说的话别人越来越听不懂——这些话越来越专业；同时，别人说的话你也越来越听不进去，总觉得这些话太幼稚。实际上，这是因为你离第3象限的人越来越远了。

总之，一旦选择成为专家，你再也不要指望别人理解你，自然你也未必理解他人——一句话，你要学会享受孤独。

4. 成为领袖

成为跨专业的管理者（第2象限）或者专家都不是人生的终点，成为第1象限的人才是最终目的地（图7-2的路线④、路线⑤）。能不能成为第1象限的人（他们都是异类）需要造化，不能强求。

从第3象限到第4象限，从第4象限到第2象限，再从第2象限到第1象限，这是卓越管理者的三个阶段，也是一个螺旋式上升的过程。

5. 能不能从第3象限到第2象限

在西方文化背景下，从第3象限到第2象限也许行得通（见图7-3，线路⑥），因为他们可以接受一个人通过学习成为管理者这个事实。

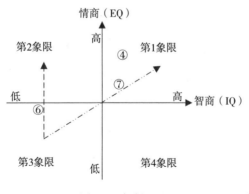

图 7-3　行得通吗

在东方文化下，我们更相信管理者应该是干出来的，"技而优则仕"嘛！

如果一个没有做过软件的人去管理一群软件工程师,他们一句"You can you up ⊖"就足以噎死你。简而言之,技术专家们经常从内心里就不服。

1869年3月,俄国科学家门捷列夫发布了人类历史上的第一张化学元素周期表。在这个周期表中,他放入了当时已经发现的63种元素,同时他还大胆预测了其他尚未找到的元素,为尚待发现的元素留出了位置。他在论文中指出:按原子质量由小到大的顺序排列各种元素,随着科学技术的发展,在原子量跳跃的地方(空余位置)会有新元素被发现。

众所周知,现在的元素周期表中共有118种元素。门捷列夫为研究指明了方向,大大促进了自然科学的发展。

试想,如果用"你不是说有吗?那你给我搞出来看呀!"这种质问的语气逼问门捷列夫,情况将如何?显然,门捷列夫是幸运的。

很多时候,只有你干出来我们才相信。基于此,国内的管理者们也应该成为T形人才(见图7-4)。实际上,我们的项目管理者一般都具备较好的技术背景。

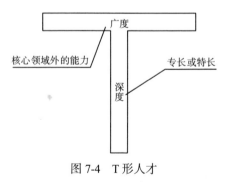

图7-4　T形人才

6. 能不能直接从第3象限到第1象限

能否从第②象限或第④象限到第①象限需要造化,对普通人已相当不易;

⊖ You can you up,no can no bb。意思是:你行你上,你不行就不要说。

从第 3、4 象限到第 1 象限（见图 7-3 的线路⑦），也许只有圣人能走通了。我的建议是，如果认可自己是一个普通人，我等就不去追求了。

7.1.2　十年磨一剑

从第③象限到第④象限，再到第②象限（见图 7-2 的路线①～路线②）是成为卓越管理者的成长路径；从第③象限到第④象限，然后沿着专业一直深入（见图 7-2 的路线①～路线③）是成为专家的成长路径。

研究发现，成为合格的管理者一般需要 10 年，管理学、沟通学、领导力、心理学、逻辑学、哲学等，都是对人的修炼，不可能在短时间产生明显的变化。

成为专家需要多长时间呢？马尔科姆给出的答案是一万小时（一万小时定律）㊀。去掉无效的时间浪费，如果每天有五小时（这已经很棒了）花在专业上，算下来大约也需要 5 年多。

很多第 4 象限的人，在现实工作中会遇到种种困惑。他们常常感觉管理很虚，还是技术比较实在，一旦远离了技术便没有安全感，所以他们不屑于成为管理者。麻烦的是，成为专家需要静下心来花很长时间深入研究自己的专业，这个过程很孤独，而他们又没有能力成为专家，所以他们只能回去了——回到了第 3 象限（见图 7-5 的线路⑧）。

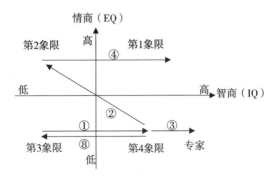

图 7-5　一个遗憾的事实

㊀　格拉德威尔. 异类 [M]. 北京：中信出版社，2014.

7.2 选错人注定是一个悲剧

> 不在其位却显得能胜任其职,是件容易事;而在其位又确实能胜任其职,则是件难事。
>
> ——拉罗什富科

成为合格的管理者或者成为专家,这两条成长路径都是非常棒的。可是,长久以来,很多公司都犯了一个大错——选错了人且试图把他们培养成为他们所不擅长的样子,因此浪费了大把时间、精力和各种资源,这种状况对于各方而言,恐怕结局都是一个悲剧!

7.2.1 技术专家型管理者未必有更多优势

事实上,技术优秀与具有管理才能相关度不大。

很多从技术岗位走向管理岗位的人非常看重要做的事,既想在曾经让自己引以为豪的技术领域出类拔萃,又想把管理做得很棒,遇到困难身先士卒,只要自己懂,通常会亲自去解决,同时在不断解决问题的过程中获得成就感并树立自己的威望。一个常见的现象是,技术出身的管理者会沉迷于技术细节,把大量的时间花在学习新技术或者解决技术难题上。

"告诉你怎么干,还不如我自己干更容易"是技术专家型管理者们常说的一句话,尤其是他们看到团队成员中有人的工作令人不满意,而这项工作又恰是自己老本行时更是如此。因为对结果不满意,就亲自动手来代替之。第一次"我来",第二次"我来"……很快就把猴子背到了自己的背上!

这些管理者必须明白,判断管理工作是否有效的标准是团队的绩效而不是自己做了哪些工作。团队的业绩就是管理者的业绩,反之,团队的过错也就是管理者的过错。管理者应侧重于"做对的事情",而不是像技术人员那样侧重于"把事情做对"。

对于技术专家型管理者来说,他们曾经是技术专家。换句话说,有相当多的人成为管理者的一个重要原因是他们具备完成工作所需的某项技术，且技术水平较高。当初正是因为他们的技术很棒，才有机会得到管理职位。

由技术专家进行管理具有明显的优势：他们熟悉本专业技术，因此不至于犯技术上的低级错误；能够指导下属的专业工作；易于和团队中大多数成员（大多为专业人员）沟通并在他们中树立威信等。

然而，这些技术专家型管理者所拥有的优势中也蕴藏风险：懂得某种专业技术性工作并不一定是他们最大的优点，相反有可能会是他们最大的弱点。原先他们还懂得怎样把全部分内的技术性工作做得出色，但是现在突然间他们只懂得全部工作的某一部分，而常常不懂得怎样去做非本专业的其余十几个、几十个工作。更为严重的是，他们常常会以技术人员的心态去处理团队管理问题，而不明白完成技术工作与管理工作之间存在很多本质的区别。

将技术优秀的专家提拔为管理者，时常会导致以下两个严峻的后果。

（1）公司少了一位特别能干的技术专家。

（2）公司多了一位糟糕的管理者。

从技术专家走过来的管理者，在刚晋升时，往往会面临很多问题，会经历痛苦的转换期。常见的问题如下。

（1）角色定位错误，过于关注技术。

（2）只见树木、不见森林，关注局部而非整体。

（3）刻舟求剑，静态看待技术外的事。

（4）不愿低下高贵的头，排斥非正式沟通。

（5）过于依赖正式权力，缺乏政治敏感性。

（6）黑白分明、绝对的对错，一元论。

（7）缺少权衡、妥协、忍让，理想主义/完美主义。

（8）藐视人情世故，忽视社会学范畴中常理高于一切的现实。

（9）缺乏领导艺术。

技术背景的管理者，请时刻记住：能走向管理岗位，你所掌握的技术确实起到了主导作用；但走上管理岗位后，能稳定地拥有管理职位（甚至有机会进一步升迁），绝不是因为你的技术很棒，而是你的管理能力很强。另外，哪一天如果你被从管理岗位上换下来，那也绝不是因为你的技术水平不够，而是你的管理能力达不到要求。

7.2.2 项目管理者应该了解多少技术

项目管理者应了解足够的技术（"正确的废话"），这样在决策时就能进行权衡（或帮助客户/高层权衡），做出更优的决策（或指导团队做出更优的决策）。

项目管理者要知道如何收集和分析需求，要知道如何设计和确认设计完成，要知道如何识别和管控风险，要知道配置管理系统如何有效使用并使其发挥作用，还要知道质量人员如何测试及能够提供什么信息……

这并非要求项目管理者必须清楚完成这些工作的细节、成为技术专家，而是要求他们知道如何组织项目各项工作并促成工作的完成。因此，项目管理者需要具备一些专业域的知识和方法域的方法论。

项目管理者需要了解所应用技术的特点、难点，解决相应技术问题所用到的流程以及相应的风险。他们需要理解要解决的问题，以及如何利用解决方案来解决问题，还要能够快速获得对技术域的理解。如果他们不知道要解决什么样的问题，就不足以明确项目工作何时、花多大代价完成，更无法理解怎样才能验证完成的好坏。如果项目管理者不了解系统原理和架构，就不能识别其中蕴藏的风险，也就无法真正把项目管起来。

这并不是要求项目管理者要亲自阅读或是编写代码、设计印刷电路板（printed circuit board，PCB）、编制工艺，好的技术背景虽然有助于项目管理者了解项目的状况，却并不意味着优秀的技术专家一定可以成为优秀的项目管理者。

实践中有两种不称职的项目管理者：一是对项目一无所知的项目管理者；二是想成为架构师的项目管理者。对项目一无所知显然是不行的，架构师管理项目局限性也很明显。架构师虽然了解项目的流程和技术，但常会置项目管理工作于脑后，假如他专注于开发而不是如何管理项目，项目也会遭受挫折。

7.2.3 非技术背景管理者如何管理技术团队

有技术背景的管理者做事风格偏硬，喜欢撸起袖子自己干，往往不注意软技能的修炼。而非技术背景的管理者往往行业技术知识不足，容易被技术专家忽悠，因此需要多修炼一些技术硬功夫，提升自己的技术素养。

在国内，很多非技术背景的管理者不乏理科背景，但基本没有从事过具体的技术研发工作。因为缺乏技术一线的背景，往往在工作中硬不起来，只能靠软技能来管理项目。研究发现，非技术背景的管理者的一个困境是，当遇到技术人员用所谓的技术权威来糊弄他们时，他们往往无计可施，只能是哑巴吃黄连。

原则上，要管好项目，管理者应该两手抓，两手都要硬。有技术背景的管理者要补软技能的短板，非技术背景的管理者要补技术的短板。虽然不需要项目管理者成为技术专家，但项目管理者必须要加强技术逻辑能力，也就是能运用技术术语和概念，根据技术原理进行思考和推理。

实际上，这既是一种能力，也是一种学习方法。

> 我虽然是技术背景，但是在实践中，我也不懂本单位的所有技术。工作中，我不得不经常处理一些棘手的所学专业之外的技术问题，这其中很多问题也是拖了几个月解决不掉的。有几位非技术背景的管理者就特别佩服我，对我说："懂技术就是好，一通百通，什么结构、电子、软件、硬件的问题到你这儿都不是问题。"事后总结发现，其实我并没有解决任何具体的技术问题，这些问题都是工程师解决的，我所做的就是按照我的逻辑，让工程师完成工作，试验、反馈、修正，最终达成目标。
>
> 因为所解决的这些技术问题并非我专业特长，所以相对解决的问题而言，我就是非技术背景的管理者。

非技术背景的管理者不应该放弃对技术的学习，某种程度上更需要把自己行业的知识体系掌握下来，这样做的最大好处是让你容易和技术人员沟通，而且让你拥有技术判断能力。你需要掌握的是核心概念和原理，而非技术细节。学习知识需要总结自己的方法，掌握方法才能快速有效地学习所需要的专业知识，通过思想实验能够逐步实现知识体系的归一化。

1. 不能因为自己非技术出身，就否定自己

不懂技术的最大问题是，你无法与工程师交流和沟通。关于沟通我们都知道，你需要用对方能听得懂的语言和对方沟通，才有可能达成有效的沟通。你不能苛求工程师用你能听得懂的语言和你沟通，如果是这样的话，你除了获得工程师的不满，什么也得不到。每个工程师都有一颗技术自尊心。

技术也好，管理也罢，本质上都是知识，能够首尾相连、前后贯通的就是知识体系。知识体系都有一些共同的特点，掌握这些特点对于我们来讲还是非常重要的。只有如此，你才会了解学习哪些知识是有意义的。

任何知识体系都是有层次的，这种体系不是上下关系，而是内外关系，它们大致可以分为三层（见图7-6）。

图 7-6　知识体系的层次

最里面的是核心概念，往往有一两个核心的定义来支撑整个体系。掌握了这一层，你基本上可以用一两句话把一种知识体系讲清楚，但是你不一定能做出什么东西来，甚至连数学公式也未必能看得懂。但在别人眼里你就会显得很厉害，那么复杂的体系一两句话搞定，不是一般人物。

第二层是由核心概念派生的原理逻辑层，由核心概念派生出一些术语，然后用逻辑把这些术语串联起来就变成了原理。掌握了这一层，你基本上可以把这个知识体系里的方方面面都考虑到了，而且据此可以安排工作，对工作之间的相互关系和影响了然于胸。在这个层次上，你可以通过画几个方框（模块）再加上几根连线（逻辑）把该知识体系讲清楚，但是你不一定会计算，不一定能把东西做出来。掌握了这一层，你就可以进行逻辑推理和思考，而且还能够创新，很多创新是先要把原理逻辑想清楚，才能在工程实践中做出来。先有概念，通过思维派生逻辑，逻辑清楚了再动手，方向就对了，最后才能做出成果来，这就是工程应用。

最外面是工程应用层，工程应用往往会涉及数学、工艺和流程步骤，也就是说你不一定懂原理，但是你照着做一定能做出来。现代社会信息量很大，其实很多人只是掌握了工程应用的知识，对于原理未必清楚。

一个实例是牛顿经典力学体系。

核心概念层：是什么推动世界运动，是力，因此力是核心概念。

原理逻辑层：力有什么特性，牛顿三大定律。

工程应用层：加速度公式、万有引力公式、冲量公式。

形而上谓之道，形而下谓之器。道是无形的，器是有形的。上面讲的这三层，核心概念层是道、原理逻辑层是术、工程应用层是器。非技术出身的管理者需要掌握的是道和术的层次。这两个层次纯粹是逻辑思维，一旦把这两个层次掌握了，你就可以高屋建瓴地指导别人工作了，大部分工程师其实对原理层也不是很清楚，所以在进行逻辑对决的时候占不到你什么便宜。

2. 要注意学习方法，勤思考、多做思想实验

很多人特别喜欢读书，读完之后除了记住几句听起来很时髦的词语，并没有掌握什么，还时常越读越困惑。例如，同一种情况有 36 种应对方法，这该如何处理？你不可能把这 36 种方法都记得滚瓜烂熟，即使全部都记住了，在遇到事情时还是不知道该选择哪种方式应对，总不能把 36 种方法全都尝试一遍。这就是没有掌握学习方法的缘故。

我在读书学习的过程中，逐步总结了一个很好用的模型，在这里分享给大家。我称这个模型为 WWH 模型，即 what-why-how 模型（见图 7-7）。

图 7-7　WWH（what-why-how）模型

是什么（what），这是读书的过程中要做的事情，就是搞清楚这本书在讲什么，这个"是什么"包括基本概念和基本逻辑。读书的时候先不要怀疑作者的言论，先假设对方说的是合理的，此时的状态是既不相信，也没有不相信，且看作者在说什么，是如何论证的。要用作者的逻辑来验证作者的观点，如果作者的逻辑能够很好地证明其观点，那么这本书是值得读的。记住，任何科学体系都必须满足两个特征，即自洽性（自己能证明自己）和相容性（不能用自己的逻辑证明相互矛盾的结论）。

除了自洽性和相容性，好的知识体系应该有一个核心的观点，所有派生的概念和逻辑最终都是为了证明这个核心的观点，也就是中心思想。如果一本书仅是一些观点的罗列，作者自己没有中心思想，这种书往往属于"毒鸡汤"，还是趁早扔掉为好。

为什么（why），这是在读过书之后要做的事情。经过"是什么"的过程之后，就书中一些关键的概念和逻辑提出"为什么"的问题。通过问自己为什么，可以把新学到的知识和自己既有的知识融会贯通。这其实就是在做归一化的思想实验。因为"为什么"之后还有更多的"为什么"，凡事都架不住多问几个为什么。科学类的知识（无论自然科学还是社会科学）都是一家之言，也就是有其适用的特定条件，所有这些一家之言都是在讨论某一种真理的某一个方面，通过问为什么，可以把这些知识背后的知识挖掘出来，到最后往往就会形成一个适用性更广泛的道理，也就实现了知识的归一化，同时你对世界的认识也更加透彻，也就不需要记住36种处理方法了。

怎样（how），是知识如何应用的问题。对以技术为职业的人而言，就是把知识进行工程应用。对于技术团队的管理者，并不需要这么做，你要做的仍然是进行思想实验，也就是结合工作和实践来思考刚刚学到的知识应该如何应用。

记住，最关键的是要思考技术对于人的作用和影响，也就是该技术可以解决人的什么问题。知识是人创造和发现的，最终也必须服务于人。以人为中心来思考知识的应用，看问题的层次就提高了，在论证技术方案的合理性的时候也就不会手足无措了。更重要的是，当工程师给出很多方案时，选择合理方案也就不会那么困难了，因为你已经懂得了技术的价值是什么。

3. 不要试图展现你比工程师更专业，而应展现你比他更有逻辑

我认识的很多资深的非技术背景的管理者，自身的技术知识其实是很丰富的，逻辑思维能力也很强，但往往还是无法和工程师处理好关系，其中非常重要的原因是：他们喜欢用工程师的专业知识来挑战工程师的工作。并不是说发现工程师的问题不要指出，也不是说工程师耍技术权威的时候一味地放纵，而是要注意方式方法。

要尽可能地用引导方式和问问题的方法，让工程师自己的逻辑出现混乱，当他陷入困境的时候，你再出手，此时仍然以问问题的方式说："你看往这个方向是不是可行的？"这时工程师对你是感激，而非不快。如果你太直接地指出对方技术上的问题，工程师往往面子上挂不住，这反而不利于工作的开展。要知道，技术是工程师赖以获得成就感的源泉，被你那么轻易戳破了，他们的尊严会受到严重的挑战。

另外，当面临错综复杂的跨专业技术问题时，清晰的技术逻辑和业务管理逻辑相结合，会让你更加淡定，能够起到稳定军心的作用。这种表面是技术问题的业务问题，如果直接交给工程师来处理，往往处理不好，因为工程师只会看到他眼前的技术问题，跨专业的问题往往会被忽视，更不用提业务整体的问题了。这时，你运筹帷幄的能力才能真正解除项目的危机。

7.3 项目管理者的能力素质

"到底什么样的人适合做项目管理？"这是绝大多数组织长久以来的困惑。正如斯坦迪什（Standish Group）的研究，并不是所有人都擅长项目管理工作，在当前状况下能把项目管理做好的人比较少。

项目管理本质上是一种基于战略方向、组织开拓创新的学问，其目的在于组织来自各方的资源在短时间内形成合力，完成突破性的商业目标。事实上，擅长项目管理的人往往也擅长组织力量进攻。

项目管理协会（Project Management Institute，PMI）通过其人才三角（见图7-8）给出了项目管理者的能力素质要求，为个人或组织提供项目管理人员的专业发展指导。这个人才三角从5个维度提出要求：技术项目管理、战略与商务管理、领导力。

图 7-8　PMI 人才三角

有人将 PMI 人才三角进一步细化为理想的知识能力框架（见图 7-9）。

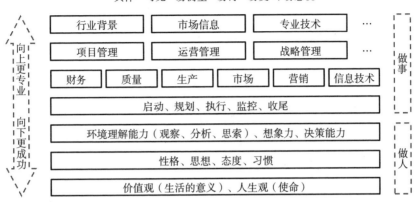

图 7-9 理想的项目管理知识能力框架

不看不知道，一看吓一跳！如果真的具备这么多的知识和能力，这是什么人？——这不是传说中的"超人"吗？说实话，做一个优秀的项目管理者的确是太难了！

你需要懂项目的启动、规划、执行、监控、收尾如何管理；需要具备财务、质量、生产、市场、营销、信息技术知识；需要熟悉项目管理、运营管理、战略管理；需要有行业背景，了解市场信息、专业技术……这些也许还好办，只要静下心来好好学习就行了，毕竟还属于知识范畴，时间而已！

更难的是，一个优秀的项目管理者需要理解项目环境、懂得适应事业环境因素，需要有想象力，具备决策能力，更必须具有好的性格、态度和习惯。

而最难的是，要有正确的价值观、人生观！

如果这些都具备了，这又是什么人？圣人？还是回归现实吧！

7.3.1 和谐的人际关系能力

常常有人问我，项目管理者的什么技能是最重要的，我会毫不犹豫地回答"人际关系技能"。不会与人打交道的项目管理者，会遇到很多麻烦（见图 7-10）。

图 7-10　项目经理最重要的技能是人际关系技能

一位大建筑集团的董事告诉我，他不得不把一位项目经理调到一个不必与人打交道的岗位。这位项目经理懂建筑，也知道如何做计划，但他常常惹人生气，使那位董事要花费很多时间去平息人们的不良情绪。

然而，人际关系技能在大多数组织中都被低估了。我几乎没有见到因为项目管理者不会制作甘特图而失败的项目，倒是常见到很多项目因人际关系问题而陷入严重危机。我同意丁荣贵教授的观点，从技术专家到优秀项目管理者，需要 6 个转变⊖。

（1）由专注技术转向关注拥有技术的人。

⊖　丁荣贵．项目管理：项目思维与管理关键[M]．2 版．北京：中国电力出版社，2013．

（2）由理性转向感性和理性相结合。

（3）由追求完美转向追求满意。

（4）由做自己感兴趣的事转向做自己该做的事。

（5）由着眼于项目工作转向着眼于项目的商业价值。

（6）由技术权威转向管理能手。

7.3.2 系统思考的能力

 关于本主题的更多探讨，请参考本书第 8 章。

7.3.3 换位思考的沟通能力

项目是一个体现人们矛盾和冲突的载体，项目管理者必须要通过自己的努力，协调项目中各方利益、化解矛盾、获取共识、达成目标。因此，你必须要具备很好的沟通能力。

在沟通中，达成共识的关键是"换位思考"，至少要有一方会主动站到对方的角度去考虑问题，才有机会促成双方的共识。如果大家都仅仅站在自己的角度来思考问题，而不替对方着想，则这个共识势必是很难达成的，其结果就是沟通效果不好。

技术专家们没有经历过对方的工作环境历练，难以想到对方的困难，理解不了对方诉求背后的真实原因，因此很难做到站在对方的角度思考问题，这时常造成误会和矛盾。你必须帮助他们化解矛盾、达成共识。因此，你要站在不同人的角度思考问题，理解他们各自的苦衷和期望，先与他们各自达成共识，再尝试帮助他们进行沟通，促成他们之间达成共识。项目涉及的人越多，你就越需要换位思考，沟通的难度也越大。

7.3.4 管理自己、影响他人的领导力

常有人说，在当前的中国企业中，项目管理者与其他管理者不同的地方

就是"权力与责任的不匹配"。

这的确是事实！诚如 2.4.1 节所讨论的，现实中的项目经理们，位置是尴尬的。尤其在中国的人文环境下，"官本位"和"层级权力"根植在人们的骨子里，真正的职能经理才是长期的"官"，而项目经理充其量只是个临时的"官"而已。这就只能靠个人的影响力来更好地发挥和利用外部权力，实现对项目的有效管理。

"管理"基于一定的制度、流程和标准，是建立在合法的、有报酬的和强制性的权力基础上的，但是项目管理者更多的是建立在个人影响力和专家权力以及模范作用的基础上。说白了，要管好项目，你最需要的是"说不清道不明"的领导力，这包括以下几个方面。

首先，领导者必然会有部下或追随者。

其次，领导者拥有影响追随者的能力。

最后，领导的目的是通过影响团队成员来达成项目的目标。

因此，一个人可能既是项目管理者也是领导者，但并不是所有的项目管理者都能领导别人。合格的项目管理者运用的是领导的方式，不合格的项目管理者则是运用管理的方式。你有能力管理的没有任何人，只有自己。只有做到管理自己、影响别人，这才是合格的项目领导者。

可见，项目管理者应该具备一些基本的能力或者准则，这个基本准则的核心就是：只有被领导者（项目团队成员）成功，领导者才能成功。

Minimum Project Management

第 8 章

打造面向业务的系统化思维

> 我们鼓励讲究实绩、注重实效，却往往奖励了那些专会做表面文章、投机取巧的人。
>
> ——米切尔·拉伯夫

公司里有三个部门经理甲、乙、丙。在甲的管理下，部门运转顺畅，工作井井有条；乙负责的部门常出"意外"；而丙的部门则相对一般。现在，公司决定从他们三人中提拔一人进入高级管理层。

如果由你做决策，你会选择谁？在读完本章后，请对照一下自己的选择。

项目管理是一套系统的方法，良好的项目管理不仅需要开阔的思路和视野，更需要系统化的思维方式。

8.1 系统复杂性与思维的局限

自工业革命以来，人类解决问题的思维模式主要是"还原论"，也就是机械性思维。这种思维包括以下三个步骤。

（1）将整体分解成若干元素。
（2）对这些元素进行研究并理解它们的属性或行为。
（3）将对这些元素的理解进行组合，从而达到理解整体的目的。

8.1.1 机械性思维的局限

机械性思维对人类社会的进步起到了极大的推动作用，但也严重限制了人类解决问题的能力。

> 技术牛人杜鑫负责的负压检测子系统工作进度落后，在项目经理江峰的协调下，杜鑫同意加班以赶上原定计划。经过连续两周每天 12 小时的努力工作，终于有所进展。糟糕的是，一个月以后负压检测子系统暴露出越来越多的错误，杜鑫不得不花时间纠正错误。他完成的工作量也开始有所下降，而且情况正在恶化。
>
> 既然加班不能解决问题，江峰决定采取行动。他说服老板增加资源，让另一个人加入了负压检测子系统工作。更糟糕的是，二人完成的工作量只相当于杜鑫一人单独完成的工作量，并且出现了更多的错误。
>
> 江峰找杜鑫了解情况。杜鑫说："你给我找来的人对工作不了解。我花了三天时间让他了解情况。后来，我发现他犯了很多错误，不得不帮他纠正。我还要加班培训他……还不如没有人帮忙！"

你有没有似曾相识的感觉？

布鲁克斯定律告诉我们："为一个延误的项目增加人员，将导致更多的延误。"

如图 8-1 所示，这个过程可以用"救火"来进行比喻说明。牛人在"救火"，项目经理在"帮忙"，但都没有采取任何措施来预防未来的火灾。

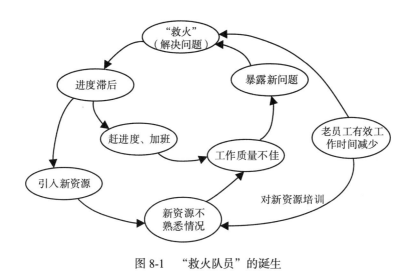

图 8-1 "救火队员"的诞生

这种解决问题的思维过程属于典型的机械性思维。

机械性思维的本质是试图通过修复或解决小的部件，来解决大的问题，这种思维模式具有两大典型特征。

（1）关注的焦点在于事物的内部、构成元素以及这些元素之间的关联关系。事物可以由其分解开的元素予以解释，而且这种解释既是充分的也是必要的。

某舰载有源电子侦察系统的主任设计师鲍某是毕业于国内某名校的博士。系统在设计前，有关领导就定下了建造国内"最先进"舰载有源电子侦察系统的目标。为此，鲍某和他的设计团队在分系统设计中都选用了国内最好的分系统或设备。两年后，各分系统陆续完成，并分别通过了验收测试。不幸的是，虽然各分系统技术指标达到了设计要求并工作良好，但系统整体作战性能却无法实现，因为各分系统间存在严重的电磁兼容性问题。

（2）认为系统整体的最优来源于各个局部的最优。按照机械性思维，被分解开的系统元素通过预先设定的功能对整体起作用,如果整体出了问题,那么一定是某个或某些元素出了问题。同样,只要各个元素的性能得到优化,则整体的性能也将会有所改善。

机械性思维模式对于解决一些技术性问题或机械系统问题是有效的,也让人类取得了巨大的成就,但是,这一思维模式,对于解决社会系统问题,并不总是奏效。

对于一些复杂的社会系统而言,因与果之间并不是线性的,而是存在着众多且微妙的相互联系、相互作用与反馈回路,甚至是互为因果。也就是说,因造成了果,而果又产生其他的影响,从而又作用于因。

技术牛人杜鑫的遭遇并不是个例,很多项目组的加班安排(见图 8-2)与其如出一辙。

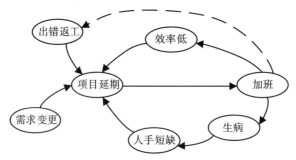

图 8-2 通过加班解决延期问题

8.1.2 最高明的医生善治"未病之病"

战国时期,名医扁鹊闻名天下。魏文侯曾求教于扁鹊:"你家兄弟三人,都精于医术,到底哪一位最好呢?"

扁鹊答:"长兄最佳,中兄次之,我最差。"

文候再问:"那为什么你最出名呢?"

扁鹊答:"长兄善治未病之病,于病情发作之前就能事先铲除病因，所以他的名气无法传出去，只在我们家人中推崇备至；中兄善治欲病之病，于病情初起时，一般人以为他只能治轻微的小病，所以他的名气只及本乡里；而我仅擅治已病之病，于病情严重之时，一般人都看到我下针放血、用药敷药，都以为我医术高明，因此名气响遍全国。"

扁鹊的话告诉我们，最好的方式是善于调理、养生，根本不生病。就像《荀子·劝学》中所讲，神莫大于化道，福莫长于无祸。这就是说，将"道"融化于自己的言行之中，是最高明的；没灾没祸，是最持久的幸福。这是最高层次的系统思考的智慧。

精通系统之道，顺势而为，游刃有余。为此，你需要具备系统思考的智慧，能够洞悉系统内在的结构，并保持开放的心态与敏锐的洞察力，见微知著。

回到本章预留的问题。

显然，直觉告诉我们提拔好的（甲）。真的是这样吗？

实际上，一个人把部门管得特别好，这个部门就会井井有条、高效运转。但井井有条带来的结果是没有意外——不出事，只要不出事人们就会倾向于认为这个部门的工作比较简单，以致其工作得不到重视！就像每天晨跑的人多数是健康出过问题的人。

与之相反的是，一个部门常出事，人们反而会觉得这个部门的工作真难干，反而开始重视它的工作。当然，老是发生"意外"自己又解决不了，领导就会把他干掉。如果时不时出点儿问题，你又能很快将其解决掉，人们就会觉得你很强。

所以，在现实中多数组织总是提拔了解决问题的人。实际上，真正高水平的是让问题不发生的人。

来看一个真实的例子。

有两个战友从部队转业后分别做了两个乡的乡长。甲乡长平时尽做些改善性的工作，如修修水渠、整整河道等。乙乡长则大刀阔斧进行改革，新修了马路、建了高楼，县里的会议经常在乙乡召开。

一次，洪水来了。甲、乙两个乡都受了灾，但由于甲乡在平时做了不少水利建设工作，受灾不严重。而乙乡的路被冲毁了、楼房被冲倒了。乙乡长身先士卒战斗在抗洪第一线，最后累倒在现场。记者们去采访他，领导们也到医院去看望他，老百姓都说他是个好领导。

洪水退去了，乙乡长荣升为副县长，而甲乡长依然是乡长（见图8-3）。

图8-3　两个战友乡长提拔谁

组织部门的领导们不想把好的提拔上去吗？尽管他们有做好工作的本意，但往往没有能力判断谁好谁坏——以致好心做了坏事。圣人能够做出正确判断,但普通人却只能看到表象。正应了一句哲言"人类一思考,上帝就发笑"。

试想,假如组织部的人就是圣人,他把甲乡长提拔了有什么结果?很多人也许会立马质问"你跟甲乡长是不是亲戚""这里面是不是有什么猫腻""他们在下一盘大棋"……最后,为了遵从民意也必须提拔乙乡长。

8.1.3 系统的关键在于相互作用

中国航天之父钱学森先生认为:"系统是由相互作用、相互依赖的若干组成部分结合而成的,具有特定功能的有机整体,而且这个有机整体又是它从属的更大系统的组成部分。"如图8-4所示,系统具有四个基本要素:输入、输出、将输入转换成输出的过程、控制转换过程的调解机制。

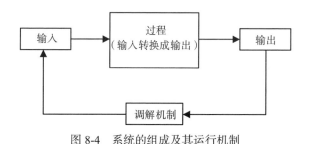

图8-4 系统的组成及其运行机制

组织就是一个环环相扣的复杂系统,任何一个部门或成员的一个举措,都可能在不同的时间对系统中的不同主体产生这样或那样的影响。

20世纪90年代的美国人只要稍微关注报纸新闻,便会经常体验到心惊肉跳的刺激感,原因是犯罪率居高不下。故意或过失枪杀案司空见惯,抢劫、强奸、贩毒屡见不鲜,暴力犯罪成了人们生活中挥之不去的恐怖阴影。

权威专家对犯罪率的预测十分悲观,1995年,犯罪学家詹姆斯·艾伦·福克斯(James Alan Fox)为美国司法部部长撰写了一篇报告,称青少年杀人案将急剧上升,他认为:乐观的话,青少年杀人案在 10 年内会上升 15%，悲观的话，则会翻一番。连时任总统克林顿都同意此观点，犯罪的蔓延似乎在所难免。

出人意料的是，之后美国的犯罪率非但没有攀升，反而开始出现全面持续的下降。青少年杀人案发率在 5 年内下降了 50%，抢劫、强奸、贩毒等几乎各类犯罪的案发率同样如此。

按照见招拆招的机械性思维方式寻找高犯罪率问题的解决方案，一般可以形成三种做法。

（1）惩奸除恶，形成对罪犯的高压态势。

（2）政府进行干预，加强枪支器械管制等治安管控手段。

（3）对潜在的罪犯进行教育。

但以上三种做法实施起来都有难度，且人力物力成本都很高。

1970 年诺尔玛·麦科维（Norma Mccorvey）只有 21 岁，是一个穷困潦倒、目不识丁、一无所长、酗酒吸毒的女子，此前她已经把自己的两个孩子送给别人收养，但她又怀孕了。当时她所在的得克萨斯州和美国的多数州一样，规定堕胎是违法的。然而麦科维得到了权势人物的关照，他们为了实现堕胎合法化，帮她发起了一场集体诉讼，1973 年该场诉讼胜诉，美国全境堕胎开始合法。

研究发现，出生于不幸家庭的儿童走上犯罪道路的概率要远高于其他来自正常家庭的儿童。在堕胎合法化后，数百万女性选择了堕胎，这些穷困潦倒、未婚先孕的未成年妈妈常常是不幸的代名词。

诺尔玛·麦科维诉讼导致的堕胎合法化产生了巨大的影响：多年后，这些未出世的孩子本应步入壮年，在"犯罪界"大展拳脚的时候，犯罪率开始骤降。美国犯罪高峰没有出现的主要原因是潜在罪犯人数的大幅减少。

很多系统问题正如犯罪问题被意外解决一样，诺尔玛·麦科维在无意中扭转了历史进程，尽管她的初衷只是想堕胎。

8.2 提高问题的认知层次

从系统思维角度出发,我把认识世界定义为四个层次:反应层、模式层、系统结构层、共同愿景层,如图 8-5 所示。

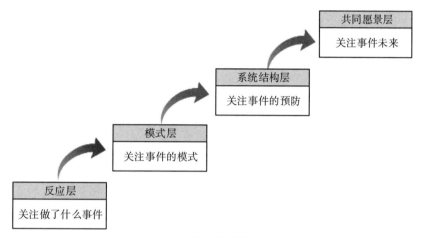

图 8-5 认识世界的层次

(1)反应层(又称事件层)。处于这一层的人主要关注每天发生的事情。在"救火队员"的例子(8.1.1 节)中,杜鑫解决了"新加入员工导致的错误"的问题——扑灭一场火,这就是遇到问题解决问题,关注事件本身,即俗话所说的"见招拆招"。在这个层次的人,只是对事件做出反应,而没有控制事件的发生。

(2)模式层。处于这一层的人主要关注事件的模式、寻找事件发生的规律。例如,经过一段时间,项目经理江峰发现杜鑫时常处于"救火"的忙乱状态,于是对其进行"救火"培训,提高其"救火"能力,以便于"火情"发生时,能快速扑灭。

(3)系统结构层。处于这一层的人主要关注导致事件模式(规律性)的根源(发生此类事件的根本原因),找到预防事件的方法,开始面向未来。例如,公司可以建立一支独立的"救火队",使工程师不必参加任何"救火"工作,大家各行其是、各负其责。

（4）共同愿景层。处于这一层的人主要关注创建一种新的模式以替代低效的旧模式，建立新的系统取代旧系统，它是真正面向未来的。找到降低工程师出错概率的方法、提升经验教训的使用、合理分配设计与采购的时间、找到工程师与"救火队员"的最佳比例等。

8.2.1 博士和农民工的PK

某企业引进了一条香皂包装生产线，结果发现经常有空盒流过。厂长请了一个博士花了200万元设计了一套自动分拣系统。一乡镇企业遇到同样问题，农民工花90元买了一台大电风扇放在生产线旁，有空盒经过便被吹走。

网友评论：现在社会，文凭不代表水平，学历代替不了能力，知识也不一定能转化为生产力（见图8-6）。

图8-6　博士和农民工的PK

这个案例，我在微信中至少见过10次以上，果真如此吗？我仅就网友的评价进行探讨。如果仅考虑短期效益，上述评价可以接受！

农民工对空盒开展工作，使用大电风扇能把空盒吹跑。试问，如果盒子中有半块香皂或盒子里有其他异物呢？实质是，这解决了问题的表象，而问题并没有真正得到解决。这种解决问题的方式属于典型的反应层。当然，这也会导致出现永远解决不完的问题。换言之，这种解决方案只能解决一个问题。

空盒、半块香皂或有异物的盒子，都可以用自动分拣系统解决，仅需要对系统做功能扩充。换言之，博士的方案解决了一类问题，这属于面向未来的系统结构层。

当然，也可以对生产线进行改造，降低空盒出现的概率，这属于共同愿景层。

有人会问："农民工的方案不好吗？"我必须告诉你，这个方案很好，而且我很欣赏这个农民工——作为一个农民工，没有接受过系统的高等教育就能想出这种方案，是非常值得欣赏的。

但是，如果博士采用电风扇的方案解决此类问题，就应该被痛批。因为他是受过良好高等教育的博士，应该拥有系统解决问题的能力，必须系统解决问题。换言之，农民工可以解决一个问题，而博士就必须解决一类问题。

"乡镇企业花不起这么多钱怎么办？"有人会问。这里要澄清的是，处于这一层次的乡镇企业使用电风扇并没有错，它们尚不到需要深层次解决这类问题的阶段。

很多时候，系统性问题得不到解决，真正的高效就无法实现。

请注意：博士和农民工的解决方案，层次不同，不具备可比性。网友将其放在一起比较，这个评价具有很强的误导性，毕竟读书还是很有用的。

8.2.2 系统思维解决问题的方法

面对一个具体问题，用系统思维解决的过程可以用图 8-7 来描述。

（1）对具体问题概念化、程式化，将这个具体问题升级为一个普通问题，找到问题背后的模式。

（2）找到这个普通问题的通用解决方案。

（3）根据具体问题的边界条件，将通用解决方案具体化，得到该具体问题的解。

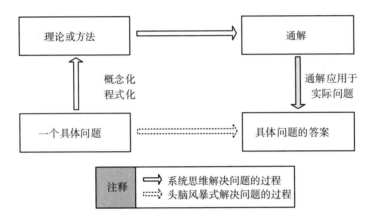

图8-7　系统思维解决问题的过程

为方便理解，图8-8给出了一个一元二次方程的系统求解过程。事实上，对于一个具体的一元二次方程而言，也可以按照虚线所示的头脑风暴方式求解（不断代入答案试错），只是此过程具有很大的不确定性，效率往往比较低下。

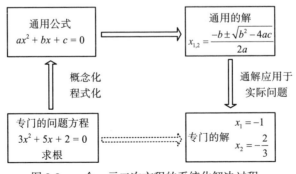

图8-8　一个一元二次方程的系统化解决过程

博士和农民工面对空盒问题选择了两种不同的解决过程。博士将其升级为一个普通问题（存在与正常香皂盒不同的异物），然后面对这个普通问题建立通解（自动分拣系统），从而形成了系统解决方案。农民工则对具体问题进行了头脑风暴式的解决。

8.2.3 牧场效应与囚徒困境

18世纪，英国殖民者把奶牛业带到了美洲大陆。个体牲畜主想："我拥有的奶牛越多，就会越富裕，因为放牧是免费的，我要尽快扩大牧群。"每个牲畜主都以同样的方式思考，牧群快速增长。很快，一个问题出现了：牛吃草的速度大于草生长的速度。不久，奶牛们无草可吃，开始吃草根。后来，吃的东西没有了，牛群开始挨饿，牲畜主面临灾难。

在这种情况下，一个牲畜主减少奶牛数量，对他没有任何好处，只会为他人留下更多牧地，他们会有更大的积极性增加奶牛数量；无私的行为除了会让自己变得越来越穷，对阻止灾难没有丝毫作用，这就是牧场效应。

1994年，在福特汽车林肯大陆车型研发过程中，为这种车型汽车设计的耗电零件所需电量超过了电池的供电总量。零件工程师们都有充足的理由，没有一个愿意做出让步以减少耗电量。更出人意料的是，在认识到电力的限制后，每个设计师反而都在他们自己设计的零件上增添了更多的功能，为的是争取从公共利益中分配到更多的电能。

牧场效应也是很多社会问题不易解决的原因。彼得·圣吉指出，几乎每个系统都存在成长上限，组织增长一段时间后即达到上限、停止增长。组织再造，开始的一段时间内起到了改进组织的作用，然后就会达到上限。团队改进一段时间后即停止改进，对个人来说也一样。

在改进项目团队的过程中，同样存在一些因素会限制你能达到的改进程度。江峰试图通过延长工作时间来解决进度滞后的问题，但是压力和疲劳导致工作速度减缓、工作质量下降、效益降低，这就是成长上限。

> 两个共谋犯罪的人被关进监狱，不能互相沟通情况。如果两个人都不揭发对方，则由于证据不确定，两个人都要坐牢一年；若一人揭发，而另一人沉默，则揭发者因为立功而立即获释，沉默者因不合作而入狱五年；若互相揭发，则因证据确凿，二者都将被判刑两年。由于囚徒无法信任对方，因此倾向于互相揭发，而不是同守沉默。这个博弈过程被称为"囚徒困境"。

牧场效应和囚徒困境告诉我们：系统中如果每个人都以对自己最有利的方式决策，每个人都在促使事情走向更糟。

项目管理者们经常在权力不够、资源不足的情况下完成项目。项目管理中一个常见的冲突就是对稀缺资源的争夺，关于此主题你可以再次回顾4.4节。如果组织中的成员都能认识达到整体利益最佳的关键在于合作而不在于竞争，项目团队会运行得更好。相反，如果每个人都像一个"囚徒"，最终必然皆输。

8.3 提升效率的关键在于综合优化

一个系统要提升运行效率，就必须使系统综合最优，这就是系统工程的基本思想。

8.3.1 寻找复杂系统的平衡

每一个复杂系统都包括两个基本元素，即正反馈回路（放大）和负反馈回路（缩小）。鉴于此，两个具有相同回路结构的系统，会以非常相似的方式运行。

细菌繁殖是一个简单系统的实例。[○]单细胞有机体以分裂的方式成倍增长，适当环境下，一个细胞半小时内会一分为二，在随后半小时内，2个细胞又会分裂，成为4个细胞。继续下去，就得到8、16、32、64、128个细胞……整个过程如图8-9所示。

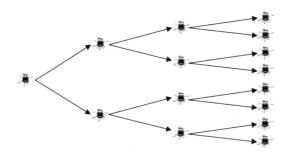

图8-9　理想的细菌增长系统

上述情况的假设是没有细菌死亡。问题是所有生物有机体都会死亡，因此，要知道一定时间后的细菌数量，就必须考虑死亡率。假如产生10个细菌，死亡4个细菌，则细菌数量的净增长是6个。如果每产生10个细菌，就死亡12个，那么细菌数量将逐渐减少。整个系统的情况取决于哪个回路更强或更具优势，如图8-10所示。

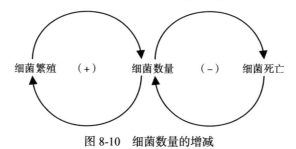

图8-10　细菌数量的增减

这个模型也可应用于城市人口增减的考量。当然，除了生死，还应

○ 刘易斯.项目经理案头手册[M].雷晓凌，译.北京：电子工业出版社，2009.

考量人口的迁入和迁出，这样便形成了如图8-11所示的四回路系统。

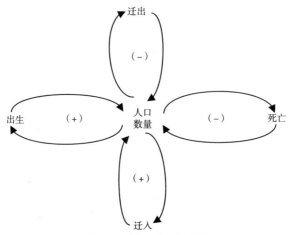

图8-11　城市人口的增减

问题是影响人口出生和死亡的因素实在很多，比如出生率、食物供给、天敌、战争和疾病等，其中的任何因素都会对系统产生影响。图8-12仅讨论了食物供给对人口数量的影响。

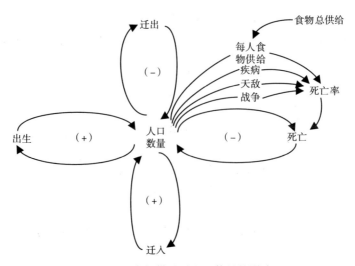

图8-12　食物供给对人口数量的影响

人们时常会干涉一个系统，消除自己不喜欢的负反馈回路，结果却产生了另一个更坏的反馈回路。例如，如果医学发展使疾病减少，而又不对出生率采取任何限制措施，那么人口可能增长到没有足够食物供应的程度，这就会导致饥荒，造成更多人死亡。即便食物供给不成问题，因医疗改善而长寿所带来的老龄化问题也不容忽视。

大多数系统在不受干扰的情况下会自我保持平衡，即使受到干扰也仍能回到平衡点上。对于复杂系统，寻找系统平衡点是重要的。通过了解正反馈和负反馈回路的性质，我们也可以区分哪些事情只是暂时影响系统，哪些事情对系统会产生持久影响。任何变化，不管有多大，只要不改变系统重要的正反馈回路或负反馈回路，都是暂时的。相反，任何变化，不管有多小，只要影响了系统正反馈回路和负反馈回路之间的关系，都将改变系统的长期行为。

从实践角度，如果我们想要改变一个复杂系统，必须找到一种途径来改变保持系统平衡的不同回路之间的关系。否则，对系统所做的任何改变，都将遇到阻力，系统最终又会回到最初的状态。

8.3.2　提升效率的关键在于综合优化

在人组成的社会系统中，系统要素都是由人员和技术组件组合而成的（技术组件包括技术、工具、设备等）。社会技术系统中的各组件相互作用，任何一个组件的变化都可能影响其他组件。例如，人工智能（如无人驾驶）的使用改变了系统的运行方式，一些人认为这是有益的，另一些人则认为这是对自己的一种威胁。

实践中，总是有人过分强调组织内应保持良好的人际关系、维持低水平人际冲突，这些过度"和谐化"的言行导致了某些组织系统的衰退。换句话说，他们试图建立"乌托邦"。然而，这些并没有能提高组织绩效，反而导致了不少麻烦。

另一个极端是，有些组织只优化技术系统。它们投资先进的设备，使工作过程流程化，采用统计方法控制过程，但是它们忽视了社会系统。由于缺乏组织内人际系统的平衡，冲突渐趋白热化。过度技术化，试图用技术解决非技术问题，往往导致组织误入歧途。近年来，"跌倒老人扶不扶"的问题导致人人自危，有人试图用行车记录仪解决此问题就是例证。这在本质上是人员组件被破坏（社会信任体系瓦解）的恶果！

某著名汽车集团总装厂决定将一台已过时的设备升级为一台机器人。操控这台设备多年的工人听说后，心神不宁："公司不要这台设备了，我干什么？"

沮丧的心情、低落的士气，使得他的绩效直线下降，这引起了领导们的关注。最终，该员工被迫离开了公司——他对公司意图的看法最终成了一个自我实现的预言。

可悲的是，公司本打算在设备升级后，把他调到另一个岗位。公司一直认为他是一位有价值的员工，只是人力资源部门没有及时告诉他公司的计划安排。

在现实中，这并不是一个个案。只有通过社会与技术系统的综合最优化，组织才能取得最优绩效。

8.3.3 N维系统中的问题在N+1维系统中解决

系统工程的一个基本原理是超越系统本身解决问题，即N维系统产生的问题只有在N+1维的系统中才能解决。

H公司业务发展迅速，但项目没有不拖期的，主管业务的副总经理祝宁江向我求助，请我为其讲授项目进度管控的方法。

我没有直接按照他的思路讲授，而是请他回答以下问题。

（1）项目需求是否经常变更，每个项目的变更频次有多少？

（2）项目组是否存在工作返工？返工的频率是多少？

（3）各项目之间是否存在同一个功能模块重复开发的现象？

（4）项目团队成员是否存在被部门或其他项目占用的问题？

……

表面上来看是进度拖延，其实很多时候是需求、质量、成本、组织等问题，只解决问题表象的方案其结果可想而知。项目遇到的很多问题常常需要在更广范围、更高组织的层面上解决。正所谓"不识庐山真面目，只缘身在此山中"。如果将这些问题局限在项目组内部，往往难以找到问题的实质，自然也得不到有效的解决方案。

只针对现象进行管控，实则是为系统注入了新的干扰和噪声，导致系统更加不稳定，更不稳定的系统则需要更多的人为干涉，更多的人为干涉则导致系统更加不稳定。这就是恶性循环。治标是管理系统的噪声，治本是管理、优化甚至升级系统。

在项目管理中，区分噪声和系统模式是一种能力。噪声是标，系统模式是本；噪声能由系统自己纠正，模式必须在 N+1 维系统中通过改进系统结构来优化。项目遇到的很多问题常常需要在更广范围、更高组织的层面上解决。如果将这些问题局限在项目组内部，往往难以找到问题的实质，自然也得不到有效的解决方案。

不触及系统结构，注定是在管理噪声，治标不治本的项目管理很多时候还不如不管。

8.4　艰难的选择

"你好，我想让身体变得更健康一些。怎么办？"

"每天慢跑 8 公里。"

"太麻烦了！算了，以后再说吧。"

……

"大夫你好，这病花多少钱都无所谓！只要能治好，倾家荡产都行。"

多数组织的管理比较关注短期而不是长期，是一种被动管理而不是主动管理。同样的问题也困扰着项目管理。

8.4.1 短期高效与体系效率孰重孰轻

人们如此关注今天的问题，以至于看不到将来的问题，或不能预见到今天的问题是项目将来更大"病情"的症状。这是可以理解的，因为人们通常会对最突出的事情做出最强烈的反应。显然，当前的问题是最突出的问题，而明天的问题在遥远的某个地方，是摸不着的。

头痛医头，脚痛医脚。系统性问题得不到解决，真正的高效亦无法实现。人们多数时候在短期高效与体系效率方面拎不清，选择短期高效者往往还自鸣得意，认为自己"聪明"地以低成本实现了目的，很多认知层次不够的媒体亦如此宣传。

为解决一个问题，采取了一项短期内见效的对策，但长期而言，会产生越来越严重的后遗症，使问题更加恶化，不得不更多地使用这项对策，以致难以自拔。

正如彼得·圣吉所说，有时候对策可能比问题更糟。人们在生活、工作时会面临大量的决策，不幸的是很多决策都有"副作用"。《伊索寓言》中"下金蛋的鹅"、中国成语中的"拔苗助长"、古诗词中的"抽刀断水水更流，举杯消愁愁更愁"都蕴含着系统思维的智慧。在组织中，管理者每天都会面临大量的决策，很容易陷入饮鸩止渴式的困境。

> 由于经济危机，一家生产高级消费品的公司面临着严重的资金短缺问题。他们被迫以最高利率寻求银行贷款。不幸的是，这个应急对策为其带来了不良后果，债务累积的高额利息负担使他们陷入了更为严重的现金流问题。
>
> 为此，公司决定采取降价促销措施。由于该公司的产品一向维

持高价格，本次降价促销大幅度增加了销售额，在一定程度上解决了公司的现金流问题。为此，公司领导颇为喜悦。

但是，好景不长。由于降价促销影响了产品的品牌形象，产品出现滞销、收入锐减，公司又面临资金短缺问题。与此同时，由于促销降低了公司的毛利率，使公司减少了新产品开发的资金投入，新产品数量大大减少，更加降低了收入，加剧了现金短缺问题。

麻烦的是，时间紧迫往往会放大问题本身。从今天的问题中摆脱出来，从短期的关注中跳出，看到"大局"，这需要真正的修炼和能力。

人们去医院看病，医生开完药、看完病后，总是补一句："你一定要注意了，多锻炼锻炼身体、提高免疫力啊。"什么叫提高免疫力？就是不能只顾眼前、总事后补救，更重要的是预防、建立健康的系统。然而，人们总是病治好后，就把锻炼身体的事又忘了，以致同样的故事反复上演。

8.4.2　见长效还是短平快

现实中，人们时常鼓励"电风扇吹盒子"式的小聪明，美其名曰"秘籍"，这是一个充满秘籍的神奇世界。问题是，这些秘籍经常是解决表象、不解决根源，舍本逐末。这非常普遍！原因是：解决系统问题的表象容易，解决系统问题的根源很难；而且，解决根源往往时间长、代价大，当代人更喜欢"短平快"的方式和方法。

项目管理者也时常如此，比如面对一个问题成员，你一般不直接处理（往往也没有处理员工的权力，而且，即便有这个权力也未必敢用），而是试图提高自己的人际关系技能。当然你也可以请高层找这个人谈话，但一般来说谈话仍无法改变此人（正如甘地所言"改变别人很难，唯一可以改变的是自己"）。也许真正有效的方案是"开除该人"，但真的有人会这么做吗？

Minimum
Project
Management

第 9 章

极简项目管理，说起来容易做起来难

你们知道了，但是我们做到了。

——杰克·韦尔奇

很多人冲着我 20 余年的项目经验会阅读这本书，也有人因为这个原因上了我的课。我试图分享我的全部经验，为此我煞费苦心，还特地将项目过程做了非常细致的结构化：五大过程组、"如来十掌""三字经"……

这的确有效降低了项目的实施难度，但你真的已经能够成功地管理项目了吗？

9.1 站着说话不腰疼

在日常工作和生活中碰到一些难题时，我们最经常做的事就是请教专家，专家在回答完问题之后，通常还会鼓励我们："这很容易的，按我说的做就能搞定！"

可是，当我们真按照专家说的做了，却发现并不是那么回事！实际情况与专家所说的有很大的差别，结果也完全不同。就这样，很多人得出了一个结论:"真是个'砖家',站着说话不腰疼!"

问题来了,为什么按照专家的建议做了事情却没有搞定?是他们讲得不对,还是我们根本没有搞懂呢?

9.1.1 似曾相识的场景

看看如下场景,我相信你一定觉得似曾相识!

1. 信息过载

  教练:现在,按照我说的做!系好安全带,踩离合,注意不要踩刹车!

  学员:哪个是离合?哪个是刹车?

  教练:这还要说啊!离合在你的左脚,不是右脚,刹车和油门才在你的右脚!

  学员:是快踩还是慢一点儿踩?

  教练:当然是快踩!但也不要太快,注意节奏!在踩油门的同时慢慢地松开离合。接着,你要挂一挡。

  学员:那挂挡是快些还是慢些?左脚踩离合时,右脚干什么?踩离合器的速度到底应该多快?

  教练:快慢不是最重要的,挂挡速度要快。右脚干什么,那还用问吗?踩油门!脚不要放在刹车上啊!还有,你把油门踩那么大干什么呀?!

  学员:车子开始抖起来了,该怎么办?

  教练:把离合踩下去,放开油门,踩刹车!你这是在干什么呀?我的天呐!

  学员:……

2. 显而易见，这还用问吗

主管：今天，你们最重要的工作是把停电安排通知客户。

新入职的客服：是要求我给每个客户打电话吗？

主管：嗯，也不是！这么说吧，你不需要给每个客户打电话，你可以把信息编辑整理好，然后发出去。

新入职的客服：那这些信息都发给谁呢？

主管：看看受到影响的输电线路有哪些，再查数据库，找出受影响客户的地址。

新入职的客服：那受到影响的输电线路有哪些，我怎么知道呢？还有，数据库在哪儿？

主管：（失去了耐心）受到影响的输电线路到工单上去找啊！数据库还能在哪里，在电脑里呀。（潜台词：这还用问！）

新入职的客服：这些客户的住址和电话，能在数据库里找到吗？

主管：（已非常生气）这个也要问！当然能找到。与电力传输或截止点有关的数字和字母的组合码（专业术语），你知道吗？

新入职的客服：我不知道……（完全听不懂）

3. 会做不会说，这很容易的

孩子：妈妈，你做的菠萝派我最喜欢吃，告诉我怎么做吧，我也来做一个给妈妈吃！

妈妈：真是一个好孩子，做菠萝派并不复杂，挺简单的！记住啊，准备一些面粉、鸡蛋、糖，还有牛奶。

孩子：需要菠萝吗？

妈妈：这是啥话，这还用说吗？没有菠萝能做出菠萝派吗？

孩子：你说一些面粉，那是多少呢？还有牛奶和糖，都需要多少呀？

妈妈：就咱们俩吃的话，需要三勺面粉，或者四勺也行？还有糖，你想甜一点就多放一点儿，至于其他嘛，到底放多少合适呢？让我想想！

孩子：妈妈，你骗人！你根本不会做菠萝派！

9.1.2 专家与初学者的思维方式的不同

显然，不管教练、主管还是妈妈，都是各自领域的专家，他们怎么就教不会别人呢？其实，这涉及传递知识或信息的两个概念：陈述性知识和程序性知识。

在信息传递时，专家与初学者思维方式是不同的。专家往往着眼于事物的模式和全局，而新手往往注重局部和细节。

在上面的三种场景中，你会发现：作为信息的发送者，专家在描述信息（因为这是他所熟知的）时出现了问题——专家们往往假定学习者也具备了一些基础知识，以致他们常略去很多信息。我们会想当然地认为，既然是专家，懂得那么多，他们教会别人应该是毫不费力的。事实上，真要做到这一点需要一个前提条件，就是专家和初学者处理信息的方式要一样，也就是双方必须在同一水平层次上交流——但现实却完全不是这样！

9.2　说起来容易做起来难，做起来容易说起来也难

下面请你做一道题目。

我们每个人都对自己的家非常了解，可以称为专家。请立即回答一下你家中有几个窗户。如果你现在就在家里，不要去数，请凭记忆回答。重要的是准确，请马上开始。

如果你最近刚刚换了窗户或者买了窗帘另当别论。否则，你很难马上答出来。

实际上，你的思维是下面这个过程：首先会在头脑中勾勒出家的

样子，然后，灵魂在房间里走了一遍。你在默数窗户的数量，嘴巴还可能会在动，也许眼睛还在发直！

我们为什么不能立刻回答出这个如此熟悉的问题呢？这可是我们自己的家呀！其实，答案跟前面几个场景中的知识和信息传递问题是一样的。

9.2.1 陈述性知识与程序性知识

为解释这个问题，我们详细说说陈述性知识和程序性知识这两个重要概念。

陈述性知识也叫"描述性知识"，是指个人具有能有意识地提取线索，并直接加以回忆和陈述的知识。陈述性知识主要是用来说明事物的性质、特征和状态，用于区分和辨别事物。陈述性知识具有静态的性质，主要是记忆和描述。

程序性知识是个人不能有意识地提取线索，只能借助某种形式间接推导出其存在的知识。程序性知识是一套办事的操作步骤，是关于"怎么办"的知识。程序性知识具有动态的性质，主要是行动，而不是记忆。

举个例子来说，解释中美贸易摩擦的前因后果是陈述性知识，开车是程序性知识，介绍京东商城是做什么的是陈述性知识，在京东商城购买一本书是程序性知识。

表9-1列出了四项内容，请在你认为是陈述性知识的那一项后面打钩。

表 9-1 判断是否为陈述性知识

序号	问题	是否为陈述性知识
1	中国的首都是哪座城市	
2	游泳	
3	解释新冠肺炎的传播机制	
4	制作一个项目的WBS	

第1、3项与陈述性知识有关，第2、4项则与程序性知识有关。陈述性知识赋予我们把做的事情和任务进行描述的能力，只有人类具有陈述性知识，

但是程序性知识是大多数动物都有的。

9.2.2 知识传递的困境

至此，咱们清楚了陈述性知识和程序性知识这两个概念。为了进一步解释"站着说话不腰疼"这种事产生的原因（这也是一个陈述性知识），我们还需要弄明白陈述性知识和程序性知识之间的关联性。

尽管我们非常了解自己的家，我们仍然无法立即说出窗户的个数。但是，我们擅长的是在每个房间中走动，定位每个窗子，这就需要程序性知识。你能"做"，但没做好"说"的准备。为什么？因为人类对陈述性知识和程序性知识的处理方式是不同的，为做好说的工作，我们需要为每一扇窗户命名，这就需要掌握陈述性知识。

人类的大脑是一个超级复杂的系统，非常奇妙，由几百亿个独立神经元组成，这些神经元各司其职。但是，这些神经元并非统一行动，它们会对不同的刺激分别做出不同的反应，进行不同的处理，最后，在处理并吸收后才将其转化为知识。

再来看一个例子。

> 你会骑自行车吗？你能在自行车上保持平衡吗？对于这个问题，相信绝大多数人都能做到。那么，请帮一个不会骑自行车的人解释一下，在骑自行车时怎样保持平衡而不跌倒？相信很多人会提到蹬车动作、从一边跨上车座、握住车把，等等。然而，经过一番努力，你最后可能无能为力地说："好吧，我说不清楚！这样吧，我做给你看。"

事实上，大多数专家也是一样的。他们会做很多事情，但都不是通过听别人说而学会的，而是通过多次尝试（试错）之后慢慢掌握的。换言之，专家所掌握的很多知识是程序性的而非陈述性的。

至此，关键问题来了！如何才能把程序性知识传递给其他人呢？答案是：专家必须想办法将程序性知识转化成陈述性知识说出来，而学习者必须要把陈述性知识转化成程序性知识来练习。这个过程可以用图 9-1 来表示。

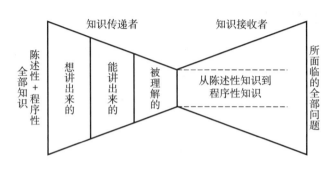

图 9-1　知识传递的困境

举个简单例子。（这个例子并不简单！）

一个书法家教你写一个"点"，他告诉你按照图 9-2 来，秘诀是："一笔下去，不能涂抹，要饱满，保证'三个角一个肚'。"

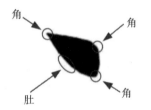

图 9-2　秘诀：三个角一个肚

看起来如此简单，但我负责任地告诉你，这虽然是汉字中最简单的笔画，想要稳定地一笔写下去"三个角一个肚"，不练上一个月，写上几千次，是练不出来的。

所以，我们经常听到的一句话就是"说起来容易，做起来难"，更调侃一点儿的就是"站着说话不腰疼"。

认知心理学研究表明，学习到陈述性知识后是无法立刻转化为程序性知识的，这种转化需要试着做很多次（有研究发现，一般人可能需要 7 次左右），除非我们已经具备了类似的程序性知识。反之亦然，程序性知识也无法轻易地转化为陈述性知识。

总之，现实中不仅"说起来容易做起来难"，而且"做起来容易说起来也难"！

9.3　仅阅读本书不能保证做好项目

理解了程序性知识和陈述性知识的转化后，你是否感觉难过？但这就是事实。

9.3.1　成长与知识金字塔

我把人们在成长中习得知识（既包括陈述性的，也包含程序性的）的过程定义为五个阶段，我将其称为"成长与知识金字塔"，如图 9-3 所示。

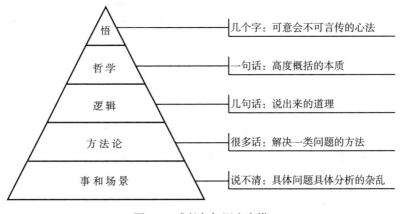

图 9-3　成长与知识金字塔

（1）对于任何人而言，现实中我们一开始遇到的都是一个个具体的事和场景，这些都是事物的局部和细节，自然每次情况就都不尽相同，而且人们无法或者很难穷举出来。实际上，一种事可能有36种情景，即便能穷举出来，也不能把36种情景都试一遍（人的一生没有那么多时间）。所以，这些事和场景的最典型特点是每次都不尽相同，需要具体问题具体分析。

（2）随着遇到的事和场景的数量逐步增加，一般人都会发现同类事件的某些共性，最后通过总结找到某一类问题的解决办法——方法论，这些方法论可以说出来，但一般须由很多话来表述。

（3）后来，人们总结的方法论越来越多，一些人会发现这些方法论之间还是有规律的——逻辑，这些逻辑基本可以总结为用几句话说出来的道理。

（4）再后来，少数人发现，其实逻辑背后也是有章可循的，于是，他们进一步将其提炼为哲学，这就是用一句话高度概括的本质。

（5）最后，只有极少数人能开悟，也就是升华为几个字的心法——只可意会不可言传！到这一步，我等普通人大多难以企及。

表9-2对成长与知识金字塔进行了说明。

表9-2 对成长与知识金字塔的说明

	阶段	主体	表述	特征	
越往上越抽象	悟	极少数人	几个字	可意会不可言传的心法	越往上越无招胜有招
	哲学	少数人	一句话	高度概括的本质	
	逻辑	一些人	几句话	说出来的道理	
	方法论	一般人	很多话	解决一类问题的方法	
越往下越具体	事和场景	所有人	说不清	具体问题具体分析的杂乱	越往下越寄希望于工具

年少时，我们总是觉得父母说的都是大道理（还时不时叛逆地回一句"你说的过时了，现在时代变了"），后来自己长大了，经历了一些事后发现长辈说得很对。

在现实中，无论工作还是生活，在信息传递时，专家与初学者的思维方式是不同的。专家往往着眼于事物的模式和全局，而初学者往往注重局部和细节。现在你肯定明白了，初学者在做工作时，遇到的都是具体的事和场景，要完成这些工作需要的大部分知识（如果不是全部的话）是程序性的，但专家能告诉你的，是以陈述性为主的知识（方法论及其以上的部分：方法论、逻辑、哲学、心法）。更麻烦的是，一个专家的水平越高，他说出来的越有可能会上升并接近于哲学、逻辑和心法。

至此，我相信你已经明白了以下事实。

（1）成人和孩子产生代沟是必然的，孩子遇到的都是具体的事和场景，父母告诉他的总是经过总结提炼的方法论及其以上的道理和哲学。孩子用到的是程序性的，而父母告知的是陈述性的。事经历得太少，连鸡毛蒜皮都是烦恼。

（2）越是好书字越少，越是好书案例越少（甚至没有）。因为每一个案例都是具体的，这就直接导致一个结果——仅反映事物的一个侧面，以至于你总是觉得"我们有自己的特殊情况"。

9.3.2　学习陈述性知识的必要性

通过学习得到的知识基本上是陈述性知识的集合，如果仅仅学习，即便你全部了解了这些知识也未必能把事做好！问题来了，既然如此，那还要学习这些知识干什么？

如前所述，把学到的陈述性知识转化为程序性知识，一般都需要试错，悟性好的人需要的次数少一点儿，悟性差的人需要的次数多一点儿。如果一个人不学习这些陈述性知识，尽管也可以通过不断试错最终掌握相应的程序性知识，但试错次数将大为增加——需要经历各种情景才能总结其中的一般规律。也就是说，尽管我们不能按照他人所教的立即做出来，但这可以大大减少试错次数，从而节省试错成本，这就是学习的价值。

无论如何，现在我们需要做的是，回去按学到的知识进行实践、总结、再实践、再总结，唯有如此才能真正将其转化为自己的能力。否则，就仅仅是知道了一些道理而已。一句话，仅听教练讲，自己不下水是学不会游泳的。

理论脱离实践是最大的不幸！

—— 达·芬奇

到这里，也到了我必须严肃敬告你的时候了！

如图 9-1 所示，做一个具体项目需要很多陈述性知识和程序性知识，虽然我做了 20 余年的项目实践，但这本书也不是完美的。一方面，我也会犯专家们的共同错误，不自知地假定你已经具备了很多项目知识；另一方面，在所有的知识中我能说出来的也只有一部分。总之，这本书里仅包含我想讲出来的、能讲出来的，且可以被理解的部分。很显然，仅阅读本书不能保证你一定能做好项目，即便是你背下来也不行。

附录A　赋予逻辑意义的数字

这个实验我曾经做过很多次，如果立刻让参与实验者将一组数字复述出来还有可能，10分钟之后，能够记得这组数字的人就寥寥无几了。

如果把这组数字重新整理一下，并赋予它一个逻辑或物理含义，那么很多参与实验者在10分钟、1小时、1天、1周甚至1年之后都能复述出来，如图A-1所示。

$$\boxed{4\text{-}12\text{-}52\text{-}365\text{-}7\text{-}24\text{-}60\text{-}60}$$

图A-1　赋予逻辑意义的数字

这组数字的含义是：一年有4季、12个月、52周、365天，一周有7天，一天有24个小时，一小时有60分钟，一分钟有60秒。

附录B 一个大型学术会议的WBS

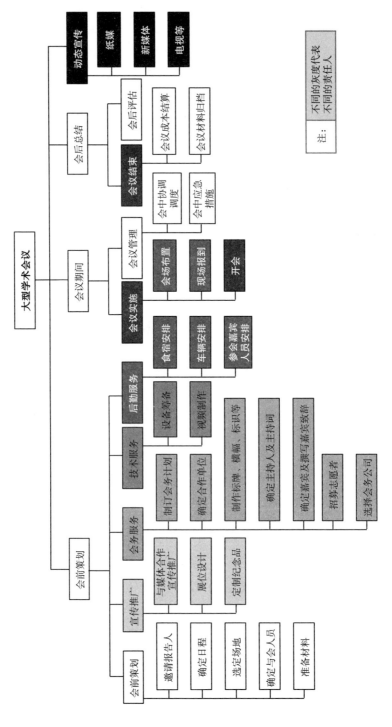

图 B-1 一个大型学术会议的 WBS

附录C 一个办公室装修的WBS

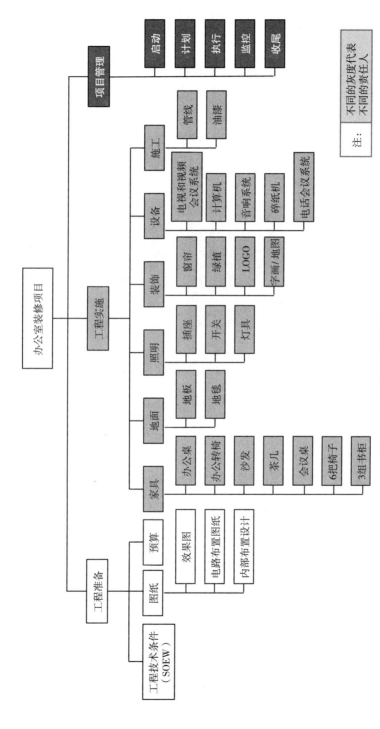

图 C-1 一个办公室装修的 WBS

关键时刻掌握关键技能

人际沟通宝典

《纽约时报》畅销书,全球畅销500万册

书中所述方法和技巧被《福布斯》"全球企业2000强"中近一半的企业采用

部分推荐人

史蒂芬·柯维　《高效能人士的七个习惯》作者　　刘润　润米咨询创始人
菲利普·津巴多　斯坦福大学心理学教授　　　　樊登　帆书(原樊登读书)创始人

关键对话:如何高效能沟通(原书第3版)

应对观点冲突、情绪激烈的高风险对话,得体而有尊严地表达自己,达成目标。
说得切中要点,让对方清楚地知道你的看法,是一种能力;
说得圆满得体,让对方自我反省,是一种智慧。

关键冲突:如何化人际关系危机为合作共赢 (原书第2版)

化解冲突危机,不仅使对方为自己的行为负责,还能强化彼此的关系,
成为可信赖的人。

影响力大师:如何调动团队力量 (原书第2版)

轻松影响他人的行为,从单打独斗到齐心协力,实现工作和生活的巨大改变。

关键改变:如何实现自我蜕变

快速、彻底、持续地改变自己的行为,甚至是某些根深蒂固的恶习,
这无论是对工作还是生活都大有裨益。

精益思想丛书

ISBN	书名	作者
978-7-111-49467-6	改变世界的机器：精益生产之道	詹姆斯 P. 沃麦克 等
978-7-111-51071-0	精益思想（白金版）	詹姆斯 P. 沃麦克 等
978-7-111-54695-5	精益服务解决方案：公司与顾客共创价值与财富（白金版）	詹姆斯 P. 沃麦克 等
7-111-20316-X	精益之道	约翰·德鲁 等
978-7-111-55756-2	六西格玛管理法：世界顶级企业追求卓越之道（原书第2版）	彼得 S. 潘迪 等
978-7-111-51070-3	金矿：精益管理 挖掘利润（珍藏版）	迈克尔·伯乐 等
978-7-111-51073-4	金矿Ⅱ：精益管理者的成长（珍藏版）	迈克尔·伯乐 等
978-7-111-50340-8	金矿Ⅲ：精益领导者的软实力	迈克尔·伯乐 等
978-7-111-51269-1	丰田生产的会计思维	田中正知
978-7-111-52372-7	丰田模式：精益制造的14项管理原则（珍藏版）	杰弗瑞·莱克
978-7-111-54563-7	学习型管理：培养领导团队的A3管理方法（珍藏版）	约翰·舒克 等
978-7-111-55404-2	学习观察：通过价值流图创造价值、消除浪费（珍藏版）	迈克·鲁斯 等
978-7-111-54395-4	现场改善：低成本管理方法的常识（原书第2版）（珍藏版）	今井正明
978-7-111-55938-2	改善（珍藏版）	今井正明
978-7-111-54933-8	大野耐一的现场管理（白金版）	大野耐一
978-7-111-53100-5	丰田模式（实践手册篇）：实施丰田4P的实践指南	杰弗瑞·莱克 等
978-7-111-53034-3	丰田人才精益模式	杰弗瑞·莱克 等
978-7-111-52808-1	丰田文化：复制丰田DNA的核心关键（珍藏版）	杰弗瑞·莱克 等
978-7-111-53172-2	精益工具箱（原书第4版）	约翰·比切诺 等
978-7-111-32490-4	丰田套路：转变我们对领导力与管理的认知	迈克·鲁斯
978-7-111-58573-2	精益医院：世界最佳医院管理实践（原书第3版）	马克·格雷班
978-7-111-46607-9	精益医疗实践：用价值流创建患者期待的服务体验	朱迪·沃思 等

推荐阅读

关键跃升：新任管理者成事的底层逻辑

从"自己完成任务"跃升到"通过别人完成任务"，你不可不知的道理、方法和工具，一次性全部给到你

底层逻辑：看清这个世界的底牌

为你准备一整套思维框架，助你启动"开挂人生"

底层逻辑2：理解商业世界的本质

带你升维思考，看透商业的本质

进化的力量

提炼个人和企业发展的8个新机遇，帮助你疯狂进化！

进化的力量2：寻找不确定性中的确定性

抵御寒气，把确定性传递给每一个人

进化的力量3

有策略地行动，无止境地进化

进化的力量4

直击老龄化、AI、出海等六大领域的难题
在挑战中发现机遇，在逆境中实现突破